可以预料
未来的媒体领域将实现智媒产业化
从媒体的生存发展困境中走出来
实现传媒业的持续稳定发展

智媒时代

传媒实践研究系列

Mass Media Panorama in China

中国传媒风云

2017—2018

范以锦 辜晓进 主编

深圳报业集团出版社

总策划/出版人：胡洪侠
策划编辑：孔令军
责任编辑：岳鸿雁　林洁楠
技术编辑：杨　杰　何杏蔚
装帧设计：蒋南松

图书在版编目（CIP）数据

中国传媒风云. 2017-2018 / 范以锦, 辜晓进主编. -- 深圳 : 深圳报业集团出版社, 2019.9
ISBN 978-7-80709-895-9

Ⅰ. ①中… Ⅱ. ①范… ②辜… Ⅲ. ①传播媒介 - 产业发展 - 中国 - 2017-2018 Ⅳ. ①G219.2

中国版本图书馆CIP数据核字(2019)第187236号

中国传媒风云 2017—2018
Zhongguo Chuanmei Fengyun 2017—2018
范以锦　辜晓进　主编

深圳报业集团出版社出版发行
（深圳市福田区商报路2号　518034）
深圳市金丽彩印刷有限公司印制
新华书店经销

开本：787mm×1092mm　1/16
字数：300　千字
版次：2019年9月第1版　2019年9月第1次印刷
印张：13.5
ISBN　978-7-80709-895-9
定价：68.00元

序言

智媒时代

范以锦[1]

众媒时代已经历了好几年，从2017年开始，媒体机构又进行从众媒到智媒的尝试和布局。到了2018年，进入智媒时代的步伐更是加快了。在2017年与2018年即将交接之际，新华社宣布，由新华智云科技有限公司研发的人工智能平台"媒体大脑"落地。这是当今媒体跨入智媒时代的一个标志性事件。南方报业传媒集团在部署2018年工作时，也提出加快技术创新、实现技术驱动，加快推进深度融合、全面转型，建设智慧型文化传媒集团。

具有媒体属性的某些商业互联网公司、各类传播平台早于传统媒体引入人工智能，并取得一定成效。随后跟进的传统媒体还在艰难探索中，但从对接人工智能后的实践来分析，可以看出智媒不仅能对新闻内容生产产生重大影响，也可从中找到商业模式，从而把传媒业做大做强。

一、具有媒体属性的商业互联网企业智能应用走在媒体前头

随着人工智能新技术的应用，先是一些设备乃至各种各样的物品被智能化，给人们的生产、生活带来极大的便利。继而，随着万物互联时代的到来，智能化的物体又成为传播平台，被嵌入媒体属性。

正是因为人工智能较早应用于商业化的企业，加上企业有良好的机制和雄厚的资金，所以许多带有媒体属性的互联网企业在智能化方面自然走在了体制内媒体机构的

1. 范以锦，暨南大学新闻与传播学院院长、教授、博士生导师。

前面。

使用人工智能的互联网知名企业“今日头条”，就是一个很典型的例子。今日头条的“头条号”进驻用户总数超过120万，平均每天发布50万条内容，已成为第一智能内容平台。今日头条人工智能实验室荣获2017年“吴文俊人工智能技术发明奖”，该奖被外界誉为“中国智能科学科技最高奖”。今日头条并不满足于已有成绩，为了布局2018年智媒发展，2017年岁末有一系列的动作：11月22日，在今日头条创作者大会上，今日头条宣布，将从智能推荐走向智能社交，提出通过智能社交的推荐方式帮助更多头条用户获取粉丝，将推出“千人百万粉计划”，即未来一年内，在平台上扶持 1,000 个拥有100万粉丝的账号。12月1日，今日头条在北京举办“全球思想盛筵——人工智能与人类文明”AI 峰会，探讨人工智能与人类文明。12月6日，今日头条未来媒体峰会在北京开幕，主题为“共智共生”，来自全国多所新闻院校、130多家新闻媒体、互联网公司的学界和业界领军人物共聚一堂，探讨智媒体未来发展趋势。今日头条在会上提出将大力推动人工智能技术和优质媒体相结合的“智+媒”战略，服务好优质内容变现，为传媒融合提供最好的基础设施。“智+媒”的战略，一方面使今日头条能从擅长新闻内容生产的专业媒体中获取更多的优质内容，另一方面也使专业媒体能从今日头条智能化的传播中，扩大内容影响力。事实上，已有不少媒体纷纷与今日头条合作，以发挥各自优势，实现共赢。

2018年9月17日至19日，经国务院批准，由国家发展改革委、科技部、工业和信息化部、国家互联网信息办公室、中国科学院、中国工程院、上海市人民政府共同举办的世界人工智能大会在上海举办。大会以“人工智能赋能新时代”为主题，对脑机融合、群体智能、算法应用、智能芯片等发展现状、趋势进行讨论。近40个国家和地区的专家学者、企业家与会，200多家人工智能领域领军企业参加论坛和展示活动。对新闻传播产业而言，人工智能既是新一轮产业变革的核心驱动力，也是引领未来的战略性技术，对丰富人们的生活、推动社会进步和全球经济发展会产生极其重大的影响。2018世界人工智能大会对当下现实问题和未来趋势进行认真探讨，对推动智能化更好更快发展具有积极的意义。

我国政府非常重视智能产业发展，正在积极打造智能产业创新发展生态圈。在VR、AR、MR应用成为全球热门话题之际，中共中央办公厅、国务院办公厅于2018年1月印发了《关于促进移动互联网健康有序发展的意见》，其中谈到“加紧人工智能、虚拟现实、增强现实、微机电系统等新兴移动互联网关键技术布局，尽快实现部分前沿技术、颠覆性技术在全球率先取得突破”。尔后，各部委纷纷出台指引新产业发展的举措。可以预料VR、AR、MR将极大改变社会大众的信息交互模式，减少信息与用户之间的必要媒介和感知理解障碍。中国政府营造良好的生态圈，将推动这一新的技术产业和相关智能产业的发展。

二、媒体以时不我待紧迫感加快智媒布局

商业互联网公司“智”与“媒”相结合的现象，以及国家层面推进智能产业发展的举措，已引起体制内媒体机构的高度关注。虽然智媒的概念不是现在提出来的，但媒体比商业互联网公司介入迟，因此前几年并未有大动作。近年来，媒体机构通过一系列布局和积极寻找发展路径，催生出的智能媒体新业态逐步形成。学界与业界有人将2018年视为智媒时代元年。

媒体介入人工智能并最终成为智媒产业，既有紧迫感又有其比较成熟的条件。

从紧迫感来看，大量用户从传统媒体转移到新媒体已是势不可挡的现实，即便是传统媒体办的新媒体，运营也比较艰难。相反地，我们却可以看到许多商业互联网机构、自媒体人办的平台，靠其智能化的运营，拥有了大量精准用户。体制内媒体决不能从一步落后变成步步落后。在互联网竞技的下半场，务必在智能化方面迈开大步，以创新的勇气和得当的举措打造智能媒体，并最终构建起新型智慧型文化传媒集团。

智媒建设的时机和条件也日臻成熟。其一，物联网为智媒发展构建了用户的基础。如今已是万物皆媒时代，媒体智能一接入物联网，便有可能让用户接收到新闻内容，并通过智能搜索、筛选让用户接收到有需求的信息。其二，在政府部门的规划下，与媒体相关的智能硬件建设将得以推进。工业和信息化部、发改委联合印发的《智能硬件产业创新发展专项行动（2016—2018年）》提出，到2018年，我国智能硬件全球市场占有率将超过30%，产业规模超过5,000亿元。这些智能硬件中，有一部分与媒体相匹配。其三，智能与媒体如何结合不只引发媒体和学界的关注，各类互联网公司也有强烈的兴趣。早在2016年11月30日，由新华社国家高端智库传播战略研究中心主办的“人工智能与媒体未来”研讨会上，新华社国家高端智库传播战略研究中心与新华网融媒体未来研究院就共同发布了《智能编辑部发展报告》。到会参加研讨的不仅有国家新闻出版管理部门的官员、大学教授，还有媒体机构及微软、百度、奇虎360、新浪、拓尔思公司等非媒体机构的专业人士。话题中，涉及了如何借助人工智能技术加快媒体转型。其四，行政力量也起到了推动作用。2017年3月5日，国务院总理李克强作政府工作报告时，提出要加快培育壮大包括人工智能在内的新兴产业。“人工智能”首次被写入了政府工作报告，体现了国家战略意图，可以预料人工智能的巨大进步将会极大改变人们的媒介生活，推动传媒行业的变革。

正是在技术不断变革创新和媒体转型的大趋势下，媒体正在把人工智能放在媒体

创新战略的重要位置上。新华社近年在这方面有突出的表现。2017年12月26日，新华社宣布，由新华智云科技有限公司研发的人工智能平台“媒体大脑”落地。据新华社报道，“媒体大脑”有八大功能：2410（智能媒体生产平台）、新闻分发、采访、版权监测、人脸核查、用户画像、智能会话、语音合成。服务内容覆盖线索、策划、采访、生产、分发、反馈等全新闻链路，让云计算、物联网、大数据、AI 等多项技术为媒体赋能。新平台的应用，使智能生成数据新闻及各类信息材料提供给记者、录音内容自动转为文字、媒体的内容生产力和采编人员的工作效率将大大提高。人脸核查功能，给媒体核查事实提供方便，更有效避免错漏。用户画像功能，能通过判别用户对内容的兴趣，为用户提供精准的内容服务。在2018年全国两会期间，新华社“媒体大脑”从5亿网页中梳理出两会舆情热词，生产发布了全球首条关于两会内容的MGC（机器生产内容）视频新闻——《2018两会MGC舆情热点》。“媒体大脑”是新华社和阿里巴巴公司共同研发的人工智能平台。依托人工智能平台生产出的两会MGC舆情热点新闻，只用15秒就完成了搜集、编辑、播出等一系列步骤，从中可以看到智能化对提高媒体生产效率的重要作用。透过这一案例，我们还可以看到智能化新闻的创新领域越来越宽广。新华社的这一举措，不只是为自身媒体发展而打造重要平台，也是为众媒开放打造大平台，各媒体同行可共享新华社的“媒体大脑”成果。国内各媒体机构均可在认证后，通过mp.shuwen.com的官方网址使用“媒体大脑”的各项功能和产品。2018年11月7日，新华社联合搜狗在第五届世界互联网大会上发布全球首个合成新闻主播——“AI合成主播”。报道发布后引发全球媒体的关注，数十家海外权威媒体以文字、视频等方式进行了大篇幅报道。首次上岗的“AI合成主播”的外形和声音来自新华社主播邱浩，展现出与真人主播无异的信息传达效果。新华社客户端“现场新闻”将“AI合成主播”与短视频一体化生产制作，呈现了令人耳目一新的新闻短视频，开创了实时音视频与AI真人形象合成的先河。“AI合成主播”的出现降低了电视新闻的制作成本，提高了新闻报道的时效和质量，开创了新闻报道的新形式，为新闻报道的生产和传播带来了新的可能。“AI合成主播”在新华社正式上岗后，已被运用到进口博览会、世界互联网大会等重要采访活动中，以及突发事件、科技、社会、文化等各领域的新闻报道中。2019年3月3日新华社宣布，全球首位AI合成女主播在该社上岗。这是新华社继2018年AI合成男主播诞生以来，再次引发全球媒体圈和社会的关注。AI合成女主播与AI合成男主播一起工作，成为新华社智能化传播的又一亮点。在未来的新闻传播领域里，AI技术将大有作为。

智媒的打造，毫无疑问要有良好的技术支撑。注入智能思维，构建必要的技术设备、技术平台，形成强有力的技术创新力量，媒体的智媒战略才能落到实处。南方报业传媒集团为了在2018年在这方面有新的进展，2017年岁末有一系列的动作。南方报业成立技术委员会，制定集团技术发展战略和实施路径。委员会将加快建设集团中央数据库、智慧化管理系统、基础架构云平台、总体网络安全防护体系四大项目，聚合及优化技术资源配置管理方式，引入多元化的激励模式，不断培育新能力、增创新价值、打造新优势。2017年12月15日，南方报业传媒集团宣布携手百度、阿里巴巴、腾讯（简称BAT）等共建五大媒体融合平台。其中，南方报业与中科院深圳先进技术研究院、武汉大学深圳研究院、北京百分点信息科技有限公司等共建，由国家新闻出版广电总局授牌成立出版融合发展重点实验室、媒体大数据应用实验室两个国家级实验室；与BAT等技术巨头共建南方数字经济研究院、智能媒体实验室两个应用研究院；围绕数据优先战略打造集团中央数据库（大数据服务中心），重点围绕人才培养及服务能力延伸开展相关研究工作。

不少媒体集团都非常关注新华社等媒体的新举措，可以预见，从中央媒体到各地方媒体在共享新华社成果的同时，也会根据自身的实际推进媒体智能化发展。

三、人工智能在媒体生产各个环节的应用

人工智能技术，与媒体内容生产、管理、传播乃至传播效果的各个环节都有关联。人工智能在编辑部的指挥系统、采编手段、纠错功能、内容分发中扮演了重要角色；在市场方面，用户体验、营销方式、赢利模式都会带来新的变革。

（一）提升内容生产效率

毫无疑问，采编人员在新闻内容生产方面依然起主导作用。人工智能不同于那些机器制造业。机器制造业产品已固定化、格式化，人力操作只是不断重复劳动，这完全可以用机器人代替。然而，媒体力求避免同质化，而且有许多台前幕后的材料需要挖掘，单靠网上已有的资料搜集整理是远远不够的。至于有思想、有高度的调查性报道、解释性的报道，靠智能设备是完成不了的。但是，我们可以看到智能设备在内容生产方面至少可以在这几方面发生作用：其一，一些比较简单的新闻内容生产制作可由智能设备完成。自动化新闻尤其适用于财经金融、体育等方面的报道，根据它“人工模板+自动化数据填充”的内在设定，可以极为快速地向受众传递新闻事实。例如，2017年1月，《南方都市报》的写稿机器人“小南”首次在一秒内完成了长达300余字的稿件。其二，通过数据搜集、分析，发现新闻线索，使记者能及时赶到现场采访。记者采写首先要有可报道的线索，在传统媒体时代获取线索颇费周折，而万物皆

媒时代的信息大爆炸给记者提供了众多线索，有利于记者采写。然而，同样有困惑，众多线索中的真伪和是否有价值需要筛选和判断。进入智能化时代之后，智能的数据搜集、分析，在一定程度上可解决这一问题。其三，智能设备的纠错程序的设置，能及时发现内容的差错。不只是文字方面的差错，甚至可以通过语言识别、图像识别，对涉及的人和事进行甄别，防止虚假新闻的出笼。可见，媒体应用智能技术后的人机协作，可代替记者、编辑在新闻内容的生产过程中的一些工作，让采编人员有更多精力投身到优质的新闻内容生产中，写出更多有高度、深度的文章。

（二）丰富新闻产品形态

人工智能引入媒体之后，媒介产品形态更加丰富多彩了。近些年兴起的AR，在电商的营销手段上已应用上了，比如家庭装修中用户可通过客户端观看家装用品的实景效果。这对媒体应有所启迪。2017年3月2日，光明网“钢铁侠”多信道直播云台首次应用于全国两会报道。该直播云台可以同时为16家平台提供高达3K画幅、4M码流的视频和VR信号，观众无需安装任何软件，即可通过手机裸眼观看高清VR直播。同时，通过光明网独有的多平台云适配技术，网友使用微信等热门社交平台也可方便快捷地观看、分享和参与VR直播互动。当然，媒体不可能什么新闻都应用VR、AR，没有这个可能，也没有这个必要。但有些具有用户场景体验价值的重大活动、重大事件，运用VR、AR进行展示，是可以引发用户的广泛关注的。而且，运用这些技术不只是将重要新闻进行场景再现，还可以更直观地与用户互动。

（三）强化内容传播效果

传播效果好不好，最能说明问题的就是能否引发用户的兴趣，把用户聚拢到自己的传播平台上来。今日头条、一点资讯、天天快报等App都在利用智能算法，对用户接触信息的习惯和喜好进行数据分析和定位跟踪，并直接向用户推荐他们感兴趣的信息。当然用户爱好也会变化，此时关注这一信息，并非过后还会关注此类的信息，所以也出现用户被迫接受信息的情况。有的人认为“一定意义上是对用户信息选择主动权的替代和剥夺”。然而这只能说明这种推荐算法也有其弊端，任何新技术都不可能十全十美，智媒也一样。而且，智媒对用户的偏好的变化会不断跟踪，及时修改推送内容，使受众可以有效地获取自己想要得到的内容。同时我们还要看到，那种即时推送内容的服务的出现，更是在一定程度上解决了算法推送的某些弊端。2017年9月初，新浪客户端“即时推”功能正式宣布上线。用户在阅读第一条内容后，返回首页时人工智能系统会根据用户刚刚所阅读的内容以及用户兴趣相关性，再推荐一条相关兴趣内容，并以动态插入的形式呈现在之前所阅读的内容下方。依据用户感兴趣的内容，系统会持续推荐，直至用户跳过推荐内容。新浪客户端，成为国内首款基于用户“即时兴趣”进行内容推荐的综合资讯客户端。以往各大新闻客户端的算法内容推荐，都是通过用户浏览行为的大数据来权衡信息比重，没有针对用户即时的兴趣来推荐内容。而新浪新上线的“即时推”在保持了大数据信息分析的基础上，加强了对即时兴趣的推荐，引导用户就当前兴趣点进行持续阅读，这是新浪对于现在行业内算法推荐的一种自我创新。人工智能会有弊端，而弊端的解决往往又依赖于智能技术的再进步。我们可以看到，以互联网为基础的智媒，依托在不同的智能终端上，结合云计算、云存储等新的技术，不仅能聚合用户感兴趣的话题，还能参与互动交流，大大提升内容传播的效果。

（四）创新商业模式

媒体传统的商业模式碰到极大的困境，在往新媒体转型中要实现商业模式的新突破，其中的举措就是构建智媒系统。其一，智媒更能实现精准营销。社交媒体广泛进入人们视野之后，在有共同爱好的朋友圈里，往往可以连接电商、连接某个产业。垂直化、社群化成为新型的赢利模式，而智媒技术的应用开拓了新的社交形式。《中国微博发展报告（2015—2016）》对VR技术创新性的社交场景是这样描述的：“VR的应用将不仅仅局限于社交、游戏、视频、购物等目前可见的领域，其在未来的创造性使用更是惊人的并且是不断演进的。另外，VR的商业前景也极为可观，全球市场研究公司Trend Force预测2016年虚拟现实市值将达到67亿美元，到2017年虚拟现实将会成为年产值700亿美元的产业，其中硬件将占200亿美元，剩下的产业价值都将由软件来创造。同时虚拟现实设备的价格将进一步降低，能让消费者买得起的消费设备也将会越来越多，虚拟现实的内容也越来越丰富。”[2]其二，智媒能促进有利于变现的泛内容生产。过去新闻内容产生影响力之后，直接的变现效果就是拉动发行量和广告的投放，如今媒体很难像传统媒体时代那样实现内容变现。然而，非新闻内容是可以实现变现的。比如做VR、AR新闻，难找到商业模式，但如果运用VR、AR去做项目，比如做“动物馆”等，是有商业模式的。媒体既然有做新闻内容的能力，换个思路也能具有做泛内容的能力，要将这个优势发挥好。媒体的智能设备、技术保障等用在媒体的新闻内容打造上只是一部分，如果只用在新闻内容生产上是很大的浪费。因此，

2. 首都互联网协会.中国微博发展报告（2015-2016）［M］.北京：人民日报出版社，2017：358-359.

媒体可以在进行新闻内容生产之余，兼做泛内容生产。条件成熟的完全可以建立专门的泛内容生产队伍。其三，未来走上智媒产业化，构建起持续的商业模式。媒体对接人工智能后，随着媒体边界的不断扩展，能形成智能化思维下的新闻生产模式和泛内容生产赢利模式，开拓出广阔的智能媒体新市场。

可以预料，未来的媒体领域将实现智媒产业化，从媒体的生存发展困境中走出来，实现传媒业的持续稳定发展。

结构性困境中的自我救赎
——关于报纸近期、未来的思考

辜晓进 [1]

一、先知先觉者的高见

18年前我在纽约访学时，发现一本“奇书”，立即买下。书名叫做《报业未来：电子报纸如何在竞争中胜出》（*The Future of the Newspaper Industry: How Electronic Newspapers Will Outrun their Competition*）。作者肯顿·埃尔德金（Kenton W. Elderkin）在美国西北大学拿到MBA学位后，一直从事产业研究工作。

说它是“奇书”，是因为这本出版于1996年的专著，为报业之未来描绘了一幅在我当时看来十分奇妙的景象。而以今天的眼光回顾此书，作者很多预言竟都已成真。作者说，他为了准备此书，阅读了4,000多篇文献和数十种专著，可见其并非谬想天开。

作者说：“从1453年到电视业出现的1950年代，印刷传媒一直是信息业之王。……今天，纸媒仍然享受着广告收入的最大份额。但这种好日子将会不再。……纸媒作为大众信息产品的主要提供者，正在死去。……不能适应电子市场竞争的报纸，都必将出局。……报业之死，就像汽车出现之前的马车之死一样，难以挽回。”[2]

---

1. 辜晓进，深圳大学传播学院特聘教授，原《深圳日报》（英文）总编辑。
2. Kenton W. Elderkin. The Future of the Newspaper Industry: How Electronic Newspapers Will Outrun their Competition[M].1stBooks Library，1996：1–5.

纸媒20世纪末溺毙于数字洪水后的葬礼（哀悼者说："神奇的纸媒，我们为你祈祷。"墓碑语：纸媒寿命——公元1455—2000 年）（来源：书中插图）

这在当时可谓石破天惊。要知道，1996年的美国及世界报业，还如日中天。美国报业一直蒸蒸日上并于2000年创下了广告收入的历史新高且在2005年再创新高，中国的报业也正陶醉在前所未有的黄金期，一大批都市类报纸正是在那前后创刊的。而今天盛行于世的所有门户网站和社交媒体，当时除了雅虎刚刚上市外，其余都连个影子还没有。这位仁兄却预言，在已经到来的电子世界中，纸质报纸将难以生存。

作者又说："在20年内，报纸将遭遇其有史以来最大的变故。报纸将基于以下两大原因而不得不转型：1. 它们难以在纸质媒体上继续盈利；2. 进入数字时代后，它们将被绞杀。……只有数字报纸才会成为信息媒体的主流并为其公司带来收入。"[3] 这一情况我们现在都在经历着。转型，已成为所有报人都接受的现实。数字优先，也是多数先进报业机构业已确立的战略选择。

在这本350多页的著作中，作者还说："报纸的发行收入已经踩上财务赤字的红线，这将迫使报业公司'肢解'（amputate）自己的印刷厂和发行系统，以巩固自己的商业模式。很多日报将由每日出版改为每周出版若干期甚至变成一周只出版一次的周报。其他一些报纸将被迫整体出局。物理形态的报纸尽管在21世纪还将生存一段时间，但它会像 20 世纪后半叶广播电台的发展一样，趋向个性化和小型化。"[4]

---

3. Kenton W. Elderkin. The Future of the Newspaper Industry: How Electronic Newspapers Will Outrun their Competition[M].1stBooks Library，1996：6–7.
4. 同3：6.

这也不幸而被言中。进入21世纪后，随着纸媒需求量的迅速减少，美国很多报纸都将自己的印刷厂卖出，或与其他兄弟报纸或竞争对手共享印刷厂。与此同时，世界其他地方的报业印刷业务量也不断下降。受此影响，全球最大报业印刷设备制造商美国高斯国际集团的效益也持续下滑，以至于2009年和2016年先后被出售给上海电气集团（SEC）和美国工业合作伙伴集团（AIP）。但就在埃尔德金明确指出纸媒印刷量将明显减少的1996年，中国的报业印刷刚进入“大干快上”阶段。以南方一家集团为例，它们在1995年安装两台高斯大都市印报机后仅仅3年，又引进价值上亿的高斯纽斯兰大型印报机。2005年，该集团一次性购买4台当时最先进的高斯纽斯兰90印刷机，创了中国印刷机购销史上最大单笔购销合同。南方另外两家印务中心等的发展与之类似。如今，所有这些高端设备都处于产能过剩状态。

报纸的减版缩期也已成为常态。从2009年起，美国著名报业集团“前进出版集团”逐步对旗下位于密歇根、路易斯安那、亚拉巴马、宾夕法尼亚、俄亥俄等8个州的约20种日报实施出版周期由每周7天改为3天左右的缩减措施。同样从2009年起，《基督教科学箴言报》和《西雅图邮报》等数十家美国日报已取消了印刷版，完全改为“数字化生存”。中国的报纸也在经历约10年的“厚报”期后，迈入大幅减版的潮流，周末停刊或减刊的报纸明显增多。

这位作者甚至坚信，互动传播和多媒体传播将是未来报纸的发展方向。他说：“在20年内，包括报纸在内的大多数媒体都会实现互动传播，以适应受众的需求。……将静态的文字和图片与动态的音频和视频相结合的多媒体传播也将成为主流。……报纸实现多媒体传播的目的，就是在新闻叙事和广告呈现中将文字、图片、音频、视频融为一体，就是让用户在互动中拥有更多的主动权和产生更大的兴趣。”[5]

这些，也正是报业在数字端努力的方向。

二、“报纸近期消亡论”的破产

在埃尔德金出版《报业未来》的前一年，尼古拉斯·尼葛洛庞帝（Nicholas Negroponte）出版了更广为人知的专著《数字化生存》（*Being Digital*）。尼葛洛庞帝因为是麻省理工学院媒体实验室创室主任并长期从事网络研究，对媒体的未来就显得

5. Kenton W. Elderkin. The Future of the Newspaper Industry: How Electronic Newspapers Will Outrun their Competition[M].1stBooks Library，1996：17，30，254.

更加先知先觉。在出版这本书之前，早在20世纪70年代末，他就预测纸媒、电视和计算机会逐步重叠并走向融合。

这一想法到《数字化生存》，就形成了较为成熟的多媒体概念。他说："不要只把多媒体视为个人世界的博览会，或是结合了影像、声音和数据的'视觉飨宴'。多媒体领域真正的前进方向，是能随心所欲地从一种媒介转换到另一种媒介。"[6] 于是他认为，"数字化会改变大众传播媒介的本质"。[7]

尼葛洛庞帝同时是数字化生存方式杂志《连线》的专栏作家，因此，他在《数字化生存》中主要讨论的还是数字化对人类生活的改变，而并未聚焦于报业等大众传媒所受到的影响。关于大众传媒，他在多媒体概念之外，只是提出了小众化的发展趋势，还设想"我的日报"这类个人订制方式。信息订制，在当今已经普遍实现。2013年我在赫芬顿邮报的官方网站订制了若干自己感兴趣的专栏，此后，这些专栏每天的新闻都通过电子邮件源源不断地向我送来，就相当于我订制了一份"我的日报"。

但对报业本身的未来，他未著一字，更没提到报纸会消亡。埃尔德金其实也不认为报业会死，要死的只是纸媒，否则他就不会在数字报纸的发展上大费笔墨了。报纸消亡论的提出者是别人，例如美国北卡罗莱纳州立大学教授菲利普·迈耶（Philip Meyer）。他是名记者出身，又是数据新闻的前身——"精确新闻"的提出者，在业界和学界都有较大影响力。2004年，他在《正在消失的报纸》（*The Vanishing Newspaper*）一书中，再度运用他所擅长的数据统计，对"全国民意研究中心"（ORC）的相关调查数据进行了"线性拟合"，即顺着调查数据中1972—2002年读者对报纸的信心分布和日报读者量变化的两个下降趋势，延伸出前者到2015年将触及0点，后者则在2043年第一季度末触及0点。大概怕别人还不太明白，他干脆在一篇文章中将"报纸末日"的具体时间挑明了："如果读者按现在这一趋势持续下去，则最后一位日报读者差不多将于2044年10月消失。"[8]

有一些学者或机构比迈耶还要悲观。典型的是美国南加州大学（USC）安娜堡数字未来研究中心2011年12月14日发布的一份研究报告。该报告引述中心主任杰弗里·科尔（Jeffrey Cole）的话说："经过10年的研究，我们发现技术的强势影响与带来的后果比以往任何时候都更加明显。……我们相信美国正处于重要的数字转折点。我们在获取数字技术的大量好处的同时，也在付出个人的代价。问题在于，我们愿

6. 尼古拉斯·尼葛洛庞帝.数字化生存[M].胡咏，范海燕，译.海南：海南出版社，1997：89.
7. 同6：103.
8. Paul Farhi. A Bright Future for Newspaper[J].The American Journalism Review.2005，6-7.

意为此付出多大的代价？”报告列举了10个趋势，诸如“社交媒体爆炸式发展”“桌面PC将死，平板万岁”等。第五个趋势，便是“大多数美国印刷报纸将在5年内消失”。[9]

报告说：“美国印刷报纸的发行量持续下滑，我们认为只有超大型的报纸和最小型的报纸可以继续以纸媒形式存活。也就是说，只有4种具有国际传播力的大型报纸可以用纸质版继续活下去。它们是：《纽约时报》《今日美国》《华盛顿邮报》和《华尔街日报》。在另一端，地方的小型周报可以成活。都市报纸的周日刊只能在数字端存在下去。”“纸质报纸的即将死亡也带来了很多问题。这些报业机构在转型到数字平台后能否得到拯救？内容发布方式的改变会影响新闻内容的质量甚至造成新闻业的消亡吗？”[10]

USC的这一预测一度被广泛转载，但5年后便被证明是不准确的。2016年，美国日报的数量为1,286种，比2011年的1,452种下降了166种，降幅11%（见下图）。[11] 其中绝大多数属于USC预测要“死”的种类。至于迈耶用“线性拟合”得出的日报读者量将于 2043 年第一季度触及 0 点的预测是否准确，尚待检验。

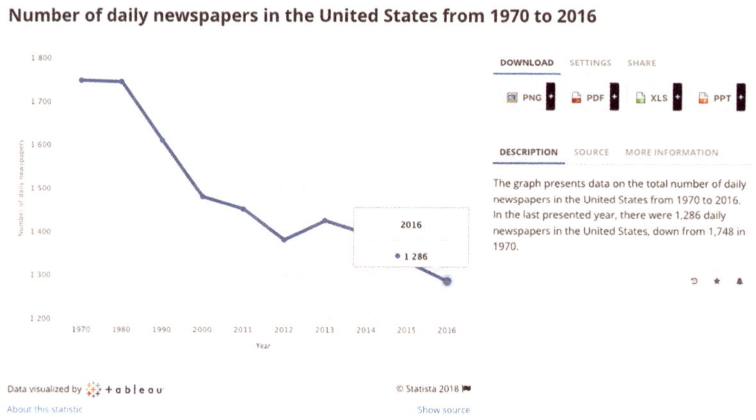

1970—2016年美国日报数量变化图（来源：Statista）

9. Communication and Marketing Staff. Is America at a digital turning point? [EB/OL].[2001-12-14].http://annenberg.usc.edu.
10. 同9.
11. 根据Statista 图表“Number of daily newspapers in the United States from 1970 to 2016”计算。www.statista.com 2018

三、中国报业的布局面临大调整

现在我们可以确信的是，纸质报纸在以10年为基数计算的短期内不会消亡。美国的日报在1980—2000年的20年间，减少了265种，减幅15%。[12] 这说明，即便没有新媒体的干预，日报也呈下滑趋势，现在只是增加了一个强大的变量，因而有所加速。中国报纸的数量，则从2006年的1,935种到2017年的1,884种，11年减少了51种，减幅2.6%。[13] 这一数据比欧美发达国家稳定得多。日本的报业市场也保持稳定。在少数地区，如印度，2018年发行量最大的10种纸质报纸的发行量仍呈两位数增长。

但纸质报纸消亡的长期趋势难以改变。看看我们下一代的信息消费情况以及在校学生（含大、中、小学生）几乎都不读报纸的现状，就知道新闻纸寿终正寝的日子不会太遥远。2016年我在美国考察报业时，几乎所有报业老总（包括持最乐观态度的高管），都认为纸质报纸消亡是迟早的事。但他们也都觉得，既然纸媒目前仍是收入来源的大头，再撑十年八年应无问题。

中国的报业市场自有其特殊性，其纸媒的寿命会比欧美报纸更长久。特别是各级党委机关报，其地位目前就像同样按行政区划配置的各级电视台和广播电台一样牢固。但其他报纸的情况会大不同，特别是在中国报纸黄金时代大量创办起来的都市类报纸，会大幅度地减少配置，进而出现欧美国家"一城一报"的格局。近两年此类报纸集中停刊休刊，正是这种布局调整的开始。

四年前我在拙文《中国都市类报纸的困境与出路》中，在分析了此类报纸受困的种种原因（诸如体量大，易受伤；基数高，跌幅剧；数量多，同质化等）并预测"停刊潮或许刚刚开始"后，认为"一城难容多报"既是全球趋势，也是中国报纸的宿命。"一城一报"在美国已经实施了数十年，一些大城市为维持舆论多元化而通过"合作经营协议"（JOA）保护同城两种主流日报生存的举措，近年也相继失败。欧洲及日本等国也在走这条路。当然，纽约、洛杉矶、芝加哥、伦敦、东京以及中国的一线城市等特大城市例外。[14]

在2017年至2019年1月停、休刊的69种中国报纸中，都市类报纸（含地铁报）就有59种，占比85.5%（据笔者研究生刘洋洁不完全统计），且绝大多数是二、三线城市的报纸。这种以减法为主的调整必然会继续下去，大概率会出现更加惨烈的状况。除了一线城市和少数经济状况较好的省会城市，最终会形成一城只有一种都市类日报

12. 根据Statista 图表"Number of daily newspapers in the United States from 1970 to 2016"计算。www.statista.com 2018
13. 根据新闻出版总署历年统计数据整理计算。
14. 辜晓进.中国都市类报纸的困境与出路[J].新闻记者，2015（9）：16.

的格局。即便是一线城市，减法也会继续发生，就像近两年北京和上海的情况一样。

四、收入多元化是获得拯救的唯一选择

对大多数报纸而言，既然暂时死不掉，就要考虑怎样活，即以什么样的商业模式实现继续生存。

首先当然想到报纸赚钱的传统模式——主要依靠广告。在广告依赖度上，中美甚为相似，长期以来广告都占据报业总收入的85%以上。欧洲占比稍小，日本更低。但在数字时代，纸质报纸的广告收入正朝着一个不可逆转的方向急剧下滑。长期看，这是一个无限接近于零的趋势。所以我认为，纸质报纸的最终消失，并不取决于迈耶所预测的何时只剩下最后一位读者，而是在尚有读者的情况下，广告入不敷出，报纸先失去资金支持而关闭。

关于这一点，埃尔德金在23年前也预见到了。他说："报纸不仅会失去其发行量，还会失去其广告。报纸的分类广告会被独立的数据库公司掳走，他们向广告商收取的分类广告费用将会只相当于报纸广告价格的一个零头。"[15] 这话又不幸被言中。20世纪90年代下半叶直至本世纪初，分类广告一直是美国主流日报仅次于零售广告的最主要收入来源，通常会占据大都市报纸广告总收入的四成至一半。但到了数字时代，报纸最先被抢走的广告种类就是分类广告。2000年，美国报业的三大种类广告的收入分别为：零售广告214.09亿美元；分类广告196.08亿美元；全国广告（相当于中国的异地广告）76.53亿美元。10年后的2010年，分类广告就跌至56.48亿美元，跌幅高达71.2%。零售和全国广告分别为129.26亿美元和42.21亿美元，两者跌幅都在40%左右，远低于分类广告的跌幅。[16]

报纸的广告都被科技公司或数字媒体夺走了。因此，报业在实施转型战略以自救的同时，无不盯住数字平台的广告收入。这方面，美国报业近年的进展似乎让人看到了一点希望。2011年至2017年，美国报业的数字广告收入占广告总收入的比重逐年上升，分别为17%、19%、20%、21%、25%、29%、31%。但是，这个占比看上去挺漂亮的，绝对值却并不高，因为这是纸质广告收入不断下滑后的占比。按2017年广告总收入164.76亿美元计算，数字广告收入也仅有50多亿美元。这个数字与美国报业广告巅峰期2005年的493.35亿美元比，只占约一成。[17]

---

15. Kenton W. Elderkin. The Future of the Newspaper Industry: How Electronic Newspapers Will Outrun their Competition[M]. 1stBooks Library，1996：7.
16. 根据PEW2018年公布的数据计算得出。
17. 同16.

数字端的广告经营还面临一个新的困境，即越来越多的互联网用户下载了广告拦截软件用以过滤广告，而相关软件也做得越来越好。2016年6月，美国互动广告局（Interactive Advertising Bureau）对1,292位18岁以上的互联网用户进行调查，其中26%的人在自己的电脑里安装了广告拦截软件，另有17%的人计划在未来数月内安装此类软件。[18] 种种迹象表明，这类人群的占比仍在扩大中，这在一定程度上瓦解了报业在数字端扩大广告营收的努力。

中国报业广告近年也持续下滑，而且跌幅在扩大。根据CTR媒介智讯的数据，报纸广告刊例收入2017年上半年下跌30.5%，2018 年上半年下跌30.6%。[19] 这个数据令人感到恐惧。要知道，此前全球报业广告跌幅最大的美国，也没有任何一年的下跌幅度达到30%。中国报业在数字转型上也做出了很大努力，但营收效果仍很不理想。其中的数字广告收入虽缺乏面上统计数据，但根据笔者对业界的观察和对多个个案的了解，数字广告收入在很多报纸是微乎其微甚至可以忽略不计的。只有《人民日报》、“澎湃”等少数报业媒体获得相对较为可观但仍远不足以抵消运营成本的数字广告收入。

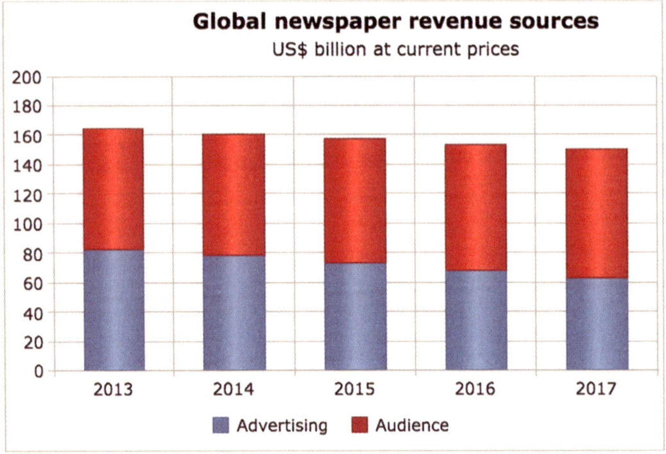

全球报业收入来源，红色为发行收入，蓝色为广告收入（来源：PWC）

18. Advertising & Marketing.Advertising & Marketing. Why More than a Quarter of US Internet Users Block Ads?[EB/OL].[2016-08-11].http:// www.emarketer.com.
19. 2018《中国报业发展报告》[J].编辑之友，2019（2）：46-53.

广告如此艰难，就逼迫报业在尽量维持广告收入的同时，寻求其他盈利途径。主要有以下三种：

一是内容变现，即通过建立各种形式的付费墙，扩大发行收入。这是近80%美国日报、大多数欧洲主流日报、日本全部全国性日报、香港多数日报都在做的事情。《纽约时报》《华尔街日报》和《金融时报》是这方面的杰出代表。其中《纽约时报》因近年成功大幅拓展付费数字用户而正在转型大战中胜出，前景一片光明。据世界报业协会（WAN-IFRA）数据，全球报业收入的结构自2013年首次发行收入反超广告收入以来，这个趋势一直没变，且差距在扩大。2017年，全球报业的发行收入为872亿美元，广告收入为678亿美元，前者比后者多出近200亿美元。这一结果主要来自数字发行收入的大幅增长。全球报纸的数字发行量，由2013年的774.6万份，增加到2017 年的2,572.5万份。[20]

二是通过增值服务向读者收费，即以会员制、阅读捐赠等方式获得基于内容服务的额外收入。欧美越来越多的报纸正在尝试这种方式，特别是一些暂不主张建立付费墙的报纸。这方面最典型的是英国《卫报》。该报在英国全国性的高尚报纸中，是个别坚持不建付费墙的报纸，其余如《金融时报》《泰晤士报》《每日电讯报》等都已建墙多年。但《卫报》也发现，仅靠每况愈下的广告收入和同样不断减少的纸媒发行收入，是出现越来越大亏损的主要原因。从2016年起，《卫报》在继续数字平台免费阅读的同时，推出会员制，为会员提供常规内容服务之外的增值服务。会员由低到高分为三个等级。最低等级为“支持者”（Supporters），每月支付5英镑，可获得每周简报、每周幕后系列、专栏作家问答及来电询问播客等服务。较高等级为“伙伴”（Partners），每月支付15英镑，可在获得“支持者”福利之外，享受线下活动门票优先、《卫报》出版物和小礼物等服务。最高等级为“赞助人”（Patrons），每月支付60英镑，可在前两个级别福利之外享受幕后沙龙等高端服务。[21] 该报目前纸质版平日刊每期2英镑，周六刊每期2.9英镑，最高端会员支付的钱也只相当于纸质版订户的花销，所以仍然受到欢迎。何况该报还在其伦敦总部对面建了一个300平方米的会员俱乐部，同时组建了50人的会员服务团队。

据卫报媒体集团（GMG）截至 2018年4月1日的年报，会员制实施两年来，会员

---

20. World Press Trends 2018:Fact and Figures[EB/OL].[2018-06-10]. http://www.wptdatabase.org.
21. Jessica Davies.Road to 1 million:The Guardian has gone from 15,000 to 200,000 paying ‘members’ in the past year [EB/OL].[2017-02-02].http:// Digiday.com.

数量已从第一年的近20万人增加到57万人。除此之外，该报还推出了面向全球读者的满意阅读后的一次性捐赠项目，捐赠额以1英镑为起点。2017年度，这一捐赠行为达到32万次。得力于这些措施加上减员降低成本，该报2017年度的营收亏损大幅减少了三分之二，缺口由5,700万英镑降至1,860万英镑。[22]

三是通过举办各类活动获得收入。这是西方报业近年普遍重视并大面积展开的创收活动。2016年笔者对美国10多家报业公司进行调研时，受访高管几乎都将“活动”（events）作为报业扩大创收和收入多元化的重要举措，且已经取得令人瞩目的效果（详见《重走美国大报——美国报业转型：颠覆与重生》，南方日报出版社，2018年9月版）。

当然，对中国报业而言，还有与科技公司合作（如南方报业传媒集团与腾讯合作的“大粤网”、《深圳晚报》与扎客合作的“深圳Zaker”）以及在主营业务之外拓展房地产、零售、物流等收入渠道，不予赘述。

总之，数字时代的报业，再也享受不到信息垄断的黄金时期那样依靠广告单一渠道赚大钱的福利了。多元化并根据各自强项调整主攻领域是唯一选择，也是报业维持生存的唯一方向。

五、放弃优质内容必“死”无疑

中国个别报纸多年来已然放弃了对优质内容的专业化追求。这种放弃当然不一定是主观故意或蓄意而为的，而是由于主事者的不专业或不敬业、新媒体盛行对职业期待的困扰、收入降低对采编士气的打击、信息多元和信息价值降低对职业荣誉感的顿挫、日常工作中对业务探讨的疏离、多媒体传播对核心内容生产投入的稀释等多种因素或其中的某些因素促成的。

有迹象表明，报纸质量下降的问题已经引起国家主管部门的重视。在2018年1月22日召开的“2018年全国报刊管理工作会议”上，国家新闻出版广电总局副局长张宏森强调：“要走精品化路线，通过走高质量之路破解发展难题。”[23] 这次会议透露，将出台《报刊质量管理规定》，督促报刊出版单位加强质量管控。根据已经披露的内容看，新规定仍延续1995年《报纸质量管理标准》和《报纸质量管理标准实施细则》的思路，将重点放在编校质量、稿件差错、版面规范、印刷质量等技术范畴。其实这

22. GMG Annual Report and Consolidated Financial Statements for the year ended 1 April 2018[EB/OL].[2018-07-24].http://Uplads.guim.co.uk.
23. 赵新乐.2018 年全国报刊管理工作会议召开[N].中国新闻出版广电报，2018-1-23.

些都不是当前报纸的痛点，报纸在现代化印刷设备和排版软件的武装下，印刷质量和版面设计都明显好于以往。所谓“高质量”应主要指内容质量。离开优质内容（包含数字平台的多媒体呈现方式），是不可能“破解发展难题”的。

相信在近期的将来，报纸会回归对优质内容的追求，进而在数字端扩大影响力，为未来的生存创造机会。

目录 CONTENTS

Mass Media Panorama in China

传媒视点

未来已来，相信未来

不断深化媒体改革，提高新闻舆论“四力”

从“内容+”到“互联网+跨界”的战略转型

智媒转型，数媒先行

拥抱移动互联网时代，做好主力军、主渠道、主阵地

上篇

未来已来，相信未来

——创造上海报业改革新传奇

□裘新[1]

2019年1月25日，习近平总书记在中央政治局集体学习时发表重要讲话，强调要深刻认识全媒体时代的挑战和机遇，推动媒体融合向纵深发展。

上海报业集团组建成立的5年，本身就是深度融合整体转型的5年。总书记的深刻分析和系统阐述，在当前媒体融合发展的关键节点，又一次给我们指明了航向。

一、“上报之路”如何不蹈覆辙

《全力打响“上海文化”品牌加快建成国际文化大都市三年行动计划》中提出，全市要“打造2个以上平台级新媒体，2家以上国内领先的新型主流媒体集团”。

上海报业集团“十三五”媒体融合发展目标：拥有5个以上全国领先的新媒体品牌，新媒体总用户规模、总收入规模在全国同类媒体集团排名进入前三。

经过5年探索，上报集团已经从一家以报刊为主的传统报业集团，开始转变为拥有网站、客户端、微博、微信公众号、手机报等新媒体形态，新媒体收入占据半壁江山的新型主流媒体集团。

（一）主流全媒体阵地迎来影响力最广泛的时期

解放日报·上观新闻聚焦优化绩效考评、完善采编流程、融媒体产品生产创新，截至2019年上观新闻App下载量已达到1,100多万，解放日报获评2018年全国党报网站

1. 裘新，上海报业集团党委书记、社长。

媒体“深度融合的探索与突破”优秀案例一等奖。

文汇报以融媒体指挥中心正式运行为契机，推进采编发一体化，融媒体平台效应进一步增强。目前，文汇客户端用户已覆盖32个省区市以及港澳台地区，累计下载量和月均阅读量较上年均呈数倍增长。

新民晚报明确“先端后报”战略， 2018年客户端发稿数量增加50%，用户数近800万，传播力和影响力均进入上海前三、全国前十。微信版“新民早报”与纸质版新民晚报相得益彰，形成了“一天到晚看新民”的阅读氛围。

（二）新型传播平台头部效应开始显现

到2018年年底，澎湃新闻App下载量达1.46亿。移动端日活跃用户数过1,000万，继续向打造全国性互联网新型主流媒体平台级产品目标迈进。

“界面”并购“财联社”后，新增财联社App下载量2,300万，两大品牌可实现稳定覆盖人群达到亿级规模，形成财经报道的全国性平台。

新闻晨报官方微博粉丝数3,500多万，在全国都市报官方微博粉丝数排名中位居第一，在全国日报官方微博粉丝数排名中位居第三。

（三）“一增一减”，落后的新媒体同样不能保护

2018年，集团媒体机构开设的微信公众号减少20余个，PC端网站减少5个，App端口中有2家停止运营。新媒体项目数量减少，有的是策略调整，有的是架构变化，有的是难以更新和维持。推动媒体融合发展，并不是保护落后。新媒体也要优胜劣汰，关停活跃度低的产品，扶持受用户欢迎的强势产品。对于失去受众的媒体，不论是传统媒体还是新媒体，都没必要再打“强心针”、做“人工呼吸”。

与此同时，新媒体用户总数强力增长，2018年集团媒体机构所开设新媒体的总用户数增长34%。随着移动互联网成为信息传播主渠道，移动媒体进入加速发展新阶段，集团坚持“移动优先”策略效果明显。年度增长用户总数中，九成左右的新增来自移动端。

（四）警惕新媒体重蹈传统媒体覆辙

1. 融合发展整体优势还没有充分发挥出来

目前上报集团已通过“三二四”布局形成“上报系”全媒体产品，但主流价值影响力版图还不够统一，多个产品之间的内容、技术、人员和资本等资源配置流动较少，还处于各个地方队竞技而没有实现类国家队的状态。

打破孤岛，最核心的还是建设数据库和读者库的底层框架，对所有媒体触达过

的用户进行更深入的了解和划分，利用各媒体的优势和侧重，对用户数据进行二次利用，扩大影响，提升变现。

2. 要警惕新媒体重蹈传统媒体覆辙

警惕覆辙之一：不要让平台代替了邮局。过去报纸读者数据掌握在邮局手中，而现在新媒体用户掌握在大的互联网平台手中。是否能打造“爆款”取决于平台的推荐，阅读量并不受媒体掌控，用户也不受掌控。一篇“爆款”文章的阅读数只是一个数字，媒体无法预计哪篇会成为爆款，更无法做到将下一篇内容继续推送给上一个爆款的阅读用户。所以这样的“爆款”所带来的流量只对平台有意义，对于媒体来说意义不大。

警惕覆辙之二：不要让粉丝数代替了发行量。过去报纸靠发行量生存，而现在活跃度比粉丝数更体现新媒体的影响力。

新媒体的影响力主要看活跃度，而粉丝数与活跃度之间并没有直接关系，活跃度主要取决于阅读数和互动数。比如澎湃新闻官方微博粉丝数1,572万，日均阅读量高达5,571万，是2018年度普查中，集团微博号里日均阅读量中最高的，且是少有的日均阅读量超过粉丝数的微博账号，原因在于很多阅读量来自非粉丝，其单日互动数达10.6万，平均周互动数在60万上下。

警惕覆辙之三：不要用征订的办法去获客。过去报纸发行靠行政力量或优惠措施，而现在新媒体的获客难度和成本更大。目前移动互联网用户总数已经触及天花板，使用习惯已经基本形成，入口已经被几大巨头瓜分殆尽，获客难度加大，流量导入并没有带来真实的涨粉。一些平台将订阅号改成信息流模式，信息流的最大特点是留不住粉丝——用户在意的是内容而不是内容生产者，即使制造了“10万+”的“爆款”，涨粉也非常有限。

二、“三次迭代”与三个“半壁江山”

传统媒体与新兴媒体不是取代关系，而是“迭代关系”。不是谁主谁次，而是此长彼长；不是谁强谁弱，而是优势互补。从集团媒体经营形势看，在报刊收入与新媒体收入之间，在新媒体广告收入与创新服务收入之间，在媒体主业收入与集团营业总收入之间，也是迭代关系。集团融合发展5年多来，在经营收入的动能转换上，开始了“三次迭代”，出现三个“半壁江山”易位的趋势。

（一）第一次迭代：新媒体收入占据媒体收入半壁江山

到2018年年底，集团新媒体收入占媒体业务收入的比重首次超过50%，这标志着集团基本实现了媒体主业经营的新旧动能转换，完成了新媒体与传统报业的第一次“迭代”。从具体数据分析看：

1. 新媒体收入增量持续对冲传统报刊收入的降幅。2018年新媒体收入同比增长3.49亿元，远超报刊收入的下跌。2019年新媒体收入预算增加2亿元，继续大幅超过报刊收入预算同比的减少。

2. 传统报刊收入“断崖式”下滑减缓，广告收入企稳初现端倪。2018年报刊收入同比下降2.09%，其中，报刊广告收入自报业集团成立以来首次结束两位数下滑。2019年集团报刊预算收入比上年实际完成数下降2.28%，继续保持窄幅波动下的基本稳定。

3. 新媒体收入占集团媒体主业收入比重持续上升。2014—2019年这一比例分别为0.88%、9.44%、18.55%、34.5%、50.83%、57.46%（预算）。

（二）第二次迭代：新媒体创新服务收入显著增长，逼近新媒体收入半壁江山

从2018年开始，集团新媒体收入出现第二次迭代的明显迹象：

1. 新媒体收入增速开始放缓。2018年新媒体收入增长速度为92.37%。2019年新媒体收入预算增长27.6%，重点项目收入增速回落至20%—30%的平稳区间，预示着新媒体收入也进入“新旧动能转换”期。

2. 新媒体广告收入成“传统”模式，收入增速和占比双双进入平台期。2018年新媒体广告收入同比增长32.12%，2019年新媒体广告收入预算同比增长20.6%。新媒体广告收入占新媒体业务总收入比重持续下跌，2014—2019年这一比例分别为100%、71.4%、82.74%、87%、59.75%、56.49%（预算）。

3. 新媒体创新服务收入显著增长，“新动能”正在积蓄。2018年，是集团新媒体创新服务收入爆发式增长的一年，新媒体创新服务收入占新媒体总收入比重一下跃升至40.25%。2019年新媒体创新服务预算收入4.03亿元，同比增幅37.97%，占新媒体总收入比重继续升高，为43.51%。

目前，集团旗下新媒体创新服务收入主要包括六种形式：版权内容服务，财经信息服务，第三方服务输出（内容、技术、审核等），信息流内容分发及交易服务，自媒体广告服务，整合营销服务等。

（1）新媒体版权内容服务。2018年新媒体版权内容服务收入同比增长18.8%。2019年收入预算同比增长22.1%，其中，澎湃新闻版权收入达到4,000万元。

（2）财经信息服务。目前在集团全媒体矩阵中主要由两个客户端产品（摩尔金融和财联社）承载，面向机构投资者（B端）和高净值个人投资者（C端），提供“7×24”小时电报式快讯、深度要闻、风口研报、智能投顾、投资者教育等线上线

下产品和服务。2018年财经信息服务实现收入同比增长183%，2019年预算收入同比增幅为210%。

（3）第三方服务输出。2018年澎湃新闻第三方服务输出收入同比增长251%，2019年预算同比增长237.7%。在外包技术方面，澎湃新闻的技术团队已拥有一系列软著权及若干专利，并自主研发国内领先的融媒体解决方案“澎π”系统，涵盖了从管理模式到技术平台的全方位一体化解决方案。通过与多地有融媒体建设需求的客户合作，在政务服务市场和技术输出领域有广阔的市场前景。

（4）信息流内容分发及交易服务。2018年“唔哩”信息流内容分发及交易服务收入达到8,364万元，2019年预算收入同比增长63.11%。随着互联网内容消费需求越来越大，各流量平台对内容的需求也越来越大。这项服务通过依托内容，接入各类渠道的流量，进而完成变现。优质版权内容、优质流量和分发技术，是服务的关键核心。目前这部分业务正处于高速发展中，预计每年的发展增速不低于60%。

（5）自媒体广告服务。作为企业客户在自媒体领域的广告服务商，帮助其在自媒体投放原生广告；或代理企业客户的自媒体流量购买，帮助其实现流量转化。目前，“界面·财联社”旗下“蓝鲸平台”该类服务收入已达到上亿规模，其核心优势有二：一是拥有数万个自媒体渠道资源；二是拥有成熟的投放团队，在金融、快消、科技、电商、医疗、体育等领域具备经验，能够通过分析客户产品特性精准匹配投放渠道，实现高效转化。

（6）整合营销服务。以“策划+内容”为驱动，为企业客户提供针对性的营销服务，包括重要战略事件传播、帮助企业搭建内容中心、上市公司财报解读、社区代运营、舆情预判、预警和培训、活动定制服务等。2019年，“界面·财联社”整合营销收入预算同比增长20%。

（三）第三次迭代：媒体主营业务收入保持两位数增长，逼近集团营业总收入的半壁江山

1. 集团营业总收入稳中有升，媒体主营业务收入继续保持两位数增长。2018年集团经营形势基本面稳定，营业总收入实际增长率超过预算目标一倍多。其中，媒体收入同比增加30.48%，是自2013年集团组建以来增长最快的。2019年集团媒体收入预算同比增长12.9%，继续保持两位数增长势头。

2. 在总收入稳中有升的前提下，媒体主营业务收入占集团营业总收入（集团其他文化产业收入包括图书、文教、音像收入，园区、楼宇收入，教育收入等）比重持续上升。2014—2019年这一比例分别为28.92%、27.56%、27.11%、32.23%、40.41%、

45.54%（预算）。

应该看到，在传统报刊收入遭遇“断崖式”下滑、新媒体尚待培育、新经营动能尚未形成的过渡期，媒体机构的多元化经营对于对冲媒体主业经营的下滑，发挥了不可或缺的作用。

但是，伴随媒体融合向纵深发展，媒体主业收入逐年回归“王者宝座”、逼近“半壁江山”，媒体集团回归核心本业应是大势所趋。当然，回归后的核心主业已经发生了“质”的变化，它不是传统的报刊经营收入，也不是传统意义上的媒体广告收入。

上报集团正在发生的三次“迭代”，三个“半壁江山”易位，正是媒体融合向纵深发展的一个写照。它表明，对于我们正在建设中的新型主流媒体集团来说，媒体主营业务仍然是核心主业，依然是大有可为的。

三、从“三二四”融媒体布局到“20，50”智媒体矩阵

上报集团旗下上观、文汇、新民等主流新媒体阵地，澎湃新闻、界面·财联社等现象级新型传播平台，以及第六声、摩尔金融、唔哩、周到等特色新媒体集群，共同组成“三二四”全媒体传播格局，影响日益扩大。

目前，单纯的内容驱动新媒体发展模式已经进入红海时代，“内容+技术+运营”叠加驱动的新媒体产品已显现机遇期。各媒体要牢固“双高”意识：只有加快抢占全媒体时代的技术高地，才能牢牢占据舆论引导、思想引领、文化传承、服务人民的传播制高点。

（一）从融媒体到智媒体，是推动媒体融合向纵深发展的必然方向

融合发展是一次以技术创新为引领的媒体变革。手机肯定不是媒介的最终形态和最终载体，依托手机的媒体也不会是最终的未来媒体。当前，在媒体走向深度融合的过程中，物联网、大数据、人工智能技术应用已经越来越多地介入媒体运行和传播过程，媒体的演变趋势呈现出从融媒体走向智媒体的鲜明特征。

智媒体首先是“智能”媒体，通过人工智能重新赋予媒体技术基因，改造媒体生产、传播全流程，让传播更自动、更精准、更高效。其次，智媒体还是“智慧”媒体，通过价值主导，更加突出信息背后的价值匹配，算法也要有价值观。

（二）“20，50”——上报集团“智媒体矩阵”

关键核心技术是我们最大的“命门”，要探索将人工智能运用在新闻采集、生产、分发、接收、反馈中。

从2018年第四季度开始，集团汇集了各方力量，围绕“新技术、新产品、新运营”主题，进行了技术创新专题大调研。包括集团技术和新媒体研究团队、澎湃团队、界面·财联社团队、唔哩团队，以及社会第三方投资、研究机构，共同梳理出8类引领媒体变革的创新技术。其中，把5G、大数据、智能终端和机器学习等4类作为基础设施级的核心技术；同时，重点关注人工智能领域的文本识别、语音识别、视频识别和人像识别等4类识别技术。

把8类技术作为行元素，把新闻传播的采集、生产、分发、接收和反馈等5大流程作为列元素，我们就可衍生出20个智媒体单元。这些单元格，蕴含着这一轮技术创新最有可能在新媒体领域得到应用、嫁接出果实的机会空间。

到目前为止，集团各媒体在这20个智媒体单元中已初步完成布局27个项目。根据集团最近进行的技术大调研，各家媒体接下来规划新布局项目23个，共计50个智媒体项目。20个单元、50个项目，构成了全媒体时代的上报集团“智媒体矩阵”。

智媒体单元包括哪些呢？

智媒体单元1：智能硬件。无人机、可穿戴设备等智能硬件的普及将进一步拓展新闻信源，成为实时在线的“通讯员”，自动发现新闻线索，实现场景数据的随时随地记录与挖掘。数据源的扩张为生产流程再造提供了生产要素与技术基础，数据对新闻生产的价值被不断放大，数据新闻的生产效率和质量实现突破性升级。

智媒体单元2：智能融媒体中心。升级现有融媒体指挥中心，打造“大数据+人工智能”的一体化新闻生产分发平台。依托这一基础设施平台，媒体与人工智能技术全流程结合，智能辅助、人机协作、智能化生产并行，帮助媒体生产更有价值、时效性更强的内容，同时将有限的人力配置到深度调研等内容生产核心领域。

智媒体单元3：自媒体聚合平台。传统内容生产传播格局已然被打破，内容产业生态圈更趋多元化和细分化。在现有UGC（用户原创内容）和PGC（专业生产内容）基础上，打造PUGC（PGC+UGC）战略生态，既具备UGC的广度及个性化特征，又能通过PGC赋能，以更专业的内容吸引、沉淀用户，这是主流媒体扩张内容生态版图的重要一招。

智媒体单元4：机器新闻。通过对各类数据的获取、分析与解释，在语义理解的基础上套用一定的新闻模板，对基本数据和观点形成故事化叙述，整合形成作品。机器人写手提升了信息的生产能力和发布效率，让记者更加专注于独到、深度的报道和人文关怀叙述。目前机器人写作主要适用于财经、体育、自然灾害等数据密集型的报道。

智媒体单元5：机器翻译。依托百亿量级的高质量语料大数据和领先的神经网络机器翻译技术，为企业用户提供多语言翻译、跨语言大数据分析等语言科技解决方案。其核心是一个拥有海量结点的深度神经网络自动从语料库中学习翻译知识，将一种语言转化为机器可识别的"向量"，再经过多层复杂的传导运算，生成另一种语言的译文。

智媒体单元6：智能金融数据平台。整合市场上的金融大数据，为金融机构、上市公司、高净值个人等专业用户提供数据资讯和数据工具，实现"媒体+金融"的生态赋能。包括：从海量数据中识别数据变化，发掘关联性，预测趋势；将原始数据标准化为用户能直接使用的数据工具；以及由此衍生的上市公司舆情服务、金融知识图谱服务等。

智媒体单元7：政务新媒体平台。未来的政务新媒体会沿电子政务、媒体和综合性政务平台三个方向发展，是信息汇聚地和数据产生源。智能服务、整合传播以及关系链管理是运营政务新媒体的重要招式，必须依靠专业团队，全天候在线服务，与时俱进生产现象级爆款作品，用好短视频表达，建立线上线下政民互动的"强关系"。

智媒体单元8：新闻内容可视化与视频化。依靠大数据平台基础，借助可视化模型技术，以数据地图、时间线、气泡图、交互性图表、人物关系图等方式呈现多维数据信息，激发新闻读者的形象思维和与数据的互动行为。另一方面，移动视频将成为重要的新闻内容入口和全媒体传播矩阵的关键环节，要尤其关注以互动、竖屏、直播等为特征的移动视频新方向。

智媒体单元9：AI娱乐。AI技术在赋能音乐、剧本、视频、绘画、诗歌等创作方面目前处于早期阶段，技术尚不成熟，必须结合人工干预，并挖掘爆点应用。人工智能完全代替人的创作目前来看是不现实的，但它是一个很好的协作者。让人做人擅长的事，机器做机器擅长的事，人机协同将成为潮流。

智媒体单元10：用户平台与智能分发系统。"千人千面"已经成为内容分发的发展方向。通过对用户数据的全面挖掘和算法优化，进行需求匹配和个性化推荐，可以进一步提升新闻内容推送的定向性和精准性。伴随着算法自动化和智能化程度越来越高，算法推荐所引发的内容导向问题、信息茧房问题和信息安全问题也越来越受到人们关注。

智媒体单元11：互联网新媒体内容标签系统。内容标签的本质是人和机器沟通理解的中间语言。它将一个人通过阅读内容获得的知识及感受，转化为机器可识别的"向量"，从而建立起人和机器沟通的桥梁。包括分类标签、关键词标签、倾向性标签、时效性标签、地域性标签等。媒体内容标签化是很多互联网公司重金发展的领域。

智媒体单元12：新媒体内容智能审核、认证、分发、交易平台。传统的文字过滤系统已经无法满足移动互联网时代内容审核的需求。以图像、语音识别为主的人工智能技术为互联网内容安全提供了技术保障。通过“AI机器审核+人工审核+质检回查”相结合的审核机制，改变了仅靠人工审核内容的低效模式，有助于降低内容审核成本，提升内容审核的效率和准确度。

智媒体单元13：国际传播平台。自动翻译、算法推荐等前沿技术与国际传播能力建设相结合，主流媒体可以实现实时自动面向全球的信息采集、处理和内容生产、分发，迅速在不同语言、不同文化之间进行切换与转译，打造多语言版本，对于扩大内容的全球化影响，给跨语种、跨文化交流带来事半功倍的效果。

智媒体单元14：沉浸式新闻体验。VR和AR等技术的成熟发展将创新新闻内容的呈现形式和交互模式，提升媒体多维时空的表现力和人性化的交互力。这其中，VR技术或将是未来新闻呈现的主流发展趋势，AR技术将作为VR新闻的强有力补充，可穿戴式设备或将成为未来新闻呈现的重要终端。

智媒体单元15：VR娱乐。VR游戏和影视已然成为大众的关注热点，VR演艺、直播、旅游等应用也在不断探索实践中。比如，运用虚拟场景可以提升游戏的沉浸感、交互感；第一视角体验将增强观影的沉浸感、临场感；体育、音乐以及全球性事件通过VR直播突破了空间限制，带给受众现场体验感；“VR+旅游”，可以优化行前体验，辅助用户决策。

智媒体单元16：纸媒有“声”化。独立的智能硬件设备及集成在系统中的语音助手，通过语音交互的方式实现资讯结果的搜索和呈现，可以扩充新闻传播的渠道。同时，搭载在语音助手上的媒体资讯可以自动适配用户需求与应用场景，实现智能分发。从“看报”到“听报”，及时挖掘智能语音交互技术的潜能，将给媒体信息传播带来革命性的影响。

智媒体单元17：虚拟主播与互动式新闻。通过人脸特征提取、人脸重构、情感迁移等多项前沿技术，结合语音、图像等多模态信息进行建模训练，形成的“AI合成主播”能够随时、不间断地工作。用户只要输入一段文本，虚拟主播就会用和真人一样的声音进行播报，形成完整的自然人机语音交互，用户可以更加便捷、自主地获取自己需要的信息。

智媒体单元18：智能营销。通过深度解构视频内容，以智能决策广告插入的方式，将视频内容与商品信息完美结合，颠覆传统广告形式，使广告具备可触摸的实景感，以及可互动、趣味性和体验感强等优势，用户即看即买，将流量商业价值最大化。

智媒体单元19：内容的新触达空间。智媒体时代，一切“物体”均可成为信息生产、加工和传播的主体。接下来的5G意味着什么？一定不止于更快的下载速度和更流畅的体验。5G时代，万物互联，从而万物皆媒，这会进一步倒逼内容生产传播模式变革，内容的新场景覆盖和触达会有颠覆性的变化。因此，我们要开展对于5G时代内容在物联网、车联网等媒介分发、传播的规律和方法的前瞻性研究。

智媒体单元20：舆情监测系统与新媒体传播力指数。要用指数的逻辑、可量化的方式对内容的传播进行监测，对内容的影响力进行评估。打造新舆情系统——利用大数据技术，海量收集舆情信息，对舆情风险即时预判、回应处置等实现智能推荐，辅助新闻生产，输出服务。打造新指数系统——面向全国，量化新媒体、融媒体等传播力、影响力指标，推动内容管理的精确化、精准化、精细化，把握制度性话语权。

1. 过去5年，集团在10个智媒体单元，初步布局了27项具体产品

在融媒体中心以及可视化、视频化表达等方面，目前集团主要媒体，如解放日报、文汇报、新民晚报等均建立起融媒体采编指挥中心，都在探索运用视频技术，融合数据、图片、音频、Flash动画和H5等多种组合表现手法，持续做好主旋律报道创新。

在国际传播方面，集团拥有SHINE、Six Tone两大外宣新媒体平台，界面 · 财联社的专业内容也通过彭博终端、Youtube等平台持续输出到海外地区。

在自媒体聚合平台方面，澎湃旗下湃客是全球专业创作者平台；界面 · 财联社旗下蓝鲸记者工作平台是为记者服务的终端；唔哩旗下简媒自媒体平台致力于帮助入驻媒体、自媒体的价值变现获得更多可能。

在机器翻译领域，集团通过旗下新华发行、新华传媒等投资的中译语通，是国际上继谷歌、微软和百度之后，最早开展机器翻译技术研发并实现机器翻译技术商业化的企业之一，也是国内最早提供垂直领域机器翻译引擎的企业。目前自主研发的机器翻译引擎能够支持37个语种，约1,332个语言方向的机器翻译。

在政务新媒体方面，澎湃旗下澎湃问政/澎湃质量报告是政务传播平台/消费者权益保护平台。

在推荐算法技术领域，唔哩大数据与个性化推荐系统提供用户个性化内容推荐；澎湃和界面 · 财联社也都上线了推荐频道，智能推荐技术逐步成熟。

在内容分发、交易领域，唔哩正在基于旗下墨菲信息流分发系统开展内容广告联盟业务，目前已和200多家客户开展流量合作。

在“有声化”、沉浸式新闻体验等方面，文汇报、界面·财联社等都进行了各种创新性尝试。

2. 未来5年，集团将聚焦六大核心智媒体单元，形成新的现象级产品

当前最重要的是绝不是面面俱到、遍地开花，而是确定主攻的核心单元和拳头产品。2018年，上报集团提出塑造新型主流媒体品牌、时政新媒体品牌、融媒体外宣集群品牌以及中国移动财经客户端领先品牌等6类品牌，打造“上海文化”的金名片。对照这一品牌战略，集团未来5年将聚焦六大核心智媒体单元，推出一批拳头产品。

自媒体聚合平台：解放上观拟布局上观新闻上观号，打造上观政务新闻聚合平台和PUGC内容战略生态。新民晚报拟布局拍客以及媒资库平台，作为新民晚报社自己的PUGC平台。新闻晨报拟布局周到号UGC平台，面向街道、区委办局、社区服务供应商等与周到“身边”属性密切相关的机构，通过地理位置标签、兴趣标签等进行千人千面分发。

内容有声化：解放日报·上观新闻拟布局上观语音读报系统，实现从“看报”到“听报”的转变，“解放”用户的手和眼，让党报变得更亲切、互动性更强、更接地气。上海日报拟布局Shine News App “听”新闻，打造语音播报新闻功能。

内容视频化：文汇报拟布局文汇客户端视频直播项目，打造全媒体时代的互动直播平台。新民晚报拟布局上海时刻短视频智能编辑系统，实现对短视频的审核和机器编辑行为，加速短视频生产效率。澎湃拟布局Pai视频，携手领先技术公司和媒体公司，打造全球资讯影音采集、加工、审核、分发及版权交易一体化平台。

智能金融数据平台：界面·财联社要在媒体和资讯的领先优势基础上，发力智能金融数据平台建设，提升金融服务与交易的能力，打造具备强大市场竞争力的金融信息服务产品。

机器翻译：集团将积极推动相关各方的业务协同，突破原创英文内容产能的天花板，提升媒体对外宣传的力度和广度。

内容标签系统及智能审核：唔哩通过自有App及内容分发业务已经初步建立起一套内容标签系统，目前在分类上一、二级标签比较准确，三级部分领域标签比较完善，在关键词上有8万多个关键词库，初步的倾向性标签已经完成。集团将在此基础上探索建立统一规范的内容标签系统，争取实现国内最全最专业的内容标签及审核服务。

一言蔽之，“智媒”时代，变化是最大的机会。人工智能、5G等技术给整个信息传播行业带来的变化刚刚开启。

四、纵深之旅也是观念之旅

媒体融合的纵深之旅，不仅是技术开发之旅、人才激励之旅、产品创新之旅，更是一次荡涤身心的观念之旅。

（一）坚持走以正能量内容获取流量的正路和大道

主流媒体要借助移动传播占领新的舆论场。数据流量是最直观的衡量指标，但绝不是靠博眼球获得的所谓“10万+”“100万+”，而是要靠真实客观、观点鲜明的信息内容。我们要善于将正能量的内容，通过大流量平台的传播，以碎片化的方式深入人心，才能牢牢掌握舆论场主动权和主导权。从这个意义上讲，只有体现正确价值观的流量才是真正有价值的。

队伍向纵深进发，纪律规矩要加严。集团将围绕“训”字，进一步加强队伍建设。一是“训诫”，发生重大违规和严重差错，必须“刀刃向内”，严肃批评，严肃处理，严明纪律，以斗争的精神确保舆论导向正确、意识形态安全。二是“训导”，面对采编队伍深层次的新闻观问题，更必须拿出“刀刃向心”的勇气，开展彻底的思想交流，绝不大而化之，搞所谓的点到为止。三是“训练”，开展群众性的全员教育、培训，把“把关防线”前移到第一线。

（二）必须适应“增量改革”后的“存量改革”

媒体融合发展几年来，各级领导和部门从政策、资金、人才等方面都给予了集团极大的支持。尤其在改革启动阶段，以“增量改革”为主。但是“增量”终究有限，不可能无限量扩张，曾经的“增量”也逐渐变成现在的“存量”。媒体融合进入纵深阶段，体制机制的改革必然会是“存量改革”，是动真格、见真章，会触动既有人群既得利益的改革。这种“存量改革”，需要决策者的决心和魄力，也需要每位员工的理解和支持。

（三）从“一支队伍打天下”，到“三支队伍打天下”

在深度融合、整体转型进程中，我们强调“一支队伍打天下”。依托传统主流媒体主力军，赋予其新要求、新元素，进入互联网这一舆论引导的主战场，实现“两个平台、一支队伍”的一体化运作。

技术创新引领，是媒体融合向纵深推进最显著的标志。“一支队伍”，不仅是采编队伍，同样是指技术和产品运营队伍。我们必须着力围绕新技术应用、新产品研发、新运营开拓等方面，完成从“一支队伍”到“三支队伍”的裂变式成长，依靠内容生产、技术创新、运营开拓“三支队伍”共同打天下。

经过5年的积累，集团旗下主要新媒体技术人员总计约180人，领军人物在一线互联网公司任职10年以上，团队成员大多数具有3年以上互联网机构技术部门工作经历。目前，我们的技术团队在前后端开发、客户端开发、运维等基础技术研发方面基本实现自有化，拥有多项软著权和专利；在自然语言处理、大数据、机器学习与个性化推荐方面，初步形成了自有体系和标准；在文本自动抽取、审核、搜索、推荐，以及用户分析、广告投放等算法方面不断成熟；我们自主研发的融媒体解决方案，涵盖从管理模式到技术平台的一体化解决方案，初步具备对外输出技术服务的能力。

在互联网产品运营队伍方面，集团也从无到有，积累了一支自己培养的，能够在市场上开疆辟土的队伍。比如在澎湃和界面·财联社的团队构成中，运营团队（含产品、推广、市场、经营等）占比分别达到了24%和25%。

（四）打造“智媒体”的“三不”

不追。对于非当前主业范畴的技术（如娱乐板块等），先放一放；对技术尚处在早期实验阶段的（如内容在物联网平台的传播分发等），应静观其变、加强研究。但是，对于核心单元、成熟技术以及拳头产品，必须紧紧抓住不放，时不我待。

不玩。前沿技术应用必须与媒体本身特性进行有效结合，不能简单照搬照用，从概念到概念。比如，真正的大数据要建立在海量数据基础上，数据量越大则算法或者人工智能发挥的空间才越大。大数据技术在集团一些数据量有限的原创新闻媒体上的应用落地，可能就很有限。

不虚。智媒体的重要领域是虚拟空间，但打造智媒体一点来不得虚，必须把传播的实际效果作为检验项目成败的唯一标准。

纵深之旅已经开启，沿途的景色将次第呈现。

媒体的未来究竟是怎样的？未知大于已知。

未来已来，相信未来。

不断深化媒体改革，提高新闻舆论“四力”

□陈寅[1]

习近平总书记在党的十九大报告中指出，要“坚持正确舆论导向，高度重视传播手段建设和创新，提高新闻舆论传播力、引导力、影响力、公信力”。这是新时代党的新闻舆论工作的根本遵循和行动指南。

新闻舆论传播力、引导力、影响力、公信力（以下简称“四力”）事关意识形态工作领导权、管理权、主动权，是新时代新闻舆论工作抓重点、补短板、强弱项、寻突破的关键所在。近年来，深圳报业集团（以下简称“深报集团”）紧紧围绕提高新闻舆论“四力”，在深化媒体融合、创新内容产品、转变经营方式、改革体制机制等方面下功夫，取得显著成效。

一、深刻认识提高“四力”的前提与路径

在当前新时代条件下，构建“四力”须首先满足三个基本前提。一是用习近平新时代中国特色社会主义思想统领新闻舆论工作。在新闻舆论工作各环节中贯彻落实这一思想，是始终沿着正确方向提高新闻舆论“四力”的根本保证。二是站在重大政治论断之上把握新闻舆论工作。新闻舆论工作进入以互联网传播为主要特征的新时代，呈现人民日益增长的高质量新闻信息需要与不平衡不充分的新闻信息生产供给之间的新矛盾。提高“四力”是适应新时代、解决新矛盾的根本出路。三是把新闻舆论工作

1. 陈寅，深圳报业集团党组书记、社长。

融入党和国家的总体部署之中去。在统筹推进“五位一体”总体布局过程中，新闻舆论工作作为文化工作的重要组成部分，发挥着极为重要的作用；坚定文化自信、推动社会主义文化繁荣兴盛的各项工作，都需要新闻舆论“四力”提供支撑。

传播力是把新闻舆论信息传递扩散出去的能力。当前网络传播存在一定程度的无序化、低端化、情绪化问题。深入推进媒体融合发展，大幅提高主流媒体和主流舆论的网络传播力，对于解决社会整体传播力发展不平衡不充分问题至关重要。

引导力是新闻舆论引领人、指导人的力量，是引领和疏导舆论，使之朝着预期方向运动发展的能力。新技术条件下，精准传播成为引导力竞争的利器。吸引力、说服力、带动力是主流媒体提高引导力的重点。提高引导力离不开铁的事实、好的道理以及让人耳目一新、引人入胜的表达，更离不开引导模式创新，比如个性化引导、互动式引导。

影响力是新闻舆论触动乃至改变用户思想、行为、态度等方面的能力。提高影响力须从一位位个体、一篇篇稿件入手，打入尽可能多的圈子，由影响个体扩大到影响圈子，进而影响群体。扩展影响广度，在手段上，关键在于建立覆盖广泛的传播矩阵，在内容上，须以人民为中心；增加影响深度，则主要取决于信息的品质，尤其是思想深度和内涵密度。主流媒体既要影响精英群体，更要影响尽可能多的大众。

公信力是新闻舆论在赢得公众认可、信任方面所具有的力量或能力。网络传播平台、用户、社会管理者、主流媒体机构均要着力提升公信力。其中，主流媒体机构需在提高专业水准、贴近用户需求、切实履行职责上下功夫，尤其要担负起求证事实的责任，发挥“明辨是非、澄清谬误”的主体作用；加强舆论监督，守望社会公平正义。

“四力”既各有其独立性，又互有关联性。传播力解决“传得出”的问题，引导力解决“传得准”的问题，影响力解决“传得响”的问题，公信力解决“传得久”的问题。先有传播力，后才有引导力和影响力，在此“三力”基础上，进而形成公信力。不能为了传播力、影响力而任由内容低俗化、狭隘化，必须同时注重内容引导力、公信力。

主流媒体要运用“四力”担当起党的历史使命，肩负起新的发展使命，承担好舆论主体责任，为实现“两个一百年”奋斗目标、实现中华民族伟大复兴的中国梦提供强大精神力量和舆论支持。

二、紧紧围绕提高“四力”推进媒体改革

面对舆论生态、媒体格局、传播方式的深刻变化和严峻挑战，主流媒体提高“四

力”的根本出路在于深化改革。就深报集团而言，就是要牢固树立“不改没有出路，迟改没有新路，改了没有退路”的改革信念，全面落实《深圳文化创新发展2020（实施方案）》，坚持融合发展、转型发展、创新发展的改革道路，朝着建设一流现代化新型媒体集团的目标奋勇前进。

（一）重构传播格局

通过推进媒体深度融合，构建全媒体传播格局，对提高“四力”至关重要。深报集团实施“数字优先、网络优先、移动优先”策略，稳步推进媒体融合向纵深发展，打造一批初见成效的新媒体主平台、主账号。截至目前，已形成以深圳特区报、深圳新闻网、读特和读创客户端领衔，“纸媒+网站+客户端+官微+自媒体+政务新媒体运营”全覆盖的融媒体矩阵，构建起“一主报融媒体多平台”的全媒体传播新格局，总综合用户数（含粉丝数）超1.1亿，大幅提升网络舆论话语权。

发挥传统媒体与新兴媒体的长处，实现此长彼长、同频共振，聚合资源，有效融合，提高“四力”，巩固壮大主流舆论阵地。深圳特区报发挥市委机关报和进入中南海优势，进一步提升时政类报道水平，强化理论评论和深度报道，做大做强读特客户端，打造国内具强大影响力的主流媒体新闻客户端；深圳商报由经济类综合性日报，转型为与读创客户端等新媒体深度融合、在华南地区有强大综合实力和影响力的科技财经类媒体，推进读创成为服务深圳300万商事主体的社交平台；深圳晚报转型为国内领先的融合型创意型垂直类媒体，华南地区领先的原创内容提供商和深圳最具活力的品牌活动营销商；晶报由都市类报纸转型为民生公共服务深度垂直新媒体。其他子报子刊坚定走专业化、分众化路径，在市场上竞争发展。

深圳新闻网作为门户网站，依托资本运营，引进战略投资者，建设“网站+客户端+垂直自媒体集群”的移动新媒体产业矩阵，着力打造产业链完整、全牌照、满足主板上市要求的网络空间传媒+公共空间传媒公司。

结合实际，对状况不佳的报刊、新媒体平台，深报集团不打“强心针”，不做“人工呼吸”。近年来，已累计关停并转4家报刊杂志，对一批更新速度慢、受众数量少、存在导向风险的新媒体项目予以清理、整顿、关停。

深报集团几大媒体机构已形成各自融媒体矩阵，初步构建起全媒体传播格局，目前各媒体集群正进一步向纵深融合，最终实现一体化发展。

（二）打造“爆款”产品

内容是提高“四力”的根本所在。深报集团主动顺应舆论新生态，坚持“导向为魂、移动优先、内容为王、创新为要”，创新采编业务，强化精品内容建设，拓宽传播形式和手段，“爆款”产品频出。

以评论为主抓手，强化举旗引领。深圳特区报坚持每年推出品牌作品“新春系列评论”，每次都在全国全网产生重要影响。2019年除刊发“以优异成绩迎接新中国七十华诞”为主题的“己亥新春系列评论”之外，该报还在读特客户端推出“2019年开年笔谈”，发表《改革开放40年，深圳做对了什么》《深圳向何处去》等5篇文章，运用新媒体语言和形式连续发出“深圳之问”，引起广泛关注，受到中宣部《新闻阅评》表扬。

以讲故事为切入口，实现裂变传播。2019年春节过后，读特客户端推出《无人花店春节收到33笔转款》，讲述花店老板春节期间尝试无人卖花的故事。新媒体平台通过现场描述、视频记录、网友热议、记者分析等多维报道手段，广泛传播，产生叠加效应，报道覆盖人群突破1亿人次。

以短视频为突破口，推进融合创新。通过强化培训、扩大投入、加大激励等，各媒体短视频生产力大幅提升。2017年，读特客户端在香港回归祖国20周年之际推出独家视频《“你们可以下岗，我们上岗”》，全网传播量超1.5亿次，荣获2017全国党媒优秀原创视频十佳选题奖、2017年度广东省媒体融合传播十大优秀产品奖等。晶报于2018年国际护士节推出的《戏精女护士爆笑吐槽，看完眼泪都笑出来了》，全网播放7,000多万次，成为传播正能量的“网红”。2019年护士节，晶报“戏精女护士”第二季登上“学习强国”，刷爆微信朋友圈。在2018年抗击强台风“山竹”期间，一则“深晚抖音”播放量超4,000万次；深圳新闻网“抖深圳”“圳能量”抖音频道推出创意短视频27个，总点击量达3,000多万次。

以网络直播为着力点，展示现场报道魅力。2017年3月，读创客户端关于拯救抹香鲸的移动直播，先后进行了100小时，获得当年广东新闻奖一等奖。2018年5月，读特独家直播《默克尔的“深圳时间”》，全网点击量达670万。2018年9月，超强台风“山竹”袭深时，深圳新闻网及读特、读创等多个客户端均推出了滚动直播专栏，持续六七十个小时，成为重大灾害应急传播模式新常态。

以融合传播手段，放大主流声音。2018年12月，在举国上下庆祝改革开放40周年之际，深圳商报推出“深圳之最”系列原创新媒体作品，以其新颖的全媒体传播形式，在读创客户端、深圳商报微博微信、今日头条、腾讯视频等多个平台发布，斩获全网阅读量超过1,000万。这组报道包括图文作品10篇、原创视频3个、H5作品1个、长图2幅，堪称深圳改革开放成就数据库。其中，深圳商报微博创建话题“深圳之最”阅读量800万+；原创视频《@深圳人，有一种情怀叫深圳地标》阅读量500万+。

（三）转变经营方式

媒体的经济实力和经营能力，决定了提高“四力”的物质基础。面对平面媒体广告收入持续大幅下滑等前所未有的困难，深报集团积极转变经营方式，稳步发展传统主业，大力拓展新兴业态，加快转型升级发展。

首先，强化国家级平台建设。集团共有6个国家级平台。其中，文博会截至2019年已成功举办15届，规模不断扩大，同时，“1+N”展会模式稳步推进，首个文化产业园区落地，有望于2020年正式运营；参与发起的中国文化产业投资基金，已取得投资收益；国家对外文化贸易（深圳）基地运营主体华荟公司与外部合作诞生两个园区，成功举办中国文化产品国际营销年会、粤港澳大湾区文化产业合作论坛等系列高端论坛活动及品牌展会；深圳国际版权交易中心、中国自贸区信息港建设各项工作有序推进；粤港澳大湾区研究院完成注册，即将进入实质性运营。

其次，强化资本运作。深圳新闻网挂牌新三板，成为广东省第一家依托传统报业集团，整合数字媒体业务，以原有新闻网站为载体登陆资本市场的媒体公司。累计向中国文化产业投资基金一期投入4亿元，现已全面进入退出期，近年均获取较丰厚回报。深报集团打造自己的投资平台——一本投资公司，已发起成立基金管理公司，2018年成功发起运作首只基金，总规模100亿元，首期规模8亿元。此外，正在积极推动文博会公司、地铁传媒等新兴业务IPO上市培育。

第三，创新物业经营。整合集团旗下房产资源，盘活边缘零散物业，稳步开发增量物业，积极创新物业经营，寻求股权等深度合作，实现利益最大化，打造集团新的支柱产业。2018年，集团对外出租年收入已突破1.5亿元。

第四，强化新技术新业务拓展。探索“传媒+地铁”，目前集团地铁传媒拥有深圳、成都、昆明三地共12条地铁线路的广告经营权，年销售收入突破4亿元，已成为集团新的支柱产业。探索“传媒+数据”，引入战投共同建设运营大数据中心。探索“传媒+科技”，加强、加快对媒体融合技术的研发，全力推进集团全媒体内容生产及综合管理服务平台“深新智媒”项目实施。通过强化新技术新业务拓展，不断培育新的利润增长点。

深报集团近年主要经营指标持续增长。2017—2018年，在不考虑每年市转型发展专项财政补贴的前提下，集团经营收入及净利润保持增长，其中营业收入年均增长7.87%，利润总额年均增长15.23%。与此同时，集团收入构成进一步优化，2018年，传统纸媒广告收入占集团总收入的28.57%，发行收入占比为13.32%，新媒体、其他经营性业务收入占比为58.11%。经济效益逆势回升，为集团提高“四力”提供有力物质保障。

（四）创新体制机制

体制机制创新是有效提高“四力”的关键。深报集团以人事制度改革为主要着力点，大胆变革体制机制，以壮士断腕之决心，先后推动两轮人事制度改革。

首轮改革聚焦瘦身健体、提质增效。2015年以来，集团党组、社委会率先垂范，领导班子职数从17名精简至11名，处级干部总数精简32%。集团总部经过改革，部门数由25个精简为15个，中层干部职数减少40%，员工总数精简23%。此后，集团所属各单位相继启动人事改革，采编单位积极推进纸媒人员向读特、读创、深圳ZAKER等新媒体、新业务领域转型分流；经营单位进一步优化产业结构，关停并转亏损企业，推进减员增效，发行物流公司、印务公司分别减员达30%、22%。经过第一轮人事改革，集团人员规模总体精简，人才结构趋于优化，整体效能显著提升。

当前，集团正在推动新一轮人事改革。重点是优化选人用人机制、创新引进培养机制、革新考核激励机制，进一步简政放权，激发活力，切实增强新闻工作者脚力、眼力、脑力、笔力，培养卓越新闻传播人才。2018年，集团启动“1+N”人事制度修订工作，授权各所属单位在人才识别标准、引进渠道数量、人员转型培养、考核体系设计、薪酬水平结构等方面自主创新、自主决策，积极解决人才瓶颈问题。

人才是第一资源。近两年来，集团不断厚植人才优势，在人才培养建设、打造全媒型专家型人才队伍方面做出诸多尝试。

一是实施“三名（名记者、名编辑、名评论员）” 工程，拓宽媒体专才职业发展通道。2017年集团启动“三名”工程，首次评选25名“集团‘三名’员工”。所属单位中，深圳特区报率先试点，截至2018年年底已完成两批共计17名“三首（首席记者、首席编辑、首席评论员）”的评聘，通过工作室等模式，在资源配置、工作团队、宣传推介、资金扶持、学习培养等方面，全力支持“三名”多出精品，打造主流“网红”。

二是多渠道开展培训，助力人才转型。集团与各采编单位分层分类别组织开展新媒体采编技能、视频制作等系列培训，全面普及提升采编人员全媒体采写技能。深圳特区报分批次组织采编人员赴二更学院学习短视频制作与应用，深圳晚报打造“深晚课”“每日晨思”等品牌培训项目，深圳新闻网实施“青年人才成长计划”。

三是拓宽人才引进渠道，加大人才引进力度，探索多元化人才使用方式。深圳特区报采用引进专业技术人才、劳务派遣非关键岗位、签约特约通讯员外购稿源等方式，破解制约新媒体发展的人才问题。深圳商报从社会整体引进技术团队，实行协议薪酬，充实新媒体技术力量。深圳晚报组建由国内新锐导演、编剧、剪辑师等人才领衔的视频制作中心。

四是构建符合媒体融合发展的考核激励机制。集团总部于2017年完成绩效薪酬改革，建立起以岗位价值和业绩贡献为导向的绩效薪酬管理体系。深圳特区报建立起采编人员以工作量与传播效果为主要指标的薪酬考核体系。深圳晚报将稿件阅读量、视频节目点击量、粉丝增长量，以及H5文案、海报文案、视频和短视频产品数据纳入考核。重业绩、重贡献，向全媒体优秀人才、关键岗位、技术一线倾斜的绩效薪酬文化在集团初步形成。

三、深化改革提高“四力”永远在路上

改革永远在路上。深报集团将进一步加大改革力度，大力加强“四力”建设，强化内容生产和技术赋能，优化资源配置，活化体制机制，提升造血能力，在融合发展、转型发展、创新发展的道路上取得更大成绩。

坚持内容为王和移动优先，举全集团之力将读特打造成为国内具较强影响力的主流媒体新闻客户端。推动读特和深圳特区报系列媒体一体化发展，把深圳特区报全媒体建设成为地方媒体新标杆。优化资源配置，其他媒体深耕相关区域、专业领域和细分市场，构建包罗社会全方位的全媒体传播体系，巩固壮大主流意识形态阵地。

全面建立现代企业制度，打造“传媒+”新动能。借力国家级平台，优化集团产业结构，确保集团营收、利润稳步增长。在积极推进广告、发行、印务、技术等四大传统业务转型升级的同时，以“国、资、物、新”（国家级平台、资本运营、物业运营、新技术新业务）为突破，着力打造集团“四梁八柱”，进一步优化集团产业结构。

大力推动高新技术在全媒体发展中的应用。统一规划、统一协调、超前设计，为集团全媒体发展赋能，使技术发展和应用成为集团腾飞的有力“翅膀”。一方面，以智慧主导内容生产，建设智能融媒体中心，用先进的技术平台凝聚众人之智，更加精准联接用户需求，不断提升集团新媒体产品的用户体验；另一方面，重点加强音视频和互动化等技术平台建设，把音视频传播作为内容生产的主流，全力推进视频化等表达手段，把互动化产品作为增强产品个性的抓手，不断生产“正能量、年轻态”的优质原创内容。

勇于担当，敢于突破，创新用人机制。支持用人单位对标市场，自主决策，自主经营，为媒体和企业发展提供人才支撑。创新人才引进、培养、考核激励机制。对接

转型需求，分层次、多渠道、多元化引进人才，培育挖掘人才潜能。全面革新考核激励机制，让专业人才有职业预期，提高岗位吸引力与竞争力。对党媒属性主报科学设置社会效益考核指标，突出“四力”的指标权重。加强干部人才队伍建设，拓宽选人用人渠道。

四、结语

深报集团作为深圳主流舆论重要阵地，将以“咬定青山不放松”的韧劲，不断提高新闻舆论“四力”，讲好深圳故事，传播好深圳声音，争取早日建设成为与深圳城市定位、地位相匹配的一流现代化传媒集团。

从“内容+”到“互联网+跨界”的战略转型

□郭全中[1]

在互联网技术快速演进的驱动下，受众需求和市场需求都发生了革命性变化，这直接导致了在全世界范围内传统媒体先后陷入困境：美国报业广告从2006年开始进入断崖式下滑，2012年之后，我国报业广告收入也开始进入断崖式下滑，目前传统媒体更是普遍深陷困境且转型成效不大。而之前所采取的基于内容的“内容+”转型思路更是被实践证明“此路不通”，这就必须按照互联网的规律采取新的转型战略。

一、互联网对传统媒体带来颠覆性革命

1989年万维网的出现是互联网发展中的里程碑，1994年4月20日代表着平等、开放、互动、共享等精神的互联网正式进入我国，[2] 互联网在随后的20多年时间内高速发展，对各行各业都产生了革命性的变化，传媒业更是首当其冲。

（一）互联网新特征、互联网思维与新商业模式

第一，互联网具有智能化、降低信息不对称、创造新需求、巨型平台和操作系统等五个方面的新特征。一是在智能化方面，云计算、大数据、算法和场景是人工智能

1. 郭全中，国家行政学院高级经济师。中国人民大学管理学博士，北京大学光华管理学院与南方报业传媒集团联合培养博士后。

2. 1994年4月20日，中国通过一条64K的国际专线，全功能接入国际互联网，这成为中国互联网时代的起始点，后来这一天被定为互联网正式进入我国的时间。

的四大要素，对于传媒业来说，在大数据、机器学习和人工智能技术的快速发展下，以及互联网巨头数以亿计的庞大用户量的助推下，基于用户个人特征模型的智能化推荐成为可能，智能化成为互联网最显著特征。二是在降低信息不对称方面，互联网能够让信息在最短的时间内、最广的范围内得到传播，使得信息更加对称。三是在创造新需求方面，互联网新技术是有效激活用户潜在需求的利器，并给用户带来更好的体验。四是在巨型平台方面，得益于“摩尔定律”与“梅特卡夫定律”，互联网媒体有能力打造巨型平台，为数以亿计的用户提供高质量服务。五是在操作系统方面，互联网已经成为整个社会的操作系统，起着基础设施的作用。

第二，互联网思维的本质就是“用户体验为王”，即以用户和市场为导向，以体验为核心，具体体现在极致思维、粉丝思维、众包思维、迭代思维、免费思维、平民思维、入口思维、流量思维和开放思维等九大思维。

第三，互联网采取的是“免费+收费”的商业模式。即充分发挥互联网的规模经济和范围经济效用，利用免费新闻等吸引巨量的用户，进而搭建大型平台进行资源协同和共享，并在此基础上开展增值业务等收费业务，进而实现商业价值变现。互联网媒体的“免费+收费”的商业模式与传统媒体的“两次售卖”商业模式存在着本质性区别：一是获得新用户的边际成本存在极大的差异，传统媒体获得新用户的边际成本虽然也在降低，但是仍然较高，导致其难以无限制地扩张用户群，也无法搭建起巨型平台；而互联网媒体在前期大投入之后，获得新用户的边际成本趋向于零，这就使其能够无限制地扩张其用户群，进而搭建起巨型信息服务平台。二是传统媒体第一次售卖很多是亏损的，而必须靠第二次售卖的广告来补贴，而互联网媒体可以在平台上直接实现盈利，如腾讯可以直接售卖给用户增值服务，直接向玩网络游戏的用户收费等等。

（二）智能媒体是大势所趋

首先，互联网与传统媒体存在本质区别。互联网等新技术的出现彻底颠覆了传统的传播机制，已经从传统媒体的点对面的传播机制转变为互联网媒体的多点对多点、全立体的传播机制。互联网媒体和传统媒体在客户、传播机制、商业模式和盈利模式等方面都存在本质区别，具体见下页表1。

其次，智能媒体是传媒业发展的关键趋势。在互联网技术的快速迭代下，我国互联网经历了三个阶段：一是Web1.0时代，以新浪、搜狐、网易、腾讯等门户网站为典型代表，主要特征是海量的内容突破了传统媒体的版面限制，大大丰富了内容和信息；二是Web2.0时代，以博客自媒体、新浪微博、腾讯微信等为代表，其主要特征是互动、及时；三是Web3.0时代，以今日头条等为代表，其主要特点是数据化、智能化。智能传播与其他传播形式在信息丰富程度、传播模式、信息公开度、及时性、商业模式等方面存在本质区别，具体见表2。

表1 互联网媒体与传统媒体的本质区别

	传统媒体	互联网媒体
客户	受众	用户
媒介	纸张、无线电、电视等	互联网
技术基础	广播、电视等技术	大数据、人工智能等
传播机制	一点对多点	多点对多点、全立体、链式
传播特点	精品、滞后、分众传播	海量、及时、互动、大众传播
传播源与受众关系	传播者与受众严格分离	产消合一
信息主导权	采编人员掌控，受众被动	用户掌控，用户主动
“基因”	内容基因	技术基因
理念	内容为王	用户体验为王
商业模式	二次销售	免费+收费
盈利模式	广告、发行等	广告、网络游戏、增值服务等

表2 传统传播、互联网传播、智能传播比较

	传统传播	互联网传播	智能传播
信息丰富程度	稀缺	丰裕	严重过载
传播模式	一点对多点	多点对多点、链式、全立体、“病毒式”传播	多点对一点、精准式传播
信息公开度	封闭	透明	高度的及时性与互动性
及时性、互动性	滞后	及时性、互动性强	高度透明
商业模式	二次销售	免费+收费	混合模式

二、传统媒体深陷困境的根源是用户连接失效

关于传统媒体深陷困境的原因和根源，众说纷纭，有外部环境说，有体制说，然而这些原因不足以解释互联网依然高速发展以及国外传统媒体也深陷困境，因此，根本原因是互联网的冲击以及它带来的用户连接失效。

（一）传统媒体深陷困境及其表现

第一，根据国家工商总局的数据，我国传统媒体的广告收入从2013年开始出现下滑。2013年，电视广告收入为1,101.1亿元，同比下滑2.76%；报纸广告收入为504.7亿

元，同比下滑9.16%，四大传统媒体广告收入之和为1,834.18亿元，同比下滑4.09% 。[3] 虽然2014年转为正增长，而到了2015年下滑速度进一步扩大，具体见下页表3。

表3 2004—2015年传统媒体广告收入 （单位：亿元 %）

年份	电视		报纸		广播		期刊		总和	
	值	增速	值	增速	值	增速	值	增速	值	增速
2004	291.5	14.3	230.7	−5.1	32.9	28.5	20.4	−16.4	575.5	——
2005	355.3	21.9	256.0	11.0	38.9	18.2	24.9	22.1	675.1	17.31
2006	404.0	13.7	312.6	22.1	57.2	47.0	24.1	−3.2	797.9	18.19
2007	443.0	9.7	322.2	3.1	62.8	9.8	26.5	10.0	854.5	7.09
2008	501.5	13.2	342.7	6.4	68.3	8.8	31.0	17.2	943.5	10.42
2009	536.2	6.9	370.5	8.1	71.9	5.2	30.4	−2.1	1009.0	6.94
2010	679.8	26.8	381.5	3.0	77.2	7.4	32.2	6.1	1170.7	16.03
2011	897.9	32.1	469.5	23.1	91.0	17.9	52.1	61.6	1510.5	29.03
2012	1132.3	26.1	555.6	18.4	141.1	55.1	83.3	59.9	1912.3	26.6
2013	1101.1	−2.76	504.7	−9.16	141.18	0.06	87.2	4.68	1834.18	−4.09
2014	1278.5	16.11	501.67	−0.60	132.84	−5.91	81.62	−6.4	1994.63	8.75
2015	1146.69	−10.31	501.12	−0.11	124.49	−6.29	71.90	−11.91	1844.2	−7.54

资料来源：根据2005—2016年《现代广告》上刊登的国家工商总局发布的中国广告业发展状况相关数据整理。

第二，互联网广告收入超过传统媒体广告收入。根据国家工商总局数据，我国四大传统媒体的广告收入之和2014年为1,994.63亿元，超过互联网广告收入的1,540亿元，而到了2015年，四大传统媒体的广告收入之和为1,844.2亿元，而互联网广告收入则为2,096.6亿元，说明我国传媒业市场发生了本质性的变化，互联网媒体的广告收入首次超过电视、报纸、广播和杂志四家传统媒体广告收入之和；从市场规模上看，互联网媒体成为真正的主导，而传统媒体则更加式微，具体见下页表4。尤其需要指出的是，2016年，阿里巴巴、百度广告收入都远超央视，[4]而且阿里巴巴、百度任何一家的广告收入都超过中国所有报业和杂志的广告收入之和。

3. 在这里尤其需要说明的是，国家工商总局的广告收入数据在2011年和2012年增速在20%以上，根本原因是统计口径的扩大，而如果同口径对比，增速会大幅度下降甚至会出现负增长，而之后年份的数据也不尽准确。

4. 虽然央视没有公布其广告收入的准确数据，但根据合理推测，其2016年的广告收入应该在250亿元以内。

表4　互联网广告和传统媒体广告比较表　（单位：亿元）

	2013年	2014年	2015年
互联网	1100.0	1540.0	2096.6
电视	1101.1	1278.5	1146.69
报纸	504.7	501.67	501.12
广播	141.18	132.84	124.49
杂志	87.2	81.62	71.9
传统媒体广告收入之和	1834.18	1994.63	1844.2

资料来源：根据《现代广告》2014年第3期、2015年第3期、2016年第3期，国家工商总局发布的中国广告业发展状况相关数据整理。

第三，传统媒体陷入困境主要体现在内容与渠道高度分离、内容创业者脱离传统体制、政务媒体的兴起以及企业媒体的蓬勃发展四个方面。一是在内容与渠道的高度分离方面，广告是附着在渠道上的，而不是附着在内容上的，在传统媒体兴旺的时候，由于其内容和渠道是高度合一的，渠道被传统媒体牢牢掌控，广告自然也就被传统媒体所获取。但是当互联网媒体出现之后，传统媒体内容和渠道的高度合一状态被打破，开始出现分离。二是内容创业者离开传统媒体。我国长期以来对媒体采取的是严格的“牌照管理”，即只有获得了相应的牌照才能从事传媒运营，如从事报纸运营就必须获得报号，从事期刊运营就必须获得刊号，等等。因此，在互联网媒体发展壮大之前，媒体人要从事传媒业就必须加入传统媒体，因此传统媒体也吸引和汇集了大量的优秀媒体人才。但是当互联网媒体发展壮大之后，优秀的媒体人可以借助互联网平台来进行内容创业，进而能够很好地实现商业价值变现。当有更多的机会和更好的选择，传统媒体人就会选择离开体制去进行内容创业，而这对于核心资源为人才资源的传统媒体来说，无疑是釜底抽薪，进一步加剧传统媒体核心能力的丧失和衰落。三是政务媒体的兴起。在互联网出现之前，传统媒体在发布党和政府信息时处于垄断地位，而在互联网出现尤其是微博、微信和今日头条等全新的互联网平台出现之后，政务微博、政务微信、政务头条号等政务媒体快速兴起，打破了传统媒体在政务信息发布的垄断地位，从根本上对传统媒体产生了较大的影响。此外，在政务媒体兴起的同时，传统媒体的广告投放也会缩减。四是企业媒体蓬勃发展。媒体的主要广告客户是企业，但是目前企业借助互联网平台打造的官方媒体的影响力越来越大，一方面通过自我营销和传播，减少了投放媒体的广告投放，另一方面有些企业媒体甚至已经开始承接广告。根据相关报道，2017年5月20日，海尔官微宣布正式承接KOL订单，100万起投。[5]海尔新媒体团队总共维护了集团的200多个微信账号和160多个微博账号，被业界戏称为“80万蓝V总教头”。除了海尔媒体之外，其他企业媒体的影响力也很大，粉丝数最高的是支付宝官微，粉丝数超过1,200万。

（二）互联网导致的受众连接失效才是根本原因

传统媒体深陷困境的根本原因在于互联网媒体迅猛发展所导致的受众连接失效，进而导致传统媒体陷入如下恶性循环：先是受众大量流失导致入口价值丧失，传统媒体的二次销售的商业模式坍塌，传播功能大幅度减弱，广告大幅度下滑；再是事业平台和薪酬待遇不再有吸引力，骨干人才大量流失；最后是传统媒体的传播力大幅度削弱，核心竞争力丧失。具体见图1。

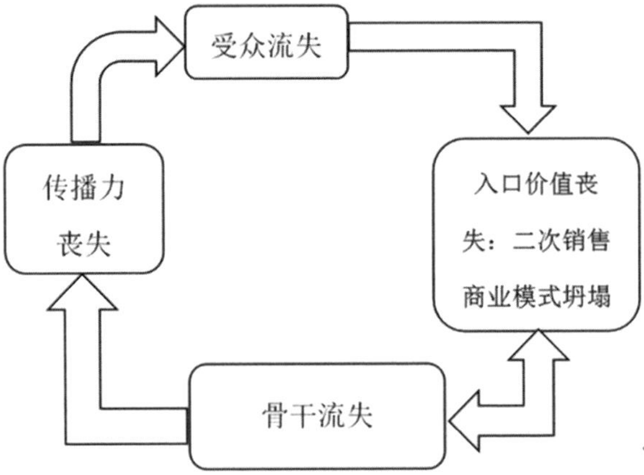

图1　传统媒体困境循环图

第一，在受众大量流失方面。与互联网网民尤其是手机网民高速增长形成鲜明对比的是，传统媒体的受众在大量流失，尤其是年轻受众开始大规模抛弃传统媒体而选择互联网媒体，主要表现在用纸量下降和收视率下滑两个方面。2012年以来，传统报刊的印刷量和发行量大幅度下降，传统电视的收视率大幅度下滑，其原因是受众大量流失到互联网媒体尤其是移动互联网媒体上，根据CNNIC的数据显示，截至2017年年底，我国的网民数为7.72亿，普及率为55.8%，手机网民达到7.53亿，市场渗透率为97.5%。互联网尤其是移动互联网已经成为年轻用户获取新闻和内容的主要渠道。

5. 陈薪其.海尔官微接广告，底价100万！浑身上下都是广告位？[EB/OL].[2017-05-25].http://www.admaimai.com/news/ad201705252-ad133781.html.

第二，在二次销售的商业模式坍塌方面。受众不再把传统媒体当成获取信息的第一入口甚至不再是重要入口，就必然导致传统媒体的传播功能大幅度下降，进而使得广告收入断崖式下滑，传统媒体的二次销售模式也就坍塌。

第三，在骨干大量流失方面。一是传统媒体骨干离职现象严重。传统媒体的骨干流失从21世纪初就开始了，先是采编骨干，后到经营骨干，再到创始人。二是看不到希望是骨干离职大潮形成的根本原因。一则是传统媒体的市场地位江河日下；二则是传统媒体的弊端使得事业心难以得到满足；三则是离职的基本上都是骨干。

第四，传播力严重削弱。受众的大量流失导致传统媒体的传播功能严重削弱，传统媒体的舆论引导能力和传播力也不可避免地受到严重影响。

（三）传统媒体缺少强有力的互联网媒体平台导致用户连接失效

首先，传统媒体深陷问题的根源是新媒体的冲击。当前，对于传统媒体深陷困境的根源有外部环境说，有体制说，这些观点没有充分认识到互联网带来的根本性变革，互联网带来了第三次工业革命和第四次传播革命，已经成为整个社会的底层架构和操作系统，在媒体的变革中起着决定性作用。而且无论国内还是国外的传媒实践，新媒体都在高速成长而传统媒体深陷困境，因此，新媒体带来的猛烈冲击而不是其他原因是传统媒体陷入困境的根源。

其次，传统媒体缺少能够与用户有效连接的互联网平台。虽然传统媒体在各类新媒体建设方面投入了较多精力，但是从整体上讲，尚缺乏用户数量巨大、影响力大的互联网平台，目前在移动互联网媒体领域，事实上已经形成了两微一端（微信、微博和今日头条客户端）主导的新格局。

因此，当前传统媒体面临着严重的生存和发展困难，在生存方面，收入断崖式下滑导致难以为继；在发展方面，缺乏先进的互联网平台导致发展潜力不大，因此，传统媒体成功转型的关键在于在保持有效运转的前提下，搭建起实力强大的互联网平台。

三、搭建起基于生态系统的“互联网+跨界”转型战略

长期以来，传统媒体选择的依然是基于“二次销售”商业模式的“内容+”的转型战略，但是实际效果较差。根本原因就在于没有构建起科学的转型目标体系，而要真正科学转型，一是要以“自生理论”来指导向互联网转型；二是采取基于生态系统的“互联网+跨界”转型战略；三是构建起“‘三三’转型具体框架”。具体来说，传统媒体的转型战略，就是以现代传播能力建设为核心，以传统媒体的品牌为基础，以

多元产业拓展为重点，以彻底的互联网转型为终极目标，采取基于生态系统的“互联网+跨界”转型战略。

（一）以“自生理论”和生态系统理论为指导

首先，所谓“自生理论”，就是打破体制制约，互联网业务和新业务按照自身发展规律和市场规律自我成长和发展，关键在于传统媒体在现有体制内做出体制外的制度安排。

其次，按照“自生理论”，传统媒体的互联网转型应坚持如下原则：一是基于用户痛点；二是完全市场化的体制；三是设置科学合理的长期激励约束机制，如对于高风险的互联网新业务，给予管理层相对较高的股权或期权激励；四是与贡献成正比的、公平的薪酬机制；五是建立起技术基因；六是对互联网等新业务采取全新的考核机制；七是采取专业化的决策机制；八是给予充足的资源支持。

再者，按照“生态系统”理论，在传统媒体转型中的生态系统，其中，传统媒体是品牌，多元产业是资源和品牌延伸，而互联网媒体是转型最终目标和归宿。一是高水平的运营者能够有效地把传统品牌通过产业拓展来实现中期的商业价值变现，通过互联网转型来实现长期的商业价值变现；传统媒体可以利用其自身的资源优势和品牌优势来拓展当地的细分产业，并拿赚取的利润来补贴传统媒体和为互联网转型提供资金支持；二是具有强大现代传播能力的互联网媒体是构建生态系统的目的和根本，当传统媒体的互联网媒体具有强劲的盈利能力后，可以更好地反哺传统媒体。

（二）建立基于生态系统的“互联网+跨界”转型战略

首先，严格按照互联网规律实施“互联网+”转型。以互联网思维为指导，以现代传播能力建设为核心，以技术和内容为驱动，彻底按照互联网规律重构组织结构、采编流程和业务流程，打造新型主流媒体；充分利用当地智慧城市建设和政府数据资源开放的机会，打造基于本地或者本行业的智能信息服务平台。

其次，通过跨界来实现品牌的最大价值变现，为传统媒体的互联网转型提供充足的资金支持。采取“专业的人办专业的事原则”，通过合作、投资等方式，把传统媒体长期以来积淀的政治资源优势和品牌优势嫁接到文化地产、创意产业园区、文化休闲旅游、养老保健、教育等产业，把品牌实现最大价值的商业变现。

（三）构建起“三三”转型战略具体框架

第一，要确立“三三”转型战略框架。传统媒体转型正面临着“短期现有业务在快速坍塌，但是互联网媒体业务仍然看不到希望”的发展悖论，这就要求传统媒体在转型时采取合理的转型战略框架。为了有效地解决传统媒体的生存和发展问题，需要按照“三三”转型战略框架来设计，具体见图2。

图2 传统媒体转型的“三三”转型具体框架图

第二，所谓“三三”转型战略框架，是指把传统媒体的转型分为短期、中期和长期三个阶段，以及现有传统业务、多元产业业务，融媒体业务、互联网媒体业务，新兴战略业务三种业务类型。由于互联网业务都是高投入、长期培育的业务，至少需要5年以上甚至更长的时间才可能大见成效，因此，在短期传统业务快速坍塌而互联网业务又难以弥补缺口的同时，这就要求必须处理好短、中、长期之间的关系，即在短期和长期中间必须有一个过桥——中期阶段，在中期必须培育出新的业务支柱，一方面弥补现有主营业务下滑的缺口；另一方面，为长期的互联网转型提供源源不断的资金支持。因此，真正的转型必须由短期、中期和长期三个阶段组成，而且中期阶段至关重要，如果中期阶段的转型不能成功，长期转型就无从谈起。

第三，在短期内，把传统业务做精做优。把传统媒体当成现金流和利润池，做优做强做精传统媒体，开源节流，为传统媒体的中期和长期转型提供较多的资金支持。二是在中期内，进行产业转型，建立新业务支柱。传统媒体充分利用自身已经形成的品牌和影响力，尽可能地占领稀缺性资源，在中期实现自身的产业转型。产业转型的目的是打造新的产业增长点，以抵消现有业务的下降。三是在长期内，彻底实现互联网媒体转型。通过互联网媒体的彻底成功转型，实现互联网收入的稳步增长，最终承担起原来传统业务所承担的现金流责任。

四、以用户为中心，实施用户战略以重建用户连接

当前，传统媒体陷入困境的根源是与用户的连接失效，而要实现传统媒体的彻底

转型，就必须实施有效的用户战略，以实现“用户到哪里，我们就服务到哪里，用户需要什么，我们就提供什么”，进而达到重建用户连接的目的。而要实现重建用户连接，核心是利用大数据技术，搭建相关的技术平台。

（一）传统媒体只有受众而没有用户

在当前的语境下，传统媒体及其从业人员经常把读者、观众或听众等同于用户，动辄号称自己拥有数以千万计甚至过亿计的用户，而实际上传统媒体并没有搞清楚用户与读者、观众或听众之间的本质区别，本质上传统媒体并没有真正的用户。

受众与用户，虽然从表面看没有特别大的区别，但是从根本上讲却存在本质区别，主要体现在如下五个方面：一是在数量范围方面，受众范围较小，而用户范围较大。二是在模型方面，受众是基于整体模型的，用户是基于个人模型的。三是在频度方面，受众是低频的、静态的，用户是高频的、动态的。四是在关系紧密程度方面，受众是松散型联系，用户是紧密型联系。五是在商业价值方面，受众的商业价值较低，用户的商业价值很高。

（二）利用大数据和人工智能技术来重建用户连接

媒体生存和发展的核心在于能否拥有数以亿计、忠诚度高的用户群，这就要求树立起“用户体验为王”的理念，以技术为驱动，充分利用移动互联、大数据、物联网等新技术，搭建起大数据信息资源平台、智能生产和传播平台、用户沉淀平台三大平台，在实现信息智能匹配的基础上实现用户的有效沉淀，进而重建用户连接。

第一，秉持“用户体验为王”理念。传统媒体应以用户为中心，以体验为核心，以用户痛点为出发点，实现用户在哪儿，就服务到哪儿，用户需要什么，就提供什么。

第二，在大数据信息资源平台建设方面。核心是通过互联网采集、接口导入、历史数据导入、远程汇聚等各种方式，将传媒集团内部资源、互联网资源、第三方资源以及UGC资源汇聚到大数据资源中心，实现信息和数据资源的汇集。

第三，在智能生产和传播平台建设方面。核心是建立起智能化的新闻线索智能决策系统、智能创作系统和融媒体智能发布系统，实现创作的智能化、个性化，提高新闻采编的效率和针对性，进而实现新闻内容的一次加工和多渠道多终端统一发布，将新闻资讯和信息服务点对点推送给潜在用户，实现信息服务的个性化、智能化。

第四，在用户沉淀平台建设方面。核心是用户画像，即对采集数据进行分析，通过不同模型及算法实现对用户肖像的刻画、行为轨迹的分析等多维度的分析，为产品优化、精准营销以及面向用户的智能化服务提供服务。

五、“互联网+”的转型思路与转型目标

传统媒体的互联网转型作为复杂的系统工程，是思路、观念、体制、机制、战略、发展方式等一系列内容的整体转型，片面化的转型措施难以取得切实的长效，这就需要采取系统的转型。

（一）树立起“互联网+”的转型思路

从传统媒体实践来看，目前的转型思路多是“+互联网”思路，导致转型效果不好。“互联网+”转型思路表现为具体如下五个方面。

第一，按照互联网规律，具备互联网思维。一是以互联网尤其是移动互联网媒体为主体。按照互联网尤其是移动互联网的规律和趋势，在理念、形式、商业模式和盈利模式等方面进行彻底转型，建立基于移动互联网的新型主流媒体。二是树立起产品意识，即要为用户提供能够形成商业闭环的新产品。

第二，树立起“信息服务为王”的新理念。在互联网等新技术日新月异的时代大背景下，单纯的内容提供已经难以形成商业闭环，“内容为王”的理念也已经难以适应新形势的需要，亟须建立起涵盖内容生产、传播渠道、市场运营和管理信息服务全产业链的“信息服务为王”新理念，才能形成有效的商业闭环。

第三，建立起“信息+服务”的商业模式。在互联网技术的推动下，传媒业与通信业、IT业等其他产业高度融合成信息服务业，而由于传统媒体“二次销售”的商业模式坍塌，传媒业难以成为独立的产业，单纯的内容版权销售的商业模式难以维持正常运转。传统媒体的商业模式应转变为“信息+服务”的商业模式，即通过免费的信息来吸引足够数量的用户，再通过服务的方式来实现自身的商业价值变现。

第四，建立起多元化的盈利模式。传统媒体应转变之前过度依赖于广告的单一盈利模式，通过跨界等方式建立起多元化的盈利模式，即传媒业的盈利模式从“广告收入+发行收入”转变为“广告收入+发行收入+版权收入+电商收入+信息付费收入+其他产业收入”。

第五，基于自身优势的增量改革。一是清醒认识自身的优势。传统媒体的真正优势在于政治优势和当地线下优势两点。二是结合自身实际情况。每个传统媒体都有不同于别人的自身实际，包括外部市场环境、外部管理体制、出资人、经营收入、净利

润、领导层能力、员工素质、团队执行能力、是否上市等情况，只有切实结合自身情况的转型才能取得真正的实效。三是增量改革思路。在当前传统媒体处于快速下滑的情况下，应尽可能采取“增量改革”思路，即以增量倒逼存量，以增量稀释存量，具体可以采取用体制外思路发展互联网以及新产业等措施。

（二）转型目标：以移动智媒体为抓手，打造现代传播能力

首先，以现代传播能力建设为核心。现代传播能力具备如下四个特征：一是以移动智媒体为主体；二是用户量巨大；三是传播话语体系同理化；四是商业模式和盈利模式先进。

其次，移动智媒体是主体。所谓移动智媒体，是指立足于共享经济，充分发挥个人的认知盈余，基于移动互联、大数据、虚拟现实、人机交互等新技术的自强化的生态系统，形成了多元化、可持续的商业模式和盈利模式，实现信息与用户需求的智能匹配的媒体形态，智媒体具有智慧、智能和智力三大典型特征。

再者，移动智媒体的三大层次。传统媒体可以从三个层面上去充分利用大数据机会，即政务发布、政府数据公开与智慧城市建设。一是在政务发布方面，推动地方政府大力推进政务发布与传统媒体创办的新媒体业务的整合；二是在政府数据公开方面，利用政府数据公开的机会掌握数据源；三是在智慧城市方面，抓住智慧城市建设的重大机遇，在打造智能传播平台的基础上，力争成为当地智慧城市生态系统的运营商。

（三）转型中心：用户

“以用户为中心”，是指通过搭建大数据平台，变受众为真正的用户，以重建用户连接，并结合不同的场景为用户提供个性化、定制化的服务。即，用户在哪里，我们就到哪里，用户喜欢什么，我们就提供什么样的服务。

所谓用户，是指媒体能够切实掌握其各方面的数据和真实需求的用户。基于上述分析，无论对于读者、观众还是对于听众，媒体都不可能详细而精准地掌握其真实数据和需求，而唯有对于用户，媒体才有可能完成此任务。用户必须是在线的和高频的，也必须是基于大数据技术的。唯有如此，才能积累起能够有效分析用户需求的数据量和合理的数据频度，也才能切实有效地掌握用户的真正需求。

因此，传统媒体要实现自身的真正转型，就必须以用户为中心重建用户连接，进而重构自身的商业模式和盈利模式。而要重建用户连接，既需要通过自身的互联网媒介以尽可能地抓取用户的信息，并利用大数据技术对用户进行画像，当然这需要打造

基于大数据的信息资源平台、智能传播平台和用户沉淀平台。

六、构建完善的转型配套政策体系

传统媒体的转型作为复杂的系统工程，除了思路、用户之外，还需要观念、体制、资本、技术、一把手等一系列的配套政策。

（一）在观念转型方面进行彻底“换脑”

首先，变“内容为王”为“用户体验为王”。传统媒体以内容起家，长期以来奉行“内容为王”的圭臬，但是在互联网带来了第三次工业革命，并已经成为整个社会和商业的底层架构与标配的情况下，就要求世易而时变，扬弃以往成功的经验，树立起适应互联网思维的新想法。而要真正实现“换脑”，一要切实转变传统的“内容为王”思维，确立“用户体验为王”的思维，真正赢得用户的信任；二要实现绝大多数员工和管理层观念的彻底改变。

其次，变“剩者为王”为“自我革命”。当前，传统媒体无疑已经深陷困境，必须回答未来到底向何处去、如何实现自身的转型等难题，不少传统媒体仍然仅仅立足于传统业务，过于自信，信奉“剩者为王”。在互联网已经成为整个社会的底层架构和标配的情况下，互联网媒体必将大行其道，而传统媒体将处于边缘地位，因此，能够在市场上剩下的并且为王的一定是按照互联网的规律而成功转型的媒体，否则即使剩下，也不过仅仅是能活下来而已。毫无疑问，未来能够剩下的一定是勇于转型和自我革命的传统媒体，一要清醒认识到传统媒体危机的根源并勇于承认传统媒体的困境和根源，否则就可能会自我麻醉而不会寻找正确的转型方向；二要采取切实的措施保证自身先活下来，就是要以净利润为目标；三要有充足的资本手段；四要勇于跨界。

再者，积极进行观念转型。一是放空。互联网媒体和传统媒体存在本质性的区别，传统媒体的运作规则完全不适用于互联网媒体，这就要求传统媒体进行彻彻底底的转型，而这就要求必须彻底清零、归零旧观念，然后再植入新观念，即“放空”。二是一把手先完成转变。传统媒体转型的关键在于有一个优秀的一把手，只有一把手实现了观念转型，才能进一步积极推动领导班子观念的转变，再进一步推动整个团队观念的转变。三是利用系统培训来毁“旧三观”。任何重大转型和改革的实施，必须先变观念，而培训无疑是转变观念的最为有效手段。四是内部研讨。转变观念的另外一种有效途径就是内部研讨。五是内部创业。除了培训和内部研讨之外，内部创业是“干中学”的一种有效手段。

（二）以体制机制改革促转型

第一，深化“分类改革”，为市场化媒体营造良好的体制环境。

第二，引入战略投资者，建立起多元化的产权结构。股权结构决定公司治理机制，多元化的股权结构是科学的公司治理机制形成的前提条件，传统媒体应尽快建立起多元化的股权结构。一是尽快建立起全国统一的国有文化资产管理机构。二是对于转企改制后的传媒企业，积极进行“混改”。三是在转制后的重要国有传媒企业实施“特殊管理股”。[6]

第三，建立起传媒职业经理人制度。一是要建立起职业经理人制度。既要对国有传媒企业按照企业规律进行管理，又要淡化甚至取消国有传媒企业领导人的行政级别，更要更多地采取市场化的选聘机制，把真正懂市场、懂经营的职业经理人充实到领导班子中。二是培养一大批高素质的传媒企业家。

第四，建立起科学合理的决策机制。一是提升管理层的能力。通过引进传媒职业经理人或者通过大量培训，提高决策参与人员的能力和素质，尤其是补齐经营管理相关知识，从根本上解决班子成员能力问题。二是建立起分门别类的专业委员会。在决策班子成员短期内难以改变的情况下，建议在现有的决策机构下分别设立不同的专业委员会，如战略委员会、投资委员会、薪酬委员会、人事委员会等等。引入内部懂战略和经营管理的人员，或者外部专业人士，在一定程度上解决现有人员某方面专业素质不高的难题。三是完善决策程序。科学的决策必须有完善的调研和充足的信息做基础，因此，对于重要的决策应有专门机构事先搜集充足的资料，为科学决策提供参考。

第五，进行“体制外”制度安排。当前，传统媒体在进行互联网以及新业务转型时，应采取“体制外”的制度安排，主要表现为市场主体、长期激励约束制度等方面。一是要成为真正的市场主体。二是建立起股权等长期激励约束制度。三是使用专业性的人才。在“体制外”制度安排方面，股权激励至关重要，如果没有股权激励安排，则基本上起不到有效的激励、约束作用，更不可能成为真正的市场主体。

（三）充分利用移动互联、大数据等新技术，培植技术基因

传统媒体摒弃之前“重采编轻经营，无管理无技术”的观念，以技术为驱动，高度重视技术，当前主要的技术是移动互联和大数据技术。

6. 所谓特殊管理股，在国外又被称之为“金股”。相比于普通股权，“金股”的含金量更高，其本质是具有更高的权力，这种权力可以分为具有某些特殊投票权和较多投票权两种。

首先，利用大数据技术实现信息智能匹配。当前，我们已经进入信息过载时代，传统媒体的原创内容的价值被大大稀释，一方面是互联网海量的内容在很大程度上稀释了传统媒体的内容价值，另一方面相对于传统媒体的原创内容，互联网上生活服务类资讯对于用户更为刚需。在信息过载的情况下，存在着“多就是少”的悖论，即过多过滥的信息存在与能够满足用户的有效信息极度匮乏之间的矛盾，而要解决这个矛盾，真正满足用户个性化、定制化的信息需求，就必须通过数据挖掘和分析技术，关键在于打造基于大数据的信息智能匹配平台，在不断优化用户信息需求的基础上，实现信息和用户需求的智能化匹配。

其次，更好地搭建技术平台。传统媒体在搭建三大平台的过程中，面临着资金实力不足、缺少技术基因、体制机制不完善等三大难题，而要解决这三大难题就需要本着合作共赢的互联网思维拓展思路。在解决资金需求方面，途径主要有三：一是向各级政府申请各类财政扶持资金；二是把三大平台的建设纳入当地智慧城市建设的大规划中，由当地政府拨款；三是引进外部战略投资者以解决运营资金问题。在技术能力不足方面，解决途径有二：一是通过技术外包的方式；二是和技术公司成立合资公司的方式。在体制机制不完善方面，通过引入战略投资者以建立起完全市场化的体制。

（四）打通资本市场，给转型注入活力

传统媒体的互联网转型必须有充足的资本为基础，必须采取多元化的资本运作方式来解决资金难题。具体方式主要有：通过上市打通直接融资渠道；在新三板挂牌；引入战略投资者；设立各类基金。

而对于国有传统媒体来说，政府进一步加大扶持就至关重要。一是各级政府加大对传统媒体互联网转型的扶持力度。二是政府把严肃新闻纳入公共文化服务体系，采取政府外包的方式来购买新闻服务。三是为传统媒体减负，让其轻装上阵。目前，不少传统媒体尚未给员工购买医疗保险，也没有交纳社会保险，这些已经成为制约传统媒体互联网转型的重大障碍，建议相关主管部门可以采取视同缴纳的方式来解决传统媒体的上述难题，为传统媒体的互联网转型营造良好的外部环境。

（五）大力培育具有企业家意识的优秀一把手

当前，传统媒体的一把手都具有一定的行政级别，且基本上由上级任命，这种非市场化选择的方式很难保证一把手能够真正具有企业家意识，能够真正经营管理好媒体。

处于转型期的优秀一把手，除了懂政治、强战略、会用人、善领导、配资源之

外，还需要具备高超的判断力、娴熟的协调力和坚定的毅力与决心三方面能力。

（六）利用转型孵化机制，储备新项目

当前，基于互联网的新生事物快速更新换代，传统媒体转型也必须顺应这些趋势，积极进行新项目孵化和储备，但是旧的庄稼地是难以长出全新的鲜花的，必须以市场化的方式进行新项目的孵化。

第一，积极进行外部股权投资。现在不少传统媒体还有不少的资金积累，应该充分利用这些资金，嫁接媒体在本地的品牌优势和人脉优势，通过股权投资来进行布局，一方面可以赚取一定的财务收益，另一方面可以为未来的战略布局进行卡位，一旦某一项目既有很好的前景又符合自身的战略布局，就可以采取增资控股的方式为己所用。

第二，建立相应的产业基金。传统媒体可以充分利用自身的品牌和人脉，在积累项目资源的基础上，吸引有资金实力的投资者来组建相应的产业基金，以在分散风险的基础上来孵化新项目。

第三，内部孵化新项目。传统媒体无疑有大量的人才，应通过内部创业的方式来发挥这些人才的积极性、主动性和创造性，具体方式可以采取项目制的方式来进行自由组织团队，去孵化新的创业项目。

本文系作者主持的国家社科基金重点项目《新媒体环境下传统媒体的转型战略研究》（项目批准号：13AXW006）的最终成果。

智媒转型，数媒先行

□曹轲 陈良晓[1]

在日本科幻小说《百年法》的描述场景里，未来人们皆普遍将芯片植入肌肤之下，实现人即机器，机器即网络，随时随地人体与外界的物直接连接交流，产生大量的信息、行为乃至情绪等数据，并在人机物相互干预、互联互融过程中，人机界限逐渐模糊。虽然是小说里的场景，但随着信息技术的飞速发展，移动互联网、物联网、大数据、云计算、人工智能等新技术已成为推动社会经济发展的重要生产力并开始重构我们的社会生活，即使作为一个普通人，都已被卷入这股基于技术引发的发展浪潮。同时，这些新信息技术也已相继成为传媒产业快速发展重要的助推力，推动媒介技术升级发展，缔造新的产业形态，使得传媒格局、舆论生态、受众对象都产生了深刻变化，机器人写稿、无人机采集、虚拟现实、个性化聚合分发、传感器新闻、视频图像智能、无人机、智能设备等新兴事物不断登场，处处透着AI的身影，渗透到传媒业的方方面面，万物皆媒、人机共生、自我进化[2]的智媒时代已悄然到来，每一个媒体都不可避免地和人工智能技术相遇、碰撞。

全媒、融媒、数媒、智媒，近十年来媒体转型中历经的这些新概念，大致代表了认识与实践的几个不同阶段。最初的全媒成了小而不全，最初的融媒成了移动优先，最初的数媒成了可视化呈现，而最新出来的智媒概念，似乎没有成形就快要被“玩坏了”。如果说全媒是形、融媒是态，数媒和智媒就是核心。全媒、融媒阶段，没有数

1. 曹轲，暨南大学新闻与传播学院教授、南方报业传媒集团副总编辑；陈良晓，南方报业传媒集团中央数据库项目组成员。
2. 智媒化.未来媒体浪潮——新媒体发展趋势报告（2016）[J].国际新闻界，2016，11.

据支撑的数媒基础，就像头不动而身体在动，甚至是身体不动而仅仅手指在动。同样，没有数据支撑的数媒基础，智媒转型就像是身体不动而头在动，甚至是头不动而仅仅眼珠在动。要么头重脚轻，体力有限，移动困难；要么头小身子大，智力受限，应变艰难。可以说，以前的全媒、融媒转型没有成功，就是因没有打下数媒的新基础；以后的智媒能不能成功，还要看有没有基于数媒的新动能。

一、媒体发展开始进入“智媒时代”

（一）智媒首先是媒体的智能互联

清华大学新闻与传播学院教授、新媒体研究中心主任彭兰在2016年就指出“智媒”即“媒体智能化”，主要有三个特征，一是从过去以人为主导的媒体将发展到未来万物皆媒的时代，二是未来的媒体将是人和机器的智能融合，三是这样的智能化媒体可以自我进化。[3] 凤凰卫视董事局主席刘长乐在2017年也提出，智媒时代是一个世界互联、万物皆媒的时代，人工智能将引领传统媒体和新媒体进入“智媒时代”。[4] 四川日报报业集团副总编辑、封面传媒董事长兼首席执行官李鹏认为，智媒体首先是智能媒体，通过人工智能重新赋予媒体技术基因，改造媒体生产、传播全流程。[5] 如今这个时代已经是万物皆媒、万物智联。[6] 无论是业界还是学界，都一致认同人工智能技术发展将媒体推进了智媒时代。

智媒首先是人工智能和媒体的结合。人工智能的诞生被认为是人类历史上最有发展前途却又最难准确预料后果的颠覆性技术。[7] 时下，人工智能与经济、社会各领域进行深度融合，并在多个领域进入爆发临界点或已爆发。在传媒产业，早在2016年，就有专业人士在提醒媒体人，“我们正处于一场因人工智能带来的媒体产业革命，智能化将重新塑造人与媒体、人与资讯的关系，带来新的组织形式、生产方式、产品形态，颠覆并重构媒体生态”。[8] 而现在人工智能技术与传媒业的融合早已从破冰走向深融：内容生产方面，写作机器人写稿；在视频图像描述方面，智能剪辑变日常应

3.智媒来临与人机边界：2016中国新媒体发展报告 [EB/OL].[2016-11-16].http://www.sohu.com/a/119127783_488231.
4.刘长乐.坚守新闻专业主义，迎接智媒时代的带来[EB/OL].[2017-12-04].http://www.ce.cn/culture/gd/201712/04/t20171204_27093963.shtml.
5.李鹏.发力人工智能 打造智媒体[N/OL].中国新闻出版广电报,2017-11-21. http://data.chinaxwcb.com/epaper2017/epaper/d6634/d5b/201711/82997.html.
6.李鹏.媒体已进入视频化表达、智能化引领时代[EB/OL].[2018-12-03]. http://www.sohu.com/a/279236475_99916165.
7. 孙伟平.关于人工智能的价值反思[J].哲学研究，2017，10.
8. 腾讯历届媒体高峰论坛观点集锦：真实性、移动端、智能化[EB/OL].[2017-11-30]. https://www.sohu.com/a/207558209_619317.

用；信息传播方面，个性化分发几乎变标配；技术应用方面，算法推荐、机器写作、人机交互、图像识别、虚拟现实等技术正在重新定义媒体。据FTI报告，“人工智能”自2016年来，持续成为传媒产业发展的重要技术风向标，自然语言技术、实时机器学习、音视频算法、AI For Seeing Trough Walls、可预测性机器视觉、对抗性机器学习、环境交互、创意型人工智能等等技术引领媒体智能化发展趋势，[9] 可以说，媒体智能化，人工智能是引擎。

（二）万物皆媒：“人、物、网”三元融合

随着移动互联网、物联网、4G到5G，技术发展越来越成熟，智能手机、智能穿戴、智能家居、无人机、智能汽车等智能设备也越来越普及，我们已经开始迈进万物互联的智能时代。

物联网技术是万物互联的重要基础，推动物理世界、数字世界和人类社会之间的界限逐渐消失，使计算技术进入“人、物、网”三元融合。5G技术已进入应用阶段，为用户带来沉浸感更强的VR和AR体验。网络直播、网络视频等应用更加广泛深入，成为大众传播的重要通信方式。当然，还有云计算、区块链等技术的发展成熟普及，为智媒时代提供基础技术铺垫。另外，我国手机上网用户已超过10亿，智能手表、智能手环、智能眼镜等智能穿戴设备中国出货量预计2021年会达到1亿台左右，[10] 并将使“人体终端化”，智能电视，智能冰箱、智能空调等智能家居也开始进入千家万户并重构家庭内的信息生态，万物互联互接的智能设备越来越普遍，并越来越多样化，产生的数据更加丰富，人、物、网交互的方式更加多元，各种智能物体与人的交互融合，正在造就万物互联，为智媒时代提供一个智能高速路。

（三）大数据：为智媒发展打基础

如果将人工智能比作汽车发动机，万物互联比作高速路，要想汽车跑，则汽油是最重要的，而大数据就是智媒的石油。

人工智能是基于大数据技术采集了充足的可以用来作为机器学习的海量数据资源，运用特定算法来实现的，因此，人工智能离不开大数据，没有大数据，人工智能就成为无源之水、无本之木，不可能发展得这么快。人工智能要在一些行业具体落

9. FTI 发布2019年媒体趋势报告：108个新风向最全输出[EB/OL].[2018-11-05].http://www.meihua.info/a/72749.
10. 2018年中国智能可穿戴设备行业发展现状及市场前景预测[EB/OL].[2018-07-03].http://www.chyxx.com/industry/201807/658300.html.

地，就需要有数据积累，而在传媒业过去几十年的发展当中，正是这样一个数据累积的过程，新闻记者作为时代的记录者，记录着每一天发生的重要新闻信息和时代进程，记录这个时代产生的数据，可以说，媒体本身就是一个数据公司、一个天然的大数据库，每天都在产生着大量的、极具价值的数据资源。而现在随着大数据时代的到来，媒体对大数据资源的整合积累更是达到空前重视，几乎所有的传媒集团都将之定为“一把手”工程去推进，从过去以集聚内部报纸内容数据建库作信息查询之用，到现在开始多维度、全方位、专业化、行业化地采集生产集聚数据资源，例如人民日报的人民数据、新华社的新华数据、央视网的视频数据、知网的期刊数据、财新网的商业数据等等。人工智能的纵深发展离不开数据，所以说媒体智能化的基础是数据，数据是大众媒体进化到智媒的关键之钥。

二、媒体智能化各显智慧、各具特色

新信息技术因为符合新媒体传播规律，贴合用户需求提升用户体验，对媒体发展的影响愈加深刻。无论新媒体还是传统媒体，皆纷纷借助互联网、大数据、人工智能新技术，走上了融合转型之路，并依靠自身优势和智慧，形成了各具特色的发展模式。笔者走访调研了人民数据、新华数据、央视数据中台、财经数据、知网数据等，总结出六种努力方向和可行模式。南方报业的中央数据库建设和媒体智库化转型，笔者一直参与其中，下一节专门论述。

（一）人民日报:“‘中央厨房’+‘人民云’”大数据开放共享平台

人民日报在智能化布局上，有两大重要亮点，一是“中央厨房”的建设，一是“人民云”大数据开放共享平台。“中央厨房”是人民日报社全媒体融合的核心平台，分为空间平台、技术平台、业务平台三个部分。其中，技术平台由内部用户管理系统、互联网用户管理系统、传播效果评估系统、可视化产品制作工具、新媒体内容发布管理系统、报纸版面智能化设计系统支撑。业务平台是内容处理平台，实现了新媒体与传统媒体、网上与网下、母媒与子媒、国内媒体与国外媒体的四个“联动”。[11]“人民云”大数据开放共享平台，是人民日报的自建技术平台，以大数据价值挖掘为核心，主要由大数据管理平台、大数据服务平台和大数据创业平台三大业务平台构成。同时，建设人民数据库，集聚人民日报和旗下报刊的核心内容资源以及党政人大政协等机构的数据资

11.叶蓁蓁.人民日报“中央厨房”有什么不一样[EB/OL].[2017-02-23].http://media.people.com.cn/n1/2017/0223/c40606-29101895.html.

源，打造成最大的党政数据库。

（二）新华社："'媒体大脑'+大数据运营生态系统"

新华社的"媒体大脑"可以说是中国第一个媒体人工智能平台，功能覆盖线索、策划、采访、生产、分发、反馈等全新闻链路，旨在用云计算、物联网、大数据、人工智能等多项技术为媒体赋能，重新定义智能时代的内容生产。[12] 在大数据布局方面，通过新华社技术局数据处主导，以开源体系建设基础数据技术平台，集聚新华社内部数据资源。始建于2004年的新华社多媒体数据库主要汇集了新华社文字、图片、图表、视音频、报刊等各类新闻信息产品以及各类新闻和历史资料，并能实现检索、浏览、个性化定制及推送服务等多种功能，实现新闻资源全面共享，支撑全集团各媒体的统一生产。另外，新华社通过旗下多个数据单位打造全方位的大数据运营生态系统，如新华睿思数据云图分析平台、新华智能大数据协作平台等等。

（三）央视网：新媒体集成遥控平台+数据中台

央视网正在升级建设"一网+一端+新媒体集成遥控平台+市场端口连接"的全媒体传播格局，并致力于建设一个强大的媒体"数据中台"，汇集统一的数据采集能力、计算能力、萃取能力、交换能力等，准确把内容、平台、用户连接起来，推动内容的精准分发和服务的精准触达。目前，央视网"数据中台"已形成"贯通多终端、统一管理"的数据采集分析体系，实现对央视网多终端覆盖情况及传播效果进行全流量监测、评估、分析，每天用户访问记录超过100亿条。在此基础上，央视网通过合作引入第三方公司的外部数据，形成更为丰富、多元的全域媒体数据库，以此支撑数字化转型。[13]

（四）封面传媒：智能媒体+智慧媒体+智库媒体

封面传媒开启的智媒体探索，主要包括"小封"机器人写作、打造封巢、机器合成语音播报、构建"引领人工智能时代的泛内容生态平台"和智能实验室等。其"小封"机器人，不仅可以极速写作，更能够应用语音识别、意图识别等AI技术，基于新闻、兴趣、生活与用户展开互动，现在实现了每天发稿120篇左右，每月"3,000+

12.傅丕毅，徐常亮，陈毅华.新华社"媒体大脑"的主要功能和AI时代的新闻愿景[EB/OL].[2018-06-20].http://www.xinhuanet.com/newmedia/2018-06/20/c_1123007785.htm.

13.赵磊.打造更具价值新媒体整合体系[EB/OL].[2018-05-09].http://news.cctv.com/2018/05/29/ARTIuMVmxZvs8LYzrF1ABpFi180529.shtml.

篇”稿件。此外，在算法推荐、用户画像、人机协同等技术领域，封面传媒都已经有很广泛的应用。在智库媒体方面，封面传媒建立了“封面数据+舆情”的新型媒体智库。[14]

（五）浙报集团：融媒体智能化传播服务平台“媒立方”

浙江日报报业集团自主研发建成融媒体智能化传播服务平台“媒立方”，为媒体深度融合提供了关键支撑。该平台采用云计算、大数据等最新技术，集舆情研判、统一采集、多种生成、多元分发、效果评估于一体，统筹采访、编辑、审核、传播、评估，不仅为新闻报道、舆论引导提供有力支持，而且为实现跨媒体、跨业务提供了统一平台。“媒立方”从真正意义上建立起融合纸媒、网站、App、两微等多种媒体形态的内容生产和传播平台，进而促进团队融合、业务融合、数据融合。[15]

三、智媒发展的“南方路径”

近年来，南方报业传媒集团积极顺应媒体融合发展趋势，大力推进以智库化、智能化为标志的智慧转型，在智库媒体、技术赋能、数据驱动等方面的生态蜕变，可以看出南方报业智慧转型的实施路径和创新点。

（一）媒体智库化的创新路径

南方报业传媒集团党委书记、管委会主任刘红兵指出，以媒体智库建设作为智慧转型的重要内容，南方报业逐步打造了包括南方经济智库、南方党建智库、广东乡村振兴服务中心、南都大数据研究院、南方舆情数据研究院等十大具有中国特色、南方气质的媒体智库矩阵，2018年6月举办首届南方传媒智库高端论坛，发布《南方智库蓝皮书》。[16] 为了支撑南方报业智库矩阵技术及数据方面的需求，集团旗下的国家新闻出版与科技重点实验室“媒体大数据应用实验室”，通过对十大智库的信息化需求进行持续监测了解，利用大数据、人工智能等新技术以及通过“整合内部+外部服务资源”的方式，为智库矩阵打造一个“专家+数据”的服务平台，为智库建设提供技术、数据的支撑。

在探索智库媒体的创新进程中，南方报业的十大媒体智库在各自专注领域，大

14.李鹏.媒体已进入视频化表达、智能化引领时代[EB/OL].[2018-12-03].http://www.sohu.com/a/279236475_99916165.

15.浙江日报报业集团.推动媒体深度融合的三大创新，载于中国记协网[EB/OL].[2017-07-03].http://www.xinhuanet.com/zgjx/2017-07/03/c_136412364.htm.

16.刘红兵.媒体智库迈向智库媒体[EB/OL].[2018-11-06].https://baijiahao.baidu.com/s?id=1617290135247039677&wfr=spider&for=pc.

展拳脚各施功力。其中，南都大数据研究院自2018年2月成立以来，以数据生产为核心，以智能技术为驱动，以行业标准制定为抓手，大力推进智库媒体转型建设，现已形成数据报道、榜单评价、民意调查、咨询研究、鉴定测试、评估认证、数据库及轻应用等八大类近百项智库产品和服务，入库数据超过10亿条，走出了一条从数据新闻到数据产品再到数据产业的发展路径。南方舆情数据研究院自2014年成立以来，作为专注于"治理现代化"研究的复合型智库，探索出一条舆情智库产品标准化服务的运作模式，并搭建了"省市—县区—镇街—企事业"四级覆盖的广东全省舆情服务网络，在广东区域保持了市场规模及综合影响力皆第一的领先态势。南方党建智库自2017年年底成立以来，确立在党建垂直领域的传播、研究和服务功能，走出了一条以党建传播带动党建研究、党建服务的媒体智库创新道路。

智媒时代的"智"，一是机器之智，通过大数据、人工智能等新媒体技术实现，再者则是媒体智库人之智。南方报业媒体智库的创新建设，一方面注重数据驱动技术支撑，更重要的是大力发挥了"人智"作用。其智库研究人员一是来自深耕各战线多年的记者编辑，对党政机构、行业企业等非常熟悉了解，而且在日常采访调研中能够及时了解到相关领域面临的问题；二是邀请外部各类型专家组建专家库，根据各智库的专注领域，专家遍及经济、法治、教育、党建、城市发展、乡村振兴、数字政府、社会治理、公共管理、舆情应对等领域的专业人士。

可以说，南方报业传媒智库发展的创新路径，充分发挥了"机脑+人脑""外脑+内脑""媒体+智库""专家+数据"的资源结合优势。

（二）生产智能化与传播智能化

不管是传统媒体还是新媒体，在大形势的影响下，对人工智能等新技术的追逐都表现得前所未有的强烈和急迫，已没有媒体敢忽视、轻视技术对媒体转型的影响。南方报业传媒集团实施"提升技术能力，服务智慧转型"工程，成立集团技术委员会，强化技术工作的统筹决策能力；2017年、2018年两次举办报业技术大会，推进集团内外的新媒体技术创新和交流合作；成立新媒体科技公司，提升集团技术自主研发能力，支持重点项目的技术平台研发建设。

在生产智能方面，南方报业以融媒体中心的一体化系统为基础，实现一个入口、集中存储、融合发布、无缝联通，支撑各采编生产环节，通过智能辅助写作系统推动新闻信息采集自动化、分析智能化、业务经验化，辅助记者和编辑更快捷地进行内容加工创作；通过建立新闻知识图谱系统，为不同业务场景需求提供新闻选题、智能推荐、用户画像、智能搜索等服务支撑；通过建设智能化管理平台、"小南"系统等对集团内部生产进行智能化管理。在分发传播方面，建设了智媒传播数据分析系统、“南方号”大数据传播与管理平台、关键用户精准推送系统等，为优质内容实现“千人千面”个性化精准化分发传播，满足用户个性需求与主流价值的平衡。在传播平台建设方面，以“南方号+客户端”为龙头重点，形成了一系列自主可控、具备较强技术创新能力的新媒体平台，同时拥有20个网站、7个手机客户端、370个社交媒体公众账号、3,000块互动触控屏、1万平方米户外LED大屏幕的新媒体智能传播平台、传播矩阵。

（三）打造“数据服务平台”，打好“智媒”建设的地基

为了加快由“融媒”向“智媒”提升，打造独树一帜的数据型智慧媒体，南方报业统筹建设中央数据库、大数据服务中心和媒体大数据应用实验室等基础性设施，下一步，将打造“数据服务平台”，打造“南方数据”品牌。刘红兵书记认为，对传媒业自身而言，大数据既是内容生产的构成要素，也为我们提供了洞察用户需求、优化受众体验的有力手段，还是我们建设传媒智库、实施智能传播的重要依托。

在打造“数据服务平台”的进程上，一方面将在中央数据库前期汇聚共享的数据基础上，建设南方报业集团数据中台，将集团内部各业务单元的海量内容数据及技术服务能力沉淀于中台，实现“大中台、小前台”技术架构，促进数据资源和数据能力在集团内部更好地流通。

另一方面，拟建设“会员制数据服务平台”，推动媒体大数据应用实验室的实体化运营，对外部开放南方报业的媒体数据资源和数据服务能力，让南方报业权威的媒体数据实现更多价值，更好地成为党政机构、企业组织研究和决策的重要工具，打响“南方数据”服务品牌，加大与外部数据合作话语权，让南方报业的大数据积累向更全面、更鲜活、更多样性、更特色的方向发展。

数据是人工智能在媒体行业具体落地的重要之匙，是实现智媒的水之源、木之本。所以，做好“数据服务平台”的建设，打造“南方数据”品牌——这个“数媒”，必将是南方报业从融媒走向智媒最重要的也是最基础的一环。

四、数媒价值前瞻和建议

智能技术、智能设备的更新迭代、成熟普及，不断地推动着媒体智能化的发展，甚至是颠覆重塑性的变革。很显然，媒体融合从物理介质的融合到内容形态的融合已基本形成，融合下半场的重心将向智能化发展，无论是新媒体还是传统媒体，迎接智能化颠覆性挑战的首要步伐，都应该有意识做好数据，做好大数据的资源和技术积

累。所以，要想成为“智媒”，首先成为“数媒”。

（一）“数媒”的数据建设要有新思维

“数媒”到“智媒”，最重要是做好数据的积累，而大数据时代，媒体数据的新概念，不能仅限于媒体现有的和自身生产采集的数据，而是要依托媒体平台优势构建多种类型的特色数据库。目前还有很多媒体的数据库，仍然停留在简单的媒资库时代，又或者是在传统的报纸库基础上纳入自有的网站、微信公众号、客户端等内容资料，还仅仅是当作资料库来建设使用。要盘活媒体数据使用需要新思维，要以加快数字经济时代媒体融合创新发展为战略目标，以“数据资产增值”为考量，以市场需求为导向，围绕不同的用户需求和市场需求，打造实用有效的数据产品和数据服务能力。

第一，媒体数据的构成要有多样性。一是要以其自身的媒资数据为基础数据，包括传统媒资数据和新媒资数据，这些数据包括报纸数据、期刊数据、网站数据、App数据、两微数据等内容数据，以及用户数据、经营数据、采写过程数据、报料数据等等。二是媒体数据要结合自己的优势，把握市场需求，生产多样化的特色数据，媒体数据本身就可能是政务数据、智库数据、评估数据、调查数据、舆情数据、知识数据等，各媒体还可以根据媒体自身定位特色、地域特色等等形成数据，例如，人民日报的党政新闻数据，新华社的多媒体报道数据，南方报业基于智库矩阵课题研究所形成的各类课题数据，以及基于地缘优势所形成的粤港澳大湾区深调研数据。三是媒体数据要发挥连接的优势，聚合各行各业的合作数据资源，包括产业行业数据、政府数据、经济数据、运营商数据、电商数据等，例如“人民数据”一方面通过交换、代建代运营合作等形式聚合特有资源的数据，另一方面通过对外参股、收购具有核心技术的数据类公司，不断丰富自己的合作数据。

第二，媒体数据库要重视数据的“时度效”。“时”可以理解为数据集聚的持续性，“唯有源头活水来”，如果一个数据库没有持续不断的更新数据进入，只是一湖死水，一个“数据死湖”，其利用价值就大打折扣。对于媒体数据来说，连续性的采访报道和长期追踪可以为媒体数据库不断地注入鲜活的数据。“度”是指追求数据的全面性。举个例子说，你要做一个“舆情数据分析报告”，却只有网上舆情数据而缺乏社会舆情数据，分析出来的结果无疑就是“片面之辞”“一面之辞”，所以，数据库建设要重视集聚不同维度的数据，全面充分，才更具参考价值。“效”主要是数据的利用价值。大数据时代，无论是官方还是民间，国企或民企，决策时对数据的依赖越来越高，媒体数据库应该把握时代需求，进行有针对性的数据库建设，打造适合各类党政部门和企业需求的数据产品，有市场有用户的数据产品才是有价值的产品。

第三，媒体数据库的建设应重视用户体验和实际应用场景，要兼具资料库、知识库、资源库的功能服务。过去的媒资数据库，一般是服务于报社内部，功能比较单一，往往仅提供简单关键字查阅功能，缺乏计算分析等功能，同一传媒集团下的报纸数据库组建大多各行其事，呈烟囱式建设模式，缺乏系统的底层大数据管理、大数据功能服务规划，这些都为媒体走向“智媒”自设路障。媒体数据库的功能建设，首先要明确用户是谁、在哪里，什么应用场景下使用，怎么去触达用户，只有理清这些问题，才能建好一个高效能、高效用的数据库。为此，要定位好数据库的特色和发展方向，如果定位做资料库功能服务，最重要的是要做好检索功能，要从底层打好数据标签、实现便捷检索、跨库检索等；知识库功能则重点为用户提供决策参考、知识图谱功能服务，大数据计算分析可视化这些能力要做到位；资源库功能主要是基于媒体生产内容的特色，为用户提供内容版权等服务，那么内容赋能系统、版权管理等功能服务都不可缺少。最重要的是数据技术系统搭建，要从全局考虑，搭好基础数据平台，并以业务发展为方向，能实现快速反应快速迭代，快速支撑市场运营方向，快速响应用户需求。

（二）“数媒”的商业盈利模式要有多样性

媒体要打造有价值的数据库，数据积累是一方面，更重要的是数据变现，实现媒体数据资产增值。无论是传统媒体或是新媒体，都应该在原有的商业盈利模式基础上，把握数字经济发展的机遇，对外开放媒体数据服务能力，开拓盈利新渠道。

第一， 提供数据库服务，简单地说就是销售数据库。传统的版权销售也可以说是种数据销售，但大数据时代，不能仅盯着版权销售这一个小点，要把握大数据时代需求，大力发挥媒体特别优势，要有数据产品生产和服务的创新性思维，进行多样化和特色化、专业化的数据库建设，开展精准营销，打造适合各类党政府机构和企事业单位需求的数据产品。人民数据、知网、财新网都在数据销售服务上面取得了相对不错的效果。

第二， 提供大数据价值挖掘服务，具体的产品表现就是销售数据洞察报告。基于大数据价值分析挖掘，洞察数据背后的规律趋势，形成数据分析报告，媒体智库在这方面有天然的优势：媒体人市场触角灵敏，在日常采访和调研过程中能接触了解到地方党委政府的中心工作、行业产业发展的问题痛点和前沿资讯，并且拥有记者编辑这些深耕各专业领域的经验丰富的人才，对数据的洞察服务能力远比其他行业有优势。人民网的人民舆情监测室、南方报业的南都大数据研究院等在这方面做了比较多的尝试，也取得很好的市场效果。

第三， 提供大数据生态圈连接服务，相当于数据交易的中间服务。可以说，数字经济时代，所有公司都是数据公司，都会产生数据，要让其数据资产变得有价值能增值，交易变现是最直接的途径，数据交易将会变成一种商业交易的常态。媒体，特别是党媒可以充分发挥其连接力、影响力、公信力、传播力的优势，为各类公司的各类数据、数据服务、数据能力提供交易的连接等中间服务，协助党和政府在数字经济时代做好数据交易的中间服务平台。

第四， 数据平台赋能服务，有些转型走得比较早、比较前的媒体，在数据驱动发展过程中，建成了平台型的数据技术产品，积累并验证了大量数据技术能力的超前性、有效性，例如数据分析能力、数据可视化技术能力、数据运营决策能力等等，并能开始对外开放这些服务，让用户使用其技术系统，或直接在其平台上实现数据计算分析。例如“人民云”大数据共享平台的“输出数据中心”服务，新华社的“现场云”服务、南方报业的南方号大数据传播与管理平台等，都是不错的尝试。

（三）“数媒”的运作机制要有创新性

“数媒”不是传统的媒体，不能以传统媒体的运作机制来操作，要有创新的组织架构、职位职能、激励方式。“数媒”，可以说是一个数据公司，从最基础的构成来说，要有相应的数据生产部门、数据资产管理部门、数据运营服务部门和数据技术部门。数据生产部门负责数据的采集入库、数据标签、数据校正，数据产品的采编、数据产品的可视化应用等，相应地应该有数据采集员、数据编辑、数据校对、数据产品规划、数据可视化设计、数据分析师等职位。数据资产管理部门负责数据入库标准制定、数据内部共享交易规则制定、数据资产审核确认等，相对应地可以有数据管理员等职位。数据运营服务部门主要职责是媒体数据对外服务的运营推广、外部数据资源合作、数据市场的支撑，可以设置数据运营服务职位。而数据技术部门则应该是“数媒”重要的支撑部门，承担着数据技术系统的研发、运维、市场运营的服务支撑等，一般应设置大数据架构师、大数据开发工程师、大数据运维工程师、大数据算法工程师等岗位。如果说在一个数据公司里，市场是方向，那么技术就是基础，人民数据为了打好这个基础，在技术投入方面，以自研为主，仅技术团队就超过500人，而封面传媒把对技术的投入作为其重要战略投资之一，可以说，数媒要取得发展，必须大力加强在技术团队方面的投入。

而“数媒”又不同于一般的“数据公司”，媒体可以整合大量的记者采编人力资源，可考虑采用专职服务团队和兼职人员组成的架构模式。数据技术、数据资产管理，这些职能可以设立专职服务团队来推进，而数据生产、数据运营的大部分职能则可以通过媒体的采编记者或经营人员兼职实现角色转型——记录、采访，记者天然就是数据采集员；梳理、分析，记者天然就是数据分析师。纸媒要变数媒，变成数据公司，就要提倡全员动员；人人都是采集员，人人都是分析师。一个记者或编辑，既可以是数据采集人员，也可以是数据产品的生产人员、策划人员，而报社经营团队则同时可将数据服务能力推向市场。

在人才引进的激励机制创新方面必须有所侧重，技术型人才、产品型人才是“数媒”发展不可或缺的人才，而往往传统媒体最缺乏的就是这些专业型人才。要引进这些人才，无论是在岗位职级结构或是薪酬收入体现方面，都不能拘泥于现有体制，要结合市场情况，进行机制创新，要能引得进人才，也要留得住人才。另一方面，媒体内部对技术决策影响力的重视也有待加强，目前绝大多报业集团的决策层，一般都没有技术岗成员，可考虑参照广电机构设置总工程师或首席技术官、首席数据官等角色，提升智媒时代的技术、数据决策参考支持力。南方报业成立了集团技术委员会，统筹技术、数据的战略发展，可以说是智媒时代，“技术赋能、数据驱动”的自我突破。助推之力，尚需变成内生动力。

媒体融合，在这个传播格局发生深刻变革的时代，如何取势、明道、优术，每个媒体走的路、走路的速度可能不一样，但方向是一致的，“数媒”和“智媒”是人工智能与媒体相遇、碰撞的必然。心中有数，脑中有智，身体才有力量，手中才有力量。

本文系国家社科基金重大项目《人工智能时代的新闻伦理与法规》（项目编号：18ZDA308）研究成果。

拥抱移动互联网时代，做好主力军、主渠道、主阵地

——人民日报、新华社、中央广播电视总台在移动端的布局

□梁智勇 郭紫薇 李树蕙 邓侃[1]

在第四次科技革命的推动下，在数字化浪潮的冲击下，中国传媒业积极推动数字化转型。这其中，以人民日报、新华社、中央广播电视总台为代表的“传媒国家队”，一次次地吹响了改革的号角，在媒介融合的创新探索中发挥着中流砥柱的作用。为了拥抱移动互联时代，打造全媒体集团，三家央媒作为中国新闻舆论工作重镇，守正创新、主动作为、抢抓机遇，利用大数据、云计算、人工智能、物联网等技术手段，化变量为增量，变压力为动力，弘扬主旋律、传播正能量，为继续做好新闻舆论工作的主力军、主渠道、主阵地，加快构建新型主流媒体，开展了积极而有益的探索和实践。

一、“传媒国家队”布局移动端，“两微一端”成为主阵地

在PC互联网时代，人民网、新华网、央视网无疑是央媒和门户网站竞争的中坚力量。人民网与新华网如今是国内新闻网站的领军品牌；央视网和腾讯视频、优酷土豆、爱奇艺，是视频领域最有影响力的“1+3”传播平台。进入移动互联网时代，各方争夺主流话语权和舆论主导权的赛道发生转换，直接从PC端转移到移动端。BAT（百度、阿里、腾讯）、JT（京东、今日头条）等一度领跑，传统媒体从并跑者变成了跟跑者。

据CNNIC最新统计，截至2018年6月底，我国网民规模达8.02亿，普及率为57.7%。

1. 梁智勇，新华社中国经济信息社上海中心主任兼上海经济研究中心主任；郭紫薇、李树蕙、邓侃，新华社中国经济信息社上海中心主管兼上海经济研究中心分析师。

其中，手机网民7.88亿，网民通过手机接入互联网的比例高达98.3%。[2] 受众注意力集中于头部平台，那些平台型的网络巨头可以“赢家通吃”，后进者则只能奋力追赶。

为了适应移动互联网移动化、智能化、社交化、平台化的发展趋势，央媒在抢抓移动互联网机遇的进程中，大致经历了三个阶段：1. 探索阶段。从手机报、WAP网站，与Kindle或iPhone合作等入手。2. 重塑渠道阶段。布局微博、微信、客户端、小程序等。3. 媒体平台化阶段。既开放自家平台给社会化生产者，也在其他平台上开辟自家账号。在此着重探讨后两个阶段。

（一）争夺舆论制高点，布局“两微一端”等

与PC互联网相比，移动互联网的产业链迥然不同。PC互联网的产业链，主要包括电信运营商、硬件制造商、软件及内容提供商——彼时，百度占据着PC互联网的流量入口；移动互联网的产业链，可浓缩为“云—管—端”，此时，电信运营商的垄断地位大大削弱，移动互联网的入口发生改变。

进入移动互联网领地时，央媒发现入口处已盘踞着一批网络科技巨头，它们牢牢钳制着入口：百度、腾讯、阿里、360分别占领了搜索、社交、电商、安全入口，硬件入口处有三星、苹果、华为、小米、vivo、oppo等，WiFi网络连接入口有连尚科技（WiFi万能钥匙）等。

与此同时，App成为重要的内容入口。应用商店的运营方，掌握着App的生杀大权。拥有IOS系统的苹果，握有App Store；拥有Android系统的谷歌，握有Google Play；拥有Windows Phone系统的微软，也有自己的Microsoft应用商店。此外，华为、小米、360等公司，都开辟了自己的应用商店。

布局“两微一端”，成为央媒的现实选择。2010年被称为微博元年，新浪微博风靡一时。腾讯和很多央媒都曾试水开通各自微博，但在聚拢人气方面，比新浪逊色不少。新浪微博成为各个媒体官方微博的必争之地。其中，“@人民日报”的单一微博粉丝达到8,312万，中央广播电视总台旗下的“@央视新闻”、新华社旗下的“@新华视点”粉丝分别达到7,825万和5,224万。这些平台成为央媒传递主流声音、抢夺舆论话语权的重要窗口。

2011年，微信横空出世，腾讯拿到移动互联网的“超级船票”。微博野蛮生长的势头得到遏制。2018年年底，腾讯对外宣布，微信用户数超过10亿。[3] 微信成为网

2. 中国互联网络信息中心.中国互联网络发展状况统计报告[EB/OL]. [2018-08-20]. http://www.cnnic.cn/hlwfzyj/hlwxzbg/hlwtjbg/201808/P020180820630889299840.pdf.
3. 腾讯.腾讯公布2018年第一季度业绩[EB/OL].[2018-05-16]. https://www.tencent.com/zh-cn/articles/8003491526469767.pdf.

表1 三家央媒在新浪微博的粉丝量（数据来源：新浪微博，2018年12月23日数据）

新浪微博矩阵		
	账号	粉丝量
人民日报	人民日报	8,312万
	人民网	6,093万
	环球时报	1,819万
	环球网	1,312万
	人民日报评论	296万
	侠客岛	345万
	学习小组	253万
	人民日报海外版	196万
	证券时报网	155万
新华社	新华视点	5,224万
	新华网	5,218万
	新华国际	1,365万
	新华社中国网事	1,341万
	环球杂志	1,188万
	瞭望	1,134万
	参考消息	936万
	瞭望东方周刊	633万
	新华体育	463万
	半月谈杂志社	287万
中央广播电视总台	央视新闻	7,825万
	央视财经	2,963万
	央视网	782万
	国际在线新闻	438万
	中央人民广播电台	347万
	国际在线	335万
	央广网	320万
	央广视讯	273万
	网络新闻联播	265万
	CGTN	260万
	央视新闻评论	136万
	央视影音	99万

民接触移动互联网的重要入口。新闻媒体、政府与企业、自媒体成为内容生产的三支主力军。为了营造内容生态圈，微信开放端口，允许新闻媒体入驻订阅号，开放小程

序。2018年10月，新榜的一项统计显示，微信公众平台账号约3,704.5万个，其中个人账号2,060万，机构类账号1,644.5万。微信粉丝超1,000万的账户有167个，100万粉丝的有3,191个，10万粉丝的有6.34万个。这其中，粉丝超过1,000万的账户中，有人民日报、新华社、中央广播电视总台等国家级媒体。“学习小组”“侠客岛”“牛弹琴”等微信公众号，也成为知名品牌。微信订阅号改版后，所有账号统一折叠，文章阅读量有所下降。

表2 三家央媒的微信平台粉丝量（除特别标注外，数据均来自新榜）

	微信公众号		小程序	
	公众账号	粉丝量	名称	最高曝光量
人民日报	人民日报★★	2,200万+	人民日报	无数据
	侠客岛	1,163万	两会超级答人	10万
	人民网	1,123万	人民日报FM	10万
	环球时报	844万	人民日报数字报	无数据
	环球网	386万		
	人民日报评论	328万		
	学习小组	696万		
	海外网	48万		
新华社	新华社	1,500万+	新华社微悦读	239万
	新华网	1,000万	新华答题	15万
	瞭望智库	940万	新华网思客	1.8万
	参考消息	778万		
	半月谈	417万		
	牛弹琴	389万		
	新华视点	135万		
	中国证券报	128万		
	新华每日电讯	123万		
	财经国家周刊	94万		
	瞭望	69万		
	经济参考报	39万		
	新华网思客	37万		
	新华国际头条	34万		
	瞭望东方	18万		
	奇趣潭	17万		
	新华新青年	16万		
	新华视界	11万		

续表

	微信公众号		小程序	
	公众账号	粉丝量	名称	最高曝光量
中央广播电视总台	央视新闻	1,000万+	央视微视频无数据	无数据
	央视财经	754万	央广新闻lite	无数据
	央视网	345万		
	CCTV焦点访谈	183万		
	央广新闻	123万		
	网络新闻联播	71万		
	国际在线	18万		
	中国网络电视台	10万		

(★★数据来源：2018年10月Quest Mobile数据. http://www.xudoodoo.com/detail/1019.html)

微博、微信的渠道分别掌控在新浪和腾讯手里，而传统媒体的盈利模式主要依赖广告，其市场化运营的掣肘甚多（如发稿次数、广告露出方式等），渠道受制于人，“叫好不叫座”，成为难言之痛。

打造App矩阵，成为传统媒体走向全媒体集团的另一个战略考量。秉持政治优势、人才优势、品牌优势，加上掌控新闻采集权和发稿权，三大央媒App经过几年的运行，逐渐聚拢起数亿级别的粉丝，成为当之无愧的“头部媒体”。虽然和今日头条、腾讯新闻等市场化媒体的粉丝略有差距，人民日报、新华社、央视影音等客户端奋起直追，绝对是中国新闻类App的第一方阵。原创稿量、用户下载量和转发量等稳步提高，用户美誉度和活跃度不断提升，央媒的传统优势开始向移动端拓展。尽管App运营成本要比微博和微信公众号高很多，但是运营主体的权限可以更高，市场化手段也可更灵活。

2014年6月，人民日报App上线，它始终坚持以内容为根本，以技术为支撑，不断做大平台。截至2017年6月，2,000余家中央部委、地方政府入驻移动政务发布厅。[4]

2014年9月，新华社客户端上线，至今累计下载量达3.1亿，用户活跃度逐渐提高。全媒体、直播态产品“现场新闻”，引领新闻业态重大变革。作为“现场新闻”在线生产的“中央厨房”，“现场云”平台自2017年2月上线以来，吸引了2,300多家

4. 人民日报社. 报社简介[EB/OL].[2018-07-10].http://www.people.com.cn/GB/50142/104580/index.html.

媒体和机构用户入驻，持续推出现场报道24,000多场。[5] 2018年年初，新华社客户端英文版上线，开启了国际化传播的新通路。2018年12月，新华网启动视频化战略，将视频业务作为构建内容新生态的战略支点。新华网媒体创意工场也正式成立，并将“新华炫闻”客户端升级为“新华网”客户端。

中央广播电视总台在媒体深度融合中同样发挥着排头兵作用，在视频App的激烈竞争中占据一席之地。央视影音、央视新闻等客户端，因为注重原创内容，聚合独家IP资源（如世界杯版权等），同时聚焦社会热点，回应公众关切，受到各界广泛认可。

表3 三大央媒旗下主打App及宣传语

人民日报	新华社	中央广播电视总台
1.人民日报： 有品质的新闻	1.新华社： 新主流，新体验	1.央视影音： 掌上央视，无限视界
2.People's Daily： Read China	2.新华网（原为新华炫闻）： 引领品质阅读	2.央视新闻： 看得见的新闻
3.环球时报： 联接中外，沟通世界	3.参考消息： 纵览外国媒体每日报道精选	3.中央电视台： 相识 相伴 相知
	4.中国搜索： 国家权威搜索	4.央视财经： 最有价值的财经新闻
	5.瞭望智库： 欢迎严肃的研究者	5.CCTV微视： 看电视的朋友圈
	6.中国证券报： 因为专业，所以权威	6.CGTN、CGTN HD： See the difference
	7.上海证券报： 最专业的财经新闻媒体	7.央广新闻： 大新闻都在这里
	8.经济参考报： 新华社主管 经济参考报社主办	8.中国广播： 中国广播，声音新力量
	9.半月谈： 党媒助力公考	9.中国之声： 大新闻都在这里
	10.新华社电视（CNC）： 讲好中国故事，传播中国声音	10.央广云电台： 新广播，新乐趣
	11.新华国际： 直击新闻现场	11.China News、China Radio、China TV： 在信息的海洋中带您导航，陪您去周游世界

5. 中华全国新闻工作者协会. 中国新闻事业发展报告[EB/OL].[2018-06-19]. http://www.xinhuanet.com/zgjx/2018-06/19/c_137258556.htm.

表4 三大央媒App下载量

	App下载量		
	名称	安卓系统（数据来源：酷传，2018年12月23日数据）	总下载量（数据来源：官方口径等）
人民日报	人民日报	2.48亿	2.4亿（《人民日报》2018年09月10日 09版）
	环球时报	591.7万	
	手机人民网	86.3万	
	People's Daily	54.8万	
	环球时报英文版	21.5万	
新华社	新华社	1.64亿	3.1亿（截至2019年1月）
	新华网	1,607万	2000万以上（截至2019年1月）
	中国搜索	856.4万	
	参考消息	247.8万	
	半月谈	100.2万	
	上海证券报	57.4万	
	瞭望智库	63.1万	
	经济参考报	26.8万	
中央广播电视总台	央视影音	3.21亿	6亿+（截至2017年12月，来源：《中国新闻事业发展报告（2017年）》）
	央视新闻	9,130.3万	
	CCTV微视	6,277.7万	
	中国广播	1,221.1万	
	央视财经	1,160.1万	
	China News	1,095.6万	
	央视影音HD	1,027.7万	
	China Radio	493.4万	
	央广新闻	410.2万	
	CGTN	——	391万（截至2017年12月，来源：《中国新闻事业发展报告（2017年）》）
	中央电视台	346.2万	
	央视新闻+	206.7万	
	央广云电台	87.1万	
	中国之声	17.5万	

（二）聚合流量与粉丝，推动媒体平台化

随着媒体生产主体的多元化、传播渠道的多元化，社会进入了“泛媒体”时代，即人人都是内容生产者、一切媒介皆传播。在此背景下，传统主流媒体不得不将内容分发与内容生产并重，着力聚合流量与粉丝，推进媒体的平台化，具体包含两方面：一是将平台开放给第三方，允许其他媒体或机构入驻；二是“借船出海”，入驻第三方平台，利用别人的平台实现内容分发，扩大影响。三大央媒旗下现有“人民号”“现场云”和央视新闻移动网三大内容开放平台，是其抢占移动互联网阵地的重要平台。

“人民号”于2018年6月上线，该聚合平台依托人民日报客户端，为媒体、党政机关、各类机构、企业、优质自媒体和个人提供移动端内容生产和分发全流程服务。上线不到一年，已吸纳入驻媒体7,000余家，平台日均审核推送原创资讯3,500余条。[6] 就平台开放度而言，相比另两家平台重点对机构媒体开放，“人民号”同时邀请了大量头部自媒体入驻，开放度最高。

新华社客户端从2017年起，为政府和媒体设立了“现场云”传播平台，面向用户免费提供智能化工具和平台化服务，采编人员即采即拍即传、即收即审即发，加速了新闻生产数字化升级。目前已吸引超3,000家媒体和党政机构入驻，平均每天发起直播报道379场，已成为全国最大的基于移动直播的短视频在线加工平台，有效服务地方媒体融合发展。

中央广播电视总台旗下央视新闻移动网于2017年2月上线，是以移动直播和短视频为主要内容的融媒体新闻平台，包含一个基于PC端的新闻网站和一个以移动直播为常态产品的“央视新闻+”App。“央视新闻+”App除发布自有优质视频外，还上线UGC功能，开放给实名认证用户上传发布新闻画面，记录突发现场。截至2018年5月，央视新闻移动网矩阵号已入驻312家媒体和机构，后台共收到1.3万条UGC内容投稿。[7]

为了争夺高端内容，BAT和今日头条等纷纷启动平台化战略，斥以巨资推出内容创业计划和平台开放策略，吸引高品质内容生产者，构建起自己的生态圈：如百度的百家号、爱奇艺；阿里系的新浪微博、新浪看点号、优酷、土豆、UC浏览器的大鱼号；腾讯的微信公众号、企鹅号、小程序、腾讯视频、趣头条、快手；今日头条的头条号、抖音、火山小视频、西瓜视频；一点资讯的凤凰号；网易的网易号；搜狐的搜狐号……这些内容聚合平台，为政府、媒体和网民的信息传播提供了免费渠道，也有利于三大央媒“借船出海”，利用好外部传播渠道，获取粉丝与流量。

除多渠道分发传统资讯外，央媒纷纷在第三方平台发力视频内容。人民网与腾

---

6. 黄小希，史竞男，王琦. 守正创新 有“融”乃强——党的十八大以来媒体融合发展成就综述[N]. 新华每日电讯，2019-01-27（1）.

7. 央视网. 央视新闻移动网用户破千万[EB/OL].[2018-05-22]. http://www.cctv.com/2018/05/22/ARTIBVcbrQNjA1RuKZHp80eR180522.shtml.

表5 三大央媒在第三方平台的粉丝状况（单位：万人，2018年12月24日数据）

媒体		阿里系			腾讯系			
		新浪看点号	优酷	UC浏览器大鱼号	腾讯新闻企鹅号	腾讯视频	趣头条	快手
人民日报	人民日报	√	—	—	54.4	10.9	—	96.4
	人民网	√	0.15	7.8	35.7	0.51	30.7	167
新华社	新华社	√	—	—	8	0.47	1.1	85.3
	新华网	—	—	—	7.3	0.63	3.6	—
	新华社现场新闻	—		—	—	—	—	162.5
中央广播电视总台	央视新闻	—	141	0.89	153	20.1	—	—
	央视网新闻	—	396	10.6	35.8	5.5	—	—
	央视网	√	—	3.7	1.3	3.9	—	—
	小央视频	√	1.3	2.3	3.5	3.5	—	31.5
	央视财经	—	—	—	—	—	—	109.5
	央视新闻移动网	—	—	—	—	—	12.1	8.4

续表

媒体		今日头条系				百度系	
		今日头条	抖音号	火山小视频	西瓜视频	百家号	爱奇艺
人民日报	人民日报	130.3	798.3	—	130.3	361	—
	人民网	738.4	496.5	—	738.4	—	—
	人民视频	27.6	—	—	27.6	—	—
	其他	—	—	—	—	—	人民日报“中央厨房”0.47
新华社	新华社	498.9	498.9	—	498.9	167.3	—
	新华网	956.8	956.8	—	956.8	179	—
	新华社客户端	166.8	—	—	166.8	—	—
中央广播电视总台	央视新闻	7386.7	453.4	—	7386.7	404.3	全频道直播
	央视网新闻	—	—	—	—	—	
	央视网	—	292	292	292	—	
	小央视频	—	116.6	—	—	—	
	央视财经	236.6	48.6	236.6	236.6	—	
	央视新闻移动网	251.4	—	251.4	251.4	—	

注：标“—”表示在该平台无落地；“新浪看点号”未显示粉丝数

讯、歌华有线合作，打造了“人民视频”，以短视频内容为主，在腾讯及头条系平台中均崭露头角。新华社在抖音等头条系短视频平台积极发力，表现不俗，“新华网”抖音账号粉丝已于2019年1月率先在主流媒体账号中突破千万。中央广播电视总台则充分利用既有的视频制作优势，秉承“新闻立台”的取向，重点依靠“央视新闻”发布视频资讯。2019年2月，中央广播电视总台与抖音合作，抖音成为央视春晚独家社交媒体传播平台，双方以“春晚官方抖音账号”为阵地，开展春节系列主题活动，助力春晚传播。

5G来临后，移动互联网的场景化、视频化、去中心化的特征将更趋明显。网民接收资讯的场景将极大丰富，网民对优质视频内容的需求将大为提高。当前，传统媒体在移动端可提供的原创视频、聚合视频，产能还严重不足。即使“全员视频”成为记者的基本素养，聚合用户视频也要成为媒体的现实任务。

二、提升中国国际传播力，打造海外社交媒体矩阵

作为央媒，要履行好党的耳目喉舌职责，必须统筹国内国外两个大局，讲好中国故事，传播中国声音。近年来，央媒不断增强国际传播能力建设，开辟新的传播渠道，创新话语体系，面向世界生动展示中国形象、中国力量、中国气派，不断增强外宣的传播力、引导力、影响力和公信力，打造对外宣传的新窗口、新名片、新平台。

2016年以来，三大央媒同步开启了英文客户端建设，完善了对外传播格局。2016年年底，中国国际电视台（CGTN）开播并同步上线CGTN新版客户端。2017年10月，人民日报英文客户端上线。2018年1月，新华社英文客户端上线。至此，三大央媒在对外传播领域的新闻客户端全部配齐。

落地海外社交媒体平台，是三大央媒加强国际传播能力建设方面的另一重要布局。谷歌的Google+、脸书、推特、YouTube、领英、Instagram、Pinterest、VK、LINE等社交媒体平台，成为央媒“出海”的重要窗口，央媒纷纷开设账号，弘扬主旋律，传递正能量，开展国际传播，吸引全球受众，彰显中国气派，体现文化自信。

人民日报开设的“People's Daily”，入驻脸书、推特、YouTube、Instagram、Apple News等五大平台，2017年总阅读量超过50亿。截至2018年4月，“People's Daily”脸书账号粉丝量突破4,350万，粉丝量、活跃度和互动数位居全球报纸媒体第一。[8]

新华社在海外社交媒体平台的“New China”账号，在脸谱、推特、YouTube、Instagram、LINE、VK等六大平台，使用19种语言发稿，总粉丝数突破1亿，主账号发稿量、浏览量、互动量等核心指标跻身世界主流媒体账号第一方阵。[9]

中国国际电视台（CGTN），作为中央广播电视总台近年着力建设的新国际传播机构，在海外社交媒体的布局上同样收效显著。CGTN入驻脸书、推特、YouTube、Instagram、Google Plus、Pinterest、Tumblr，截至2018年12月，其在脸书和推特两平台

8. 朱萧，朱惠悦. 你没看错！人民日报海外社交平台粉丝数全球纸媒第一[EB/OL].[2018-06-04].http://m.haiwainet.cn/middle/3543598/2018/0604/content_31328253_1.html.
9. 同6.

账号的粉丝超过8,323万，脸书账号粉丝量领先BBC News、CNN International、RT和Al Jazeera English等国际主要传播机构账号。CGTN在YouTube平台运营的主账号全球点击量突破3亿次，视频观看总时长达3.7亿分钟，居国内主流媒体首位。[10] 中国国际广播电台近年来持续在海外主流社交平台上建设多语种社交媒体账号，形成的庞大海外社交媒体矩阵，帮助其收获大量粉丝。截至2017年10月，该台43个文种在境外社交媒体开设账号111个，粉丝数超过5,400万。[11] 其中，泰米尔语脸书账号粉丝数120万以上，超越BBC成为海外泰米尔文媒体中粉丝最多的账号；老挝语脸书账号粉丝130万，占老挝总人口的近1/6，超过老挝国家通信社等5个主流媒体脸书粉丝数之和；普什图语社交媒体账号粉丝数占该语言地区移动用户的1/3。[12] 三大央媒的海外社交媒体矩阵已初具规模，在某些领域已有超越国际传统老牌主流媒体之势。当然，要实现海外传播力、影响力持续突破，还需不断深耕适配海外社交媒体平台属性的内容。

表6 三大央媒在海外社交媒体落地情况（单位：万，2019年2月7日数据）

媒体	账号	Facebook粉丝数	Twitter粉丝数	YouTure订阅数	Instagram粉丝数
人民日报	People's Daily, China	5802	531.8	3.19	71.3
新华社	China Xinhua News	5729	1186.7	36	32.5
中央广播电视总台	CCTV	4812	68.9	58	55.2
	CGTN	7445	1171.4	59	140

三、“科技赋能+资本运作”，提升主流媒体综合实力

大数据、云计算、5G、物联网、人工智能等新兴科技一日千里，BAT等科技巨头保持强劲发展势头，媒体生态与竞争格局被不断重塑。面对激烈的市场竞争，主流媒体被迫应战。三大央媒积极整合外部资源，依托自身的政治优势、内容优势、品牌优势、人才优势等，拥抱新兴科技，开展资本运作，不断巩固自身优势。

在新闻传播实践中应用科技前沿技术，新华社一直走在探索前沿。2015年6月，

10. 江和平. 中国国际电视台（CGTN）优兔全球点击量破3亿次[EB/OL].[2017-11-22]. http://www.xinhuanet.com/zgjx/2017-11/22/c_136770768.htm.
11. 戴元初. 日益走近世界舆论场中心的中国力量——2017中国媒体国际传播实践述评[J]. 对外传播，2017，12.
12. 杨骁. 中国国际广播电台多个新媒体平台用户量过亿[EB/OL].[2017-11-22].http://data.chinaxwcb.com/epaper2017/epaper/d6635/d5b/201711/83031.html.

新华网率先布局无人机产业，构建“互联网+新闻无人机”模式组建的国内首个新闻无人机队，在天津滨海新区爆炸、深圳光明滑坡事故、环青海湖自行车赛等众多重大新闻报道中崭露头角。2015年11月，新华社推出自主研发的“快笔小新”机器人写稿系统，成为国内首个使用写稿机器人的媒体机构。2017年年底，新华社发布全球媒体首个人工智能平台“媒体大脑”，生产了第一条MGC（机器生产内容）视频新闻；2018年两会期间，“媒体大脑”升级推出了9期数据可视化视频产品；世界杯其间，“媒体大脑”一个月内生产短视频3.7万条，占国内主要视频平台总量的70%，最快的一条视频生产仅耗时6秒。[13] 依托“媒体大脑”，新华社正在构建以智能技术为基础、以人机协作为特征、以大幅提高生产传播效率为重点的智能化编辑部。2018年11月，新华社推出全球首个合成新闻主播——“AI合成主播”，首开新闻领域实时音视频与AI真人形象合成的先河。“AI合成主播”运用最新人工智能技术，与真人主播具备同等播报能力，可逼真地模仿不同风格主持人的声音、口型。同年12月，拥有一流技术和装备的新华网媒体创意工场投入运行，为新华社打造完备的创意产品孵化体系，布局融媒产业生态圈提供强大技术支撑。

科技改变的不只是新闻生产与信息传播方式，它也为传统媒体创新优化业务体系、管理体系和组织体系提供助力。人民日报自主研发的“中央厨房”即是其中的标杆。2016年2月，“中央厨房”正式上线，强化移动优先、一体发展理念，再造新闻生产流程以适应全媒体环境，成为人民日报在媒体融合发展史上的标杆性探索。同年10月，基于“中央厨房”，人民日报探索启动“融媒体工作室”计划，打破部门藩篱，盘活各方资源，组织跨界生产，全媒新闻生产力、创新力显著提升。截至2019年2月，人民日报共组建有“麻辣财经”“一本政经”“学习大国”“侠客岛”等45个工作室，260多名编辑记者参与其中。[14] 成立两年多来，不少工作室已在各自垂直领域形成专业品牌，为主流新闻信息产品注入新活力。2017年1月，人民日报首次在人工智能领域尝鲜，上线了新媒体平台人工智能机器人“小融”，可与网友作简单互动。2018年6月，人民日报推出移动新媒体聚合平台“人民号”和人民日报“创作大脑”，标志着其在人工智能探索方面实现实质性进展。“人民号”通过算法推荐技术的不断优化，已初步形成了具有主流价值导向的“党媒算法”。“创作大脑”也通过人工智能技术，为人民日报和“人民号”内容创作者实现智能写作、推荐、分发，提升内容生产与传播效率。

13. 央视网. 刘思扬：媒体智能化应着力提升“三大实力”[EB/OL].[2018-09-16]. http://gongyi.cctv.com/2018/09/06/ARTI4zlTq38sFc0s2IppqaoC180906.shtml.

14. 汪晓东. 让党心和民心贴得更紧——写在习近平总书记“2·19”重要讲话发表3周年之际[N].人民日报，2019-02-19（1）.

中央广播电视总台成立后，抢抓5G机遇，为其主业发展赋能。2018年12月，中央广播电视总台与三大运营商和华为公司签署框架协议，联合建设我国首个国家级“5G新媒体平台”，积极开展5G环境下的视频应用和产品创新。同年10月，总台成功开播4K超高清频道，日均播出8小时原创4K节目。“5G网络+4K频道”的新媒体格局，为总台5G网络商用提供重大发展契机。此外，总台成立后提出“台网并重、先网后台”的发展战略，以“大象起舞”的决心迎接数字化、拥抱数字化。在此背景下，“数据中台”在央视网落地，为其组织生产、聚合内容、多屏分发提供支撑。“数据中台”由央视网联合阿里等一流互联网企业建设，是一个集成统一的数据采集、计算、萃取、交换和算法能力的平台，实现内容、平台与用户的准确连接，进而推动内容的精准分发和服务的精准触达。

通过上市、收购、兼并、重组等资本运作手段，补充财力、壮大实力，提升治理水平、实现员工激励，是主流媒体增强综合竞争力的重要手段。中视传媒、人民网、新华网，作为三家央媒旗下的上市公司，是主流媒体参与资本市场竞争的重要力量——尽管和市场化媒体的市值、收入、利润等都还存在着巨大差距。2018年3月，中央网信办和中国证监委共同出台《关于推动资本市场服务网络强国建设的指导意见》，为新型主流媒体打造互联网平台开展融资提供了有利的政策环境。当前，主流媒体的股权结构中，政府绝对控股的比例偏高，资本运作的手段仍显保守。

进军新媒体领域，传统主流媒体存在三大短板：一是资本实力，二是技术手段，三是体制机制。牵手科技巨头，有利于其弥补技术短板，占领新媒体阵地，触达更多受众，有助于主流声音引领网络舆论。三大央媒在做强做大互联网平台的实践中，与BAT等科技巨头的合作不在少数。如“人民号”由百度提供技术支持；“媒体大脑”由新华社与阿里巴巴合资公司新华智云自主研发；中国国际电视总公司与阿里巴巴在云平台、大数据、移动客户端、信息化平台建设等方面进行合作；人民网、腾讯、歌华有线宣布将成立视频合资公司，共同发力直播和短视频领域，人民网持股60%。

表7 三大央媒旗下上市公司主要业绩（单位：亿元）

	上市公司	2017年		2018年前三季度		最新市值（2018.12.21）
		收入	利润	收入	利润	
人民日报	人民网	14（同比-2.2%）	0.9（同比-15.6%）	9.8（同比+7.4%）	0.7（同比+320%）	80.9
新华社	新华网	15（同比+10.4%）	2.8（同比+1.4%）	9.7（同比+7.1%）	1.7（同比+2.1%）	67.7
中央广播电视总台	中视传媒	7（同比+39%）	0.8（同比+165%）	4.9（同比-0.8%）	0.8（同比+16.8%）	32.7

表8 三大央媒在新兴技术领域的主要动作

	时间	主要内容
人民日报	2017年1月	新媒体平台人工智能机器人“小融”上线
	2018年6月	推出移动新媒体聚合平台“人民号”，人民日报“创作大脑”、智慧党建平台
新华社	2015年6月	组建国内首个新闻无人机编队，用于新闻航拍
	2015年11月	推出可以批量编写新闻的写作机器人“快笔小新”
	2017年12月	推出“媒体大脑”（智能媒体生产平台）
	2018年11月	推出AI合成主播
	2018年12月	新华网启动视频化战略；新华网媒体创意工场揭牌
	2019年2月	新华社联合搜狗公司在京发布全新升级的站立式AI合成主播并推出全球首个AI合成女主播
中央广播电视总台	2017年9月	试点“声纹识别技术”，实现电商边看边买
	2017年10月	CGTN融媒中心正式投入运营
	2018年1月	利用人工智能模拟人声为纪录片《创新中国》配音
	2018年7月	与阿里集团共同打造多模态“视频+音频”人工智能剪辑技术“快影”
	2019年2月	中央广播电视总台“全国县级融媒体智慧平台”暨央视网新版全终端1.0正式上线

表9 三大央媒重要的战略合作

	合作对象	时间	主要内容
人民日报	腾讯	2016年6月	在中国媒体融合云平台、多媒体发布厅等领域开展具体合作
	今日头条	2017年4月	在大数据研究及新媒体指数榜单方面进行深度合作
	百度	2018年6月	人民日报将入驻百家号，百家号将为移动传播聚合平台“人民号”提供技术支持
	搜狗	2018年9月	共同构建面向党媒的AI技术赋能平台
新华社	阿里巴巴	2017年4月	共同设立新华智云科技有限公司
	百度	2018年2月	双方将在内容分发、人工智能、搜索等方面展开合作，共同探索全新媒体运营模式
中央广播电视总台	阿里巴巴	2018年4月	在云平台、大数据、移动客户端、信息化平台建设等方面进行合作
	中国移动	2018年7月	在5G技术研发、4K超高清频道建设等六大领域合作
	上海市政府	2018年10月	建立长三角总部和上海总站
	中国移动、中国电信、中国联通、华为公司	2018年12月	5G业务战略合作

表10　三大央媒旗下上市公司的资本运作

	合作对象	时间	主要内容
人民日报 （人民网）	深南资产	2017年4月	出资3,000万元，参与投资设立人民网壹号文化产业股权投资基金
	中国人保	2017年5月	双方共同出资5,000万元组建人民健康网
	铁血网	2017年8月	出资720万元入股铁血网，占铁血网总股本的1.5%
	爱乐帮科技	2017年11月	转让所持有的人民澳客36.67%股权，成交金额 9,931万元
	浦东科创集团	2017年11月	出资1.5亿元参与投资设立人民浦东招银文创产业股权投资基金
	腾讯、歌华有线	2018年3月	合资成立人民视听科技有限公司
新华社 （新华网）	阿里巴巴	2017年4月	新华网、新华新媒文化传播有限公司、中国经济信息社、杭州阿里创业投资有限公司、杭州数问云投资合伙企业共同设立新华智云科技有限公司
	重庆腾亿	2017年9月	转让所持有的中证金牛（北京）投资咨询公司25%股权，成交金额为4,090万元
	上海朴银	2017年12月	出售所持有的北京星程同创信息咨询公司100%股权，成交金额 5,200万元
	自然人	2018年6月	转让所持有的道有道（北京）科技股份公司股份 562.12 万股，总计8,000万元
中央广播电视总台 （中视传媒）	德清朴华	2018年1月	出资5,469万元，参与认购宁波梅山保税港区朴华惠新股权投资合伙企业
	德清朴华	2018年1月	出资1亿元，与德清朴盈共同发起设立朴华融合媒体股权投资合伙企业
	宁波梅山港	2018年11月	出资1亿元，参与投资设立朴盈国视（上海）股权投资基金

本文为国家社会科学基金项目《移动互联网条件下新闻传播发展新趋势研究》（项目编号：14BXW037）成果之一。

Mass Media Panorama in China

传媒风云大事件

下篇

报业变迁

广电变迁

数字媒体发展

数字新闻创新

媒体融合发展

（此篇作者系深圳大学传播学院辜晓进研究团队成员）

一、报业变迁

休停刊加剧，都市类报纸面临大洗牌

□刘洋洁

时间奔流不息，生命是传送带上的甲乙丙丁。一味埋头向前，到头来也许只是一场西西弗斯式的悲剧。有时候，停下来，是为了更好地出发。

——大连《地铁时报》休刊词

在2018年年底的寒潮席卷全国之时，中国的报业也在经历着“不一样”的寒冷。近两年来，传统报纸休刊势头加剧，其中不乏许多报纸“巨头”决绝离去的身影。仅仅在2018年12月28日一天，就有10余家报纸宣布休刊信息。2019年1月1日休停刊的报纸多达11家。

严峻形势逼部分报纸出局

在2018年6月21日发布的《传媒蓝皮书：中国传媒产业发展报告（2018）》[1] 指出，报刊广告和发行继续“双降”，整体市场下滑14.8%，其中报纸广告市场的跌幅更是超过了30%，市场整体规模不足150亿元。

除此之外，新闻纸厂抱团提价，新闻纸价格大幅度上涨，从2016年的每吨4,000元人民币一路攀升，达到2018年的最高每吨6,000元人民币。[2] 更是让原本不景气的传统报业雪上加霜。

1. 腾讯传媒. 2018最全行业观察出炉：《中国传媒产业发展报告》重磅发布. 微信公众号：全媒派.
2. 戴靖，胡线勤. 两会直击丨新闻纸遭遇“纸荒” 徐锦庚代表建议加强新闻纸供应安全保障[EB/OL]. [2018-03-05].http://zgbx.people.com.cn/n1/2018/0305/c415418-29848400.html.

根据中国出版传媒网2018年7月30日发布的《2017年新闻出版产业分析报告》[3]显示，2017年，全国共出版报纸1,884种，较2016年降低0.5%；总印数362.5亿份，降低7.1%；总印张1,076.2亿印张，降低15.1%。可见就2016、2017年来说，报纸出版数虽未有很大波动，但其总印数、总印张依旧呈现较大的下降趋势，报纸出版的缩水情况日益明显。

与此同时，在新媒体的冲击下，用户在阅读习惯上也发生了转变，选择在移动端上获取新闻的用户也越来越多，传统的纸媒当下难以满足用户的需求。据中国互联网络信息中心于2018年8月20日发布的第42次《中国互联网络发展状况统计报告》[4]显示，截止到2018年6月，网络新闻用户规模继续保持平稳增长态势，网络新闻用户达到6.63亿，较2017年12月而言，半年增长率为2.5%，网民使用比例为82.7%。其中，手机网络新闻用户规模达到6.31亿，占手机网民的80.1%，半年增长率为1.9%。

传统报业缺乏技术和资本的支撑，报业人离职频繁，转型与改革变得越发被动，不少报纸不堪重负，选择了停刊与休刊的方式，告别了纸媒的平台。2018年7月1日，中国记者网发布了《关于统计休刊和无法正常出版报刊有关情况的通知》[5]，以便加强今后的管理。据不完全统计，上半年停刊的报刊有20家左右。[6]由此可见，休刊、停刊势头日益加剧。

69家报纸休停刊，多为都市类报纸

笔者根据网上公开的报纸休刊、停刊的信息，统计出了2017年1月1日至2019年1月31日69家报纸的休停刊情况。这只是个不完全统计，详见下下页表1。根据表格进行归纳，可以发现以下规律。

1. 日报停刊比重多于周报。在统计数据中，日报有47家，占比68%，而周报则有22家，占比32%。这与日报出版频率高、投资规模大、成本高、受市场冲击更严重等相关。以重庆时报为例，在经历了P2P爆雷、总编辑被批捕之后，重庆时报员工起诉重庆时报劳动合同纠纷案再次引起轩然大波，报纸惨淡落幕。

3. 2017年新闻出版产业分析报告.中国出版传媒网[EB/OL].[2018-07-30].http://www.cbbr.com.cn/article/123452.html.

4. 中国互联网络信息中心. 第42次《中国互联网络发展状况统计报告》[EB/OL]. http://www.cnnic.cn/hlwfzyj/hlwxzbg/hlwtjbg/201808/P020180820630889299840.pdf.

5. 关于统计休刊和无法正常出版报刊有关情况的通知[EB/OL].[2018-07-20].http://press.gapp.gov.cn/reporter/contents/245/382816.html.

6. 传媒内参. 今年拟出台《报刊质量管理规定》[EB/OL].[2018-11-04].https://www.sohu.com/a/273259365_351788.

2. 以市场化为导向的都市类报纸（指都市报、晚报等）是休刊、停刊的重点区。截至2019年2月底，党报休停刊的只有5家，且多由非市场因素导致，占比7%；行业报5家，占比7%；地铁报4家，占比6%；其余均为都市类报纸，占比80%，且其中不乏知名报纸，如《京华时报》《东方早报》等。以"有法制特色的综合性都市晚报"为定位，秉承"打造一张离你最近的报纸"为理念的《法制晚报》，其在创刊一周年，就已改变了《北京晚报》一家独大的北京晚报报业市场格局，但终难幸免于报业的"寒冬"，2019年1月1日正式休刊，整体转向新媒体领域。除此之外，少许党报的休停刊也需引起注意，除了与报业的大环境有关以外，还有可能受行政区划调整的影响，如2019年1月16日，《莱芜日报》在头版发布《告读者》中表示，因济南莱芜行政区划调整，《莱芜日报》今日出版最后一期，今后订户将收到《济南日报》。

3. 专业类报纸逐渐退出报业市场。如《球迷》《辽宁广播电视报》《伊犁广播电视报》《中国国防军事特刊》《人民公安报·消防周刊》等，这与所处的信息时代分不开，读者想要获取信息的渠道更加多样化，也更加便利。

4. 东部、北部较多。就出版地域看，休停刊报纸主要分布于华东和华北，其中华东地区22家，居首位，占比32%；华北地区18家，占比26%。其他地区有：西北地区8家，占比12%；东北、西南地区各6家，均占比9%；情况较好的是华中地区5家，占比7%，华南地区4家，占比6%……其与地方属性以及覆盖范围有关，当下报社集团着力资源整合，涉及报纸发行单位较多的区域难免受较大影响，如上海报业集团、北京日报报业集团。

总的来看，近两年休刊、停刊主要原因还是新媒体冲击和市场化环境的变化，导致报纸经济不景气。而压死报纸的"最后一根稻草"，则有不同的原因：有的报纸只是单纯因为无法负荷经济问题，只能草草停刊，如《黑龙江晨报》《燕赵都市报（冀中版）》《重庆时报》等；有的报纸则是因为转型突围未果，最终相关业务合并进报业集团，如《京华时报》《楚天金报》等；有的报纸则是因为专业性市场的流失，如《上海译报》《辽宁广播电视报》等；更多的报纸则是顺应报社整合资源、进行供给侧改革的需求，如《东方早报》《汕头都市报》《法制晚报》等。

表1：2017—2019（1月）报纸休停刊情况（不完全统计）

序号	报纸名称	主办单位	出版周期	出版地	类型	创刊时间	休/停刊时间
1	《东方早报》	上海报业集团	日报；4开小版	上海	都市类报纸	2003.07.07	2017.01.01
	备注	原有的新闻报道、舆论引导功能，全部转移到澎湃新闻网。					
2	《贵州商报》	贵州日报社	日报；4开24版	贵州	都市类报纸	1998.01.01	2017.01.01
	备注	改革转型调整					
3	《淮北晨刊》	淮北日报社	日报	安徽	都市类报纸	2003年	2017.01.01
	备注	受媒体环境的影响					
4	《京华时报》	北京日报报业集团	日报；4开48版	北京	都市类报纸	2001.05.28	2017.01.01
	备注	新媒体的冲击和市场化环境变化，亏损严重，突围未果。休刊后保留和发展新媒体业务，转战“京华圈”；全面转型发展新媒体业务，全新App“京华圈”客户端1.0版上线，2017年8月14日，“京华圈”并入北京日报新媒体矩阵。					
5	《九华晨刊》	池州日报社	日报；4开16版	安徽	都市类报纸	2011.01.01	2017.01.01
	备注	受媒体环境的影响					
6	《燕赵都市报（冀中版）》	河北日报报业集团	日报	河北	都市类报纸	2012.03	2017.06.16
	备注	媒体大环境及经营等原因，被曝拖欠基本工资、奖金、稿费等事宜					
7	《临空都市报》	重庆日报报业集团	日报；4开12版	重庆	都市类报纸	2014.07.30	2017.07.28
	备注	创刊后周一至周五出刊，免费赠阅					
8	《新余晚报》	新余日报社	日报	江西	都市类报纸	不详	2017.09.01
	备注	截至2017年8月31日，《新余晚报》共出版了1,390期，该报停刊后，其内容转移到《新余日报》“都市新闻”专版					
9	《楚天金报》	湖北日报传媒集团	日报；4开48版	湖北	都市类报纸	2001.11.18	2017.12.01
	备注	多轮改革，未实现盈利，有关业务并入《楚天都市报》					
10	《海峡生活报》	厦门日报社	周四报	福建	都市类报纸	2001年	2017.12.21
	备注	新媒体冲击					
11	《重庆晨报·永川读本》	重庆日报报业集团	日报	重庆	都市类报纸	2012.11.23	2017.12.22
	备注	为响应重报集团全面深化改革，顺应市场推进媒体融合发展					
12	《赣西晚报》	江西宜春报业集团	日报	江西	都市类报纸	2002年	2018.01.01
	备注	是经国家新闻出版署和省新闻出版局批准的赣西地区唯一一张市民生活报，覆盖人口占全省的五分之一；受网络、新媒体冲击，选择休刊					

续表

序号	报纸名称	主办单位	出版周期	出版地	类型	创刊时间	休/停刊时间
13	《白银晚报》	甘肃白银日报社	日报	甘肃	都市类报纸	2012.12.10	2018.01.01
	备注 2018年与读者相约“白银微报”						
14	《北部湾晨报》	广西钦州日报社	周六报；4开16—32版	广西	都市类报纸	2011.09.16	2018.01.01
	备注 新媒体冲击、产业结构不合理等						
15	《北京娱乐信报》	北京日报报业集团	日报；周一至周五出版，每日16—32版	北京	都市类报纸	1981.01.04	2018.01.01
	备注 面临改革						
16	《渤海早报》	今晚传媒集团	日报	天津	都市类报纸	2008.09.01	2018.01.01
	备注 适应媒体发展新形势，集中力量办好《今晚报》						
17	《采风报》	天津日报报业集团	周五报；4开8版	天津	都市类报纸	1984年	2018.01.01
	备注 是全国最早的为数不多的几家综合性文摘报之一						
18	《晨报周刊》	潇湘晨报社	周一报	湖南	都市类报纸	2007.12.25	2018.01.01
	备注 其前身为《潇湘晨报》周末版。自休刊起，便转为线上运营						
19	《假日100天》	天津日报报业集团	周三报；68版，加长橙色纸	天津	都市类报纸	2001.08.08	2018.01.01
	备注 是天津市第一份时尚消费类周报，全国三大生活类周报之一；应集团整合纸媒要求停刊						
20	《球迷》	天津日报报业集团	周五报；4开	天津	行业报	1985.07.02	2018.01.01
	备注 集团资源整合						
21	《汕头都市报》	汕头经济特区报社	日报；4开彩版，双休日每天16版，其余每天24版	广东	都市类报纸	1999.03.15	2018.01.01
	备注 顺应传媒市场，启动供给侧改革，三报合一；发展新媒体，开发新业态						
22	《汕头特区晚报》	汕头经济特区报社	日报；对开12版	广东	都市类报纸	1986.10.01	2018.01.01
	备注 转型休刊，继续集结于汕头经济特区报社旗下全媒体						
23	《上海译报》	上海远东出版社	周一报；4开16版	上海	行业报	1983年	2018.01.01
	备注 是一份翻译介绍世界各地，特别是欧美的政治、经济、文化信息为主的综合性周报						
24	《台州商报》	台州日报报业传媒集团	日报	浙江	都市类报纸	2001年	2018.01.01
	备注 有关业务并入《台州日报》《台州晚报》等台州日报报业传媒集团所属媒体，台州商报微信公众号、微博继续保留、发展，正常运行						

续表

序号	报纸名称	主办单位	出版周期	出版地	类型	创刊时间	休/停刊时间
25	《皖南晨刊》	宣城日报社	日报	安徽	都市类报纸	1989.10	2018.01.01
	备注	以后在新媒体业务上发力					
26	《皖西日报·大别山晨刊》	皖西日报社	日报	安徽	都市类报纸	2004.01.01	2018.01.01
	备注	与《皖西日报》新闻中心进行合并，人员全部在皖西日报社内部进行调整，部分人员被派遣至《皖西日报》新媒体部门					
27	《无锡商报》	无锡日报报业集团	日报；4开24—32版	江苏	都市类报纸	2007.01.08	2018.01.01
	备注	其整体并入《无锡日报》，不再单独发行					
28	《西部开发报》	贵州日报报业集团	日报；对开16版	贵州	都市类报纸	2000年	2018.01.01
	备注	转型发展再出发，属于贵州日报报业集团改革的一部分					
29	《西凉晚刊》	武威日报社	周四报	甘肃	都市类报纸	2005.01.07	2018.01.01
	备注	融入武威日报社全媒体发展，转型升级为4开彩色大报，与《武威日报》合并发行					
30	《湘潭晚报》	湘潭日报社	日报	湖南	都市类报纸	2000.10.21	2018.01.01
	备注	早在2016年，整个报社就开始实施三媒全媒体运营					
31	《中国广播报》	中央人民广播电台	周二报；8开16版	北京	党报	1955.04.25	2018.01.01
	备注	是中国广播界唯一的一张中央级报纸；休刊启示截止到2018年6月25日，但至今未有复刊消息					
32	《中国国防报军事特刊》	解放军报社	周二报；对开8版	北京	党报	1997.06.17	2018.01.01
	备注	部分内容转入《中国国防报》，以全新的面貌同读者见面					
33	《I时代报》	上海报业集团	日报	上海	地铁报	2003.08.29	2018.01.17
	备注	《I时代报》是由上海报业集团主办的内地第一份免费地铁报，也是目前唯一获得上海地铁官方授权的地铁渠道内免费日报					
34	《西部商报》	甘肃日报报业集团	日报；4开32版	甘肃	都市类报纸	2000.01.01	2018.06.23
	备注	自2015年以来连年亏损，资金状况已严重入不敷出；报社整合都市报资源，整体转型，打造新型主流媒体					
35	《新疆都市报》	新疆日报社	日报；4开48版，最多达128版	新疆	都市类报纸	1998.10.09	2018.07.02
	备注	乌鲁木齐第一张综合性主流都市类报纸，是新疆报业市场第一品牌；如今拥抱变化、主动转型					
36	《辽宁广播电视报》	辽宁广播电视报社	周报	辽宁	党报	1955.12.28	2018.08.26
	备注	全国省级广播电视报创刊最早的报纸之一					

续表

序号	报纸名称	主办单位	出版周期	出版地	类型	创刊时间	休/停刊时间
37	《淮海商报》	淮安日报社	日报； 每周三期	江苏	都市类报纸	1980年1月创刊，经两次更名，2002年1月1日更名创刊为《淮海商报》	2018.08.31
	备注 受市场、管理等因素的影响						
38	《伊犁广播电视报》	伊犁日报社	日报	新疆	都市类报纸	1985年	2018.09.01
	备注 市场、新媒体等因素的冲击						
39	《地铁时报》	大连报业集团	日报；周一至周五出版	辽宁	地铁报	2015.05.22	2018.09.29
	备注 免费阅读，是大连新闻史上具有开创意义的第一份地铁报，被誉为大连市“地铁族”的第一读本、白领生活的深度介入者						
40	《江西商报》	江西省供销社	周五报； 特殊瘦型报	江西	都市类报纸	1995.09.01	2018.11.01–2019.04.30
	备注 曾是江西省发行量很大的本土综合类都市报，采用特殊瘦型报彩色印刷，目标读者是党政机关、从事现代商务活动以及关心商务活动的都市主流人群						
41	《申江服务导报》	解放日报报业集团	周报	上海	都市类报纸	1998.01.01	2018.11.28（21日发休刊声明）
	备注 曾经是上海周报的第一品牌，上海发行量最大的周报，全国三大生活类周报之一，如今准备转战新媒体						
42	《羊城地铁报》	广州日报报业集团	日报；对开，每天至少24版	广东	地铁报	2006.10.01	2018.12.01
	备注 因全面转型工作的需要，中国内地第一份真正意义、具有正式刊号的地铁报，中国第一份纸媒和数字报纸同步推出的城市新锐媒体就此告别读者						
43	《中国工商报》	国家工商行政管理总局	周五报； 每周36版	北京	行业报	1987.07.03	2018.12.25
	备注 伴随市场监管机构改革的步伐，由《中国工商报》更名而来的《中国市场监管报》于2018年12月26日正式创刊						
44	《郴州新报》	郴州广播电视电影局	日报；每周三期，周二、四、五出版	湖南	都市类报纸	1992年创刊，2008年更名	2018.12.28
	备注 并入《郴州日报》，以每周一期的《文明周刊》继续与读者见面						
45	《黄山日报·黄山晨刊》	中共黄山市委	日报	安徽	都市类报纸	2004.12.28	2018.12.28
	备注 转型需要。2018年12月28日15时，黄山日报融媒体正式上线						

续表

序号	报纸名称	主办单位	出版周期	出版地	类型	创刊时间	休/停刊时间
46	《人民公安报·消防周刊》	人民公安报社	日报；每周一、三、五出版	北京	党报	1998.01.07	2018.12.28
	备注 是唯一一张全国性的消防专业报纸						
47	《中国技术市场报》	今晚传媒集团和中国技术市场协会	日报	天津	行业报	1981.06.19	2018.12.28
	备注 主要受众在科研单位、大专院校、科技管理部门和工厂企业，报纸被读者誉为“常年不散的技术交易市场”						
48	《京郊日报》	北京日报社	日报；4开4版	北京	都市类报纸	1980.10.03	2018.12.29
	备注 工作部署需要；首都郊区发行量最大的一张综合性报纸，北京地区唯一一家立足郊区、沟通城乡的媒体。						
49	《安阳晚报》	安阳日报报业集团	日报	河南	都市类报纸	2012.11.08	2018.12.30
	备注 报社整合资源，大力发展融媒体						
50	《北京晨报》	北京日报报业集团	日报；对开大报	北京	都市类报纸	1998.07.20	2018.12.31
	备注 北京第一张都市早报与第一份彩色日报；在未来将与北京其他某报网进行合并，原有员工会被“分流处理”						
51	《北京文摘》	北京日报社	周四报；4开16版	北京	文摘类都市报	2015.10.22	2019.01.01
	备注 休刊后，部分内容会在北京日报客户端呈现						
52	《北方周末报》	内蒙古日报传媒集团	周四报	内蒙古	都市类报纸	2004年9月9日创刊，2007年11月6日更名	2019.01.01
	备注 受新媒体的冲击						
53	《亳州新报》	亳州晚报社	周二、五出版	安徽	都市类报纸	不详	2019.01.01
	备注 资源整合需要						
54	《法制晚报》	北京青年报社	日报	北京	都市类报纸	2004.05.18	2019.01.01
	备注 整体向新媒体领域进军						
55	《赣州晚报》	赣南日报社	周五报；2018年改版	江西	都市类报纸	1994年7月创刊，1999年改为晚报性质	2019.01.01
	备注 并入赣南报业融媒体矩阵						
56	《哈密广播电视报》	哈密日报社	周报；4开32版	新疆	都市类报纸	1985年	2019.01.01
	备注 因市场、管理等多方面因素，《哈密广播电视报》遇到经营困难，为整合报纸资源，加快新媒体建设休刊						

续表

序号	报纸名称	主办单位	出版周期	出版地	类型	创刊时间	休/停刊时间
57	《黑龙江晨报》	黑龙江日报报业集团	日报周一至周五出版	黑龙江	都市类报纸	1992.10.24创刊，1993.01.01正式发行	2019.01.01
	备注 受激烈的市场竞争，我国第一张晨报停刊						
58	《华商晨报》	辽宁省归国华侨联合会	日报；24版，瘦形报	辽宁	都市类报纸	1999.05	2019.01.01
	备注 《华商晨报》被正式更名为《华商新报》，出版时间待定						
59	《辽沈晚报·铁岭版》	辽宁日报传媒集团	日报	辽宁	都市类报纸	2008.03.21	2019.01.01
	备注 停刊后，晚报资源会整体融入《铁岭日报》						
60	《今晨6点》	烟台日报传媒集团	日报	山东	都市类报纸	2003.02.26	2019.01.01
	备注 是山东省内唯一一份跨地发行的地市级都市报。停刊可能是因为网络的冲击、传媒集团内部合并。目前关于人员去向、新媒体是否继续运行等问题，报社还并未做出安排						
61	《新晨报》	大众报业集团	周二报	山东	都市类报纸	2007.01.01	2019.01.01
	备注 业务调整，中止相关经营活动						
62	《新商报》	大连报业集团	日报	辽宁	都市类报纸	2000.01.01	2019.01.01
	备注 停刊后，刊号将用来深耕老龄文化产业，以《老友时代报》（拟用）的新面貌重新与读者见面						
63	《新知讯报》	宁夏日报社	日报	宁夏	都市类报纸	2004.01.06	2019.01.01
	备注 报社资源整合						
64	《伊犁晚报》	伊犁日报报业传媒集团	日报	新疆	都市类报纸	1992.05.28	2019.01.01
	备注 该报人员并入伊犁日报报业传媒集团，与电视台、广播电台、有线电视台几家媒体合并成立新媒体中心						
65	《中国测绘报》	中国测绘宣传中心	周报	北京	行业报	1993.01.01	2019.01.01
	备注 与2018年启动的国务院机构改革有关；是全国唯一的一张测绘行业报						
66	《重庆时报》	重庆市总工会	日报	重庆	都市类报纸	2004.08.25更名	2019.01.01
67	《春城地铁报》	昆明报业传媒集团	日报方形报	云南	地铁报	2012.12.26	2019.01.01
	备注 因全面转型升级工作的需要，开始休刊；是云南首份免费包、地铁内唯一纸媒						

续表

序号	报纸名称	主办单位	出版周期	出版地	类型	创刊时间	休/停刊时间
68	《生活周刊》	上海青年报社	周报	上海	生活类都市报	1925年10月创刊，后休刊；1985年恢复出版	2019.01.01
	备注 为深化青年报社的媒体融合发展工作，《生活周刊》的内容并入《青年报》周日刊出版						
69	《莱芜日报》	莱芜日报社	日报	山东	党报	1988年1月1日创刊，1994年1月增期更名	2019.01.17
	备注 因济南莱芜行政区划调整，自2019年1月17日起，《莱芜日报》订户将收到《济南日报》						

市场化报纸大洗牌

2015年9月，深圳大学传播学院教授辜晓进在《新闻记者》刊文称，中国都市类报纸的“停刊潮或许刚刚开始”。[7]其后几年的报业走势，完全印证了他的预测。

市场化媒体于20世纪80年代末90年代中后期兴起，先后经历“周末报热”“晚报热”以及传媒集团化发展热潮后，由原来依靠行政地位获得发行优势、主要承担新闻宣传使命的“事业单位”模式，转变为基于受众需求的满足而达成宣传效果与实现经济效益的“企业经营”模式。[8]在当时纸媒的“黄金年代”，许多城市纷纷跟随潮流，兴办以市场化为导向的各类都市报，“一城多报，相互竞争”的局面逐渐形成。

但在新媒体冲击、新闻业多元化、经济不够景气的环境中，当初一哄而上的都市类报纸作为市场化依赖度较高的传统媒体，也遭受了最大的挑战。辜晓进曾归纳“都市报经济衰退的三大原因”：“体量大，易受伤；基数高，跌幅剧；数量多，同质化”。[9]就同质化而言，以湖北日报传媒集团旗下的《楚天都市报》和《楚天金报》为例，创刊于2001年11月18日的《楚天金报》起初也是一家都市类的报纸，但因湖北市场中《楚天都市报》所占市场份额较大，迫于压力，《楚天金报》于2013年1月7日主动改版转型为财经类媒体，可惜的是，《楚天金报》的多次改革，虽令情况有所

7. 辜晓进.中国都市类报纸的困境与出路[J].新闻记者，2015（09）：12-17.
8. 张志安，汤敏.专业媒体的格局变迁与业态重塑[J].新闻与写作，2018（05）：62-67.
9. 辜晓进.中国都市类报纸的困境与出路[J].新闻记者，2015（09）：12-17.

改善，但依旧未实现较大的盈利，其于2017年12月1日停刊，有关业务并入《楚天都市报》。

不仅如此，近两年新闻纸价暴涨、广告与发行巨幅下滑，对于依靠广告与发行赚钱、盈利模式较为单一的市场化报纸来说，日子会越发的困难，如何控制成本、降低成本，成为许多市场化报纸的首要问题。纵观其解决方法，大部分采取缩短出版周期、停办周末版，如《赣南晚报》就在2018年初进行改版，将晚报改为周刊，每周五出报的形式，但尽管这样，它依旧没有躲过停刊的命运，停刊后的它会把业务转向《赣南日报》报业融媒体。

有研究就曾表明，都市报的相继停刊，既因为盈利模式相对单一、新型收入探索艰难，也因为网络上免费海量信息对用户的吸引和对都市报带来的巨大冲击。[10] 近年来，各地党委机关报不同程度得到政府的支持（包括财政扶持和政府广告的支持），也相对缩小了都市类报纸的规模。

资源整合，优化布局

辜晓进提到："展望全球发达国家和地区的报业市场，一座城市容纳多家日报的情况已较为少见（伦敦、东京、纽约、香港等大都市除外），目前还在进一步减少中……中国是后发国家，一城多报是必须经历的历史阶段，但现在已到了整合的时候。"[11] 中国人民大学新闻学院副教授唐铮在接受采访时也说："市场既不需要这么多报纸，也不需要这么多新媒体。"[12]

如今，有部分报纸采用"去纸转型"的方式，拥抱新媒体。原法制晚报社社长王林认为，去纸转型要"固化存量，培养增量，用增量盘活存量"。[13] 即巩固原有结构，维持原有媒体的正常运营，同时在全新体制基础上，引入资本运营，建立新媒体，从而吸引优秀人才，达到互惠互利的作用，从而完成传统媒体的转型。

现在包括上海报业集团在内的一些以党报为龙头的报业集团，采取主动关停报纸的做法，也出于资源整合和向新媒体倾斜的考虑。部分报纸在进行融合发展时，一般分两步走：其一是整合报社里的报纸资源，采用改版、休停刊、重组等方式；其二就是全力打造报社融媒体平台，拥抱新媒体。这种做法有利于报社集团资源的合理分配

10. 张志安，汤敏.专业媒体的格局变迁与业态重塑[J].新闻与写作，2018（05）：62-67.
11. 辜晓进.中国都市类报纸的困境与出路[J].新闻记者，2015（09）：12-17.
12. 刘娟.一大波都市报去纸转型，这些重点你必须要清楚.[EB/OL].微信公众号：传媒茶话会.https://mp.weixin.qq.com/s/4DcfWGZ4i9_21TF5CXEfXQ.
13. 同12.

和利用，取长补短。如汕头经济特区报社启动报业供给侧结构性改革，重新构建媒体新格局，将《汕头都市报》《汕头特区晚报》进行休刊转型，而《汕头日报》则会融合这三报的优质内容和元素，重新出发。

不难看出，面对当下的情况，报业转型应注意：1. 优化报社布局发展，将纸媒与数字端口有效对接；2. 通过报业供给侧结构性改革优化新闻生产；3. 坚持“移动优先”“数字优先”，同时要打造自身特点，增加客户黏性。

不管怎样，报业转型前路漫漫，但也不缺“探路者”一直地勇敢前行。就如《新商报》的休刊词说的：“一杯敬明天，一杯敬过往，时间不肯回头，只因希望总在前方。”

报业广告跌势趋稳，部分党报逆势增长

□刘洋洁

2017年的报纸广告仍然没有摆脱大幅下降的趋势，但5年来首次出现了降幅收窄的局面。全国绝大多数省市党报的广告收入出现稳中有升的局面。[1]

——中国广告协会报刊分会主任梁勤俭

回顾2016年，中国报业经营一方面受互联网等新媒体快速发展的冲击，另一方面受全国市场经济整体低迷的影响，呈现加速下滑的局面。

根据CTR媒介智讯的数据，自2012年首次出现下降以来，报纸广告收入就一直处于加速下滑的趋势。2012年同比下降7.3%，2013年同比下降8.1%，2014年同比下降18.3%，2015年同比下降35.4%，2016年更是同比下降38.7%。具体到报纸广告投放前，五大行业均大量减少在报纸上的广告投放花费。报纸广告收入的连年下滑，直接导致报社单位或报业集团的“大失血”。与此同时，根据中国报业协会的数据，2016年全国报纸总印量为958亿张，同比下降16.33%；新闻纸用量为215万吨，同比下降16.34%，两者的下滑幅度均为历年之最。[2]

那如今经过两年的适应，中国报业经济状况是否有所好转，呈现什么特点呢？这是本文重点关注的问题。

报业广告跌势放缓

有关数据显示，2017年报纸广告尽管没有摆脱大幅下降的趋势，但是自2012年出

1. 梁勤俭.在学习中求生存谋拓展——2017年全国报业经营形势回望[J].新闻战线，2018（01）：21-22.
2. 王军.报业转型已初见曙光——2016年中国报业年度报告[J].中国报业，2017（09）：18-21.

现下降以来，首次出现了降幅收窄的态势。

2017年前11个月，传统媒体广告市场虽然在持续下降，但降幅不断趋缓，从一季度下降6.7%，已经减缓到1—11月的0.6%。其中，我国报纸广告市场的数值为下降31%，降幅与上一年同期相比大幅度收窄至少8个百分点。[3]

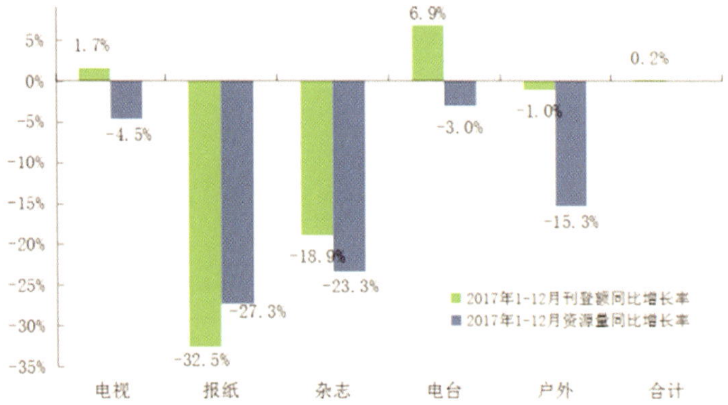

图1 2017年传统媒体广告市场增长率

来源：http://www.sohu.com/a/223544849_269536

这与随后CTR媒介智讯和中广协报刊分会发布的《2017年1—12月报纸主要行业广告趋势》报告不谋而合。报告指出，传统媒体广告市场终于在2017年年末收官时“由负转正”，实现了增长，虽然增幅仅有0.2%，甚至可以说是持平，但表明了传统媒体广告市场在向趋稳的方向发展。[4] 同时，2017年1—12月的报纸广告市场下降了32.5%，降幅大致已经稳定。[5] 由此可以看出，就目前的形势而言，报纸广告仍旧呈现下降的趋势，但速度逐渐放缓，且不会出现见底的现象。

而在2018年1—3月份的统计中，传统媒体广告市场增长了14.2%，呈现了整体利好的态势，虽然不同的媒体，其广告升降仍有所不同。

值得注意的是，2018年3月的报纸广告尽管同比降幅为34.5%，处于较高地位，但环比大增至98.1%；整体上2018年第一季度报纸广告降幅收窄至27.5%。这是三年来报纸广告降幅首次低于30%，反映出报纸广告市场下降趋势有所缓解。[6]

3. 齐作权. 聚合党报优质资源 提供社会化综合服务[N]. 中国新闻出版广电报，2018-09-03（004）.
4. 中广协报刊分会. 独家 | 党报广告一马当先[EB/OL].[2018-02-22]. http://www.sohu.com/a/223544849_269536.
5. 2018报刊广告降幅或趋稳[J].新闻知识，2018（03）：49.
6. 中广协报刊分会. 独家 | 党报广告一马当先[EB/OL].[2018-02-22]. http://www.sohu.com/a/223544849_269536.

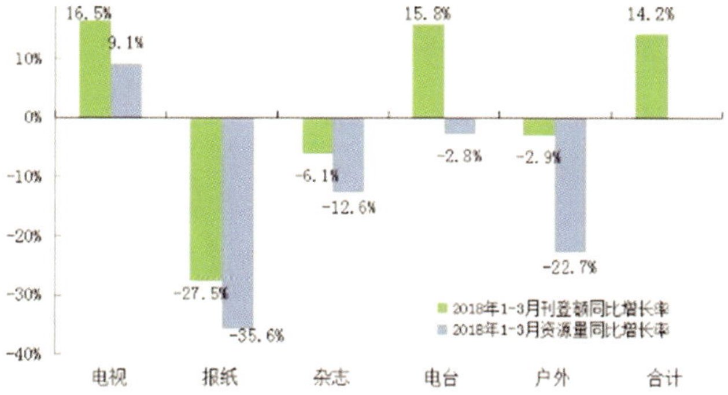

图2 2018年1—3月传统媒体广告市场增长率

来源：http://www.sohu.com/a/223544849_269536

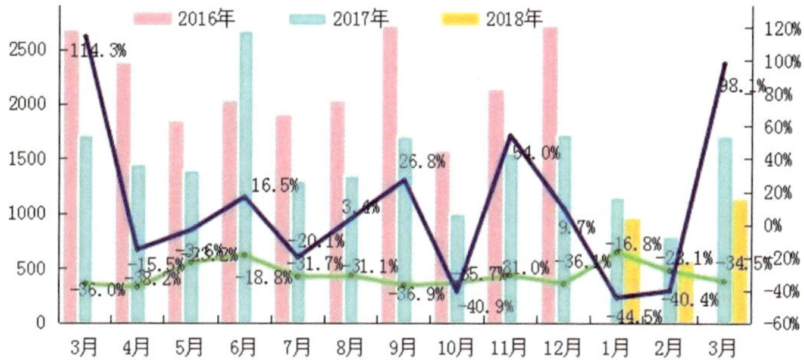

图3 2016—2018年第一季度报纸广告月度趋势（单位：亿）

来源：http://www.sohu.com/a/223544849_269536

截止到2018年6月，2018年上半年的广告市场降幅为30.6%，整体呈现前低后高的趋势。与此同时，6月份报纸环比只微增了0.6%，与3月份的数据大相径庭。

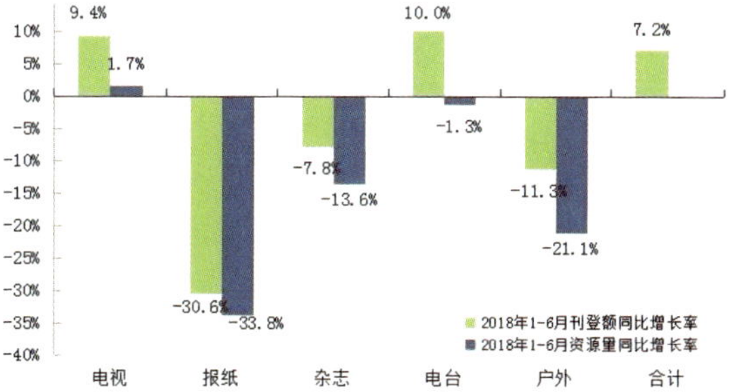

图4 2018年1—6月传统媒体广告市场增长率

来源：http://www.sohu.com/a/247359510_269536

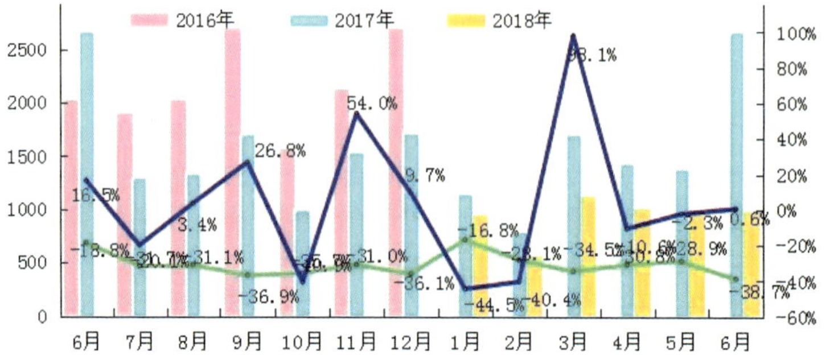

图5 2016—2018前六个月报纸广告月度趋势（单位：亿）

来源：http://www.sohu.com/a/247359510_269536

2018年7月27日，国家新闻出版广电总局发布《2017年新闻出版产业分析报告》。报告中显示，报纸出版实现营业收入578.3亿元，与2016年基本持平；利润总额37.5亿元，增长24.6%。[7] 一个有趣的现象，在报纸业务下滑的趋势下，报纸的利润却有所增长。

为此，《中国新闻出版广电报》记者采访了原国家新闻出版广电总局规划发展司负责人，“经过对数据进行分析，报纸出版利润总额较上年增加7.4亿元，主要受以下因素拉动：首先是证券类报纸利润大幅增长，受当年上市公司信息披露业务增加及规范业务管理与会计核算影响，证券类报纸利润总额增加超过4亿元，大幅增长63.4%；其次，报纸出版单位的各类政策性补贴收入有所增加，以及部分报纸停刊止损、限产减亏，取得一定成效；此外，部分报纸出版单位账目调整和投资等原因也导致收益有所增长”。[8]

部分党报逆势起暖

在上述的大环境中，2016年、2017年全国绝大多数省报也出现逆势增长的现象。如《南方日报》2017年发行量逆势增长3.6%，创下三年连续增长数额最高值。[9] 而据

7.《2017年新闻出版产业分析报告》发布 新闻出版产业规模效益稳步提升[J] .中国报业，2018（15）：32-35.

8. 报业转型. 全国报刊利润2017年大增24.6%，很多人不信，来看权威解读[EB/OL].[2018-08-03]. http://www.sohu.com/a/245116105_654813.

9. 刘竞宇. 喜讯！南方日报2017发行量逆势增长3.6%[EB/OL].[2017-01-04].http://news.southcn.com/gd/content/2017-01-04/content_163017097.htm.

CTR媒介智讯和中广协报刊分会提供的数据，2017年1—12月，人民日报的广告收入增长了15.5%，也首次进入报纸广告前20强。[10]

《2017中国报业发展报告》中有对党报广告收入更为详细的记录，遂将其摘录如下：

《河南日报》2017年广告收入突破1.57亿元，同比增长20.5%，创历史新高，而2016年为同比增长14.53%；2017年《南方日报》广告收入突破4亿元；《新华日报》广告纯利1.23亿元；《大众日报》利润同比增长20%，收入和利润均创新高；《四川日报》2016年的广告结构中，版面广告只占68%，新媒体广告收入达到28%。《温州日报》总营收就达1.1亿元……[11]

该研究同时指出：

在党报的广告营收中，主要来自各级部委办局投放的形象广告、专刊专版，这部分营收通常占到各党报总广告营收的50%以上，浙江日报政务类整体广告占比达66%，有很多党报甚至占到70%以上。[12]

这与CTR和中广协报刊分会发布的2017年报纸主要行业广告趋势差别较大。这可能与市场上都市报比重大、党报比重小有关。

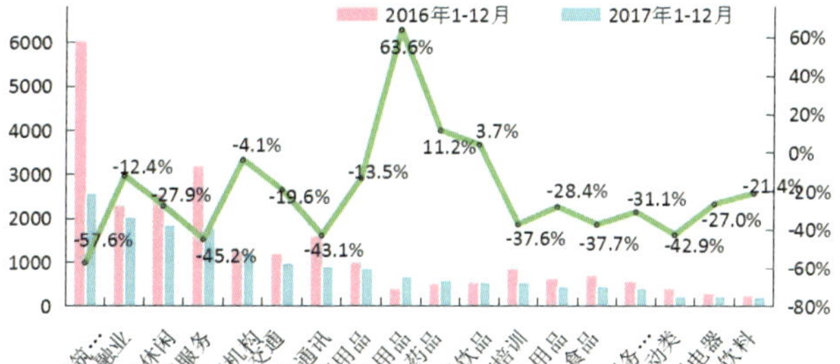

图6 2017年1—12月报纸主要行业的广告趋势（单位：亿）

来源：http://www.sohu.com/a/223544849_269536

由上图我们可以看到，2017年，报纸广告大部分行业仍呈大幅下降趋势，但工业用品、药品广告等行业却保持着强劲的增长势头。其中，房地产降低了近57.6%，虽

10. 中广协报刊分会. 独家 | 党报广告一马当先[EB/OL].[2018-02-22].http://www.sohu.com/a/223544849_269536.
11. 陈国权.2017中国报业发展报告[J].编辑之友，2018（02）：28-36.
12. 同11.

绝对值仍居于报纸广告行业第一的位置，但也是报纸广告下降最多的行业。而金融业下降了12.4%，绝对值却上升至报纸广告行业第二的位置。从报纸广告行业占比逐年下降可以看出，随着房地产、零售服务、邮电通信等行业的不景气，原先报纸广告的支柱行业很有可能会给报纸广告带来无法避免的下滑。但从另一方面而言，其他行业的兴起，也为报纸广告带来了新的生机。

综上，就目前的报业发展态势而言，报业广告跌势放缓，部分党报却“起暖回春”。

多方作用，居安思危

针对此现象，许多学者和业界专家也进行了研讨，多数人均认为报业经营必须打破对广告的片面依赖，顺应新媒体环境，多方面合力、多元化经营，方为上策。而就今后的发展态势而言，笔者认为，若非出现重大事件推动，报业广告降幅将继续趋于稳定，但传统报业的寒冬仍未过去。其依据大体可以归结为以下几个方面：

1. 中央和各地政府对主流报纸的财政补贴和相关政策。如深圳市委、市政府连续6年给予深圳报业集团1亿元现金，用于支持新媒体发展；河北省各级财政资助各级媒体，其中重点包括支持当地的党报党刊；山东省济南市政府安排并拨付1,100万元对济南广播电视台、济南日报报业集团的6个媒体融合项目进行了扶持；广西财政厅为支持《广西日报》的发展，自2018年起到2020年，自治区本级财政每年将给予1,000万元的定额补助经费。除此之外，国家高度重视党报党刊发行工作，各地各部门积极落实党报党刊订阅要求，保障订阅经费，保证党报党刊的覆盖面和影响力。这对于报业的发展可谓重大利好，但这也需要报业集团加强自身的实力，一味地依靠政府扶持，并不是长久之计。

2. 党报提价。复旦大学新闻学院李良荣教授认为，党报的经营要从广告收入为主转向发行收入为主，提高报价。[13] 纵观近两年，党报纷纷提价，其发行利润成为报社重要的利润来源，如《青海日报》将订阅价提升为588元/年，《北京日报》将订阅价提升为540元/年，《解放日报》将订阅价提升为432元/年，等等。结合我国国情，党报大多依靠国家党政机关和事业单位公费订报，拥有稳定的用户市场，所以较之都市报而言，其提价并不太需要瞻前顾后。

3. 坚持“数字优先”战略，重视媒介融合发展，做好“媒体+”。在利用自身平

13. 李良荣.党报的历史命运和当代使命[J].传媒, 2017（14）：24-26.

台优势、资源优势的基础上，注重新闻网、客户端的建设。其中英国主流日报《卫报》的数字化转型进程值得借鉴，该报率先推出客户端及报纸官网，同时将新闻内容放在各个平台进行推广，挖掘用户的分享行为等等。至2013年5月（实施数字优先战略近2年），其月独立访客数已高达8,100万，且其中三分之二来自英国以外的国家和地区，彰显数字平台强大的吸引能力。[14] 借鉴国外经验，适应时代发展的需要，我国不少报业也在积极落实“数字优先”战略，如上海报业集团的“澎湃新闻”等。报业健全自身全媒体传播体系，优先生产优质的数字新闻产品，注重内容生产、流程优化、资源共享、全网传播，有利于探索新的经营模式，为报业发展带来新机会。如人民日报的“中央厨房”，不仅服务于人民日报旗下的各个媒体，更是为整个媒体行业搭建了一个支撑优质内容生产的公共平台，聚拢各方资源，形成融合发展合力；中国青年报在2017年全国两会召开之际，投入使用“融媒小厨”，构建了该报在全媒体内容制作、分发传播、整合运营的机制平台，是全媒体品牌拓展的创新服务等。

4. 多元创收。如今不少报业建立全媒体中心，拓宽报业的营销渠道，如互动营销、内容营销等，吸引广告主注意，增加收入；除此之外，还有的报业集团不再单纯依靠广告，而是扩张自身的产业链，并通过不同渠道的营收反哺媒体运营。如：利用自身的品牌优势，承接相关的活动，赚取经费。有关数据指出，《天津日报》《浙江日报》《南方日报》《河南日报》《四川日报》《湖北日报》《新华日报》等，活动营收占比已经超越了总体收入的50%以上，《四川日报》单一线下活动收入已达到800万元。[15]

虽然就目前的形势而言，报业的经营发展仍有不少有利条件，但形势依旧严峻。首先，报业现在正处于媒介融合的尝试期，如何跻身于人民首选媒体依旧是一段漫长的路；其次，受技术层面的制约，报业的创新发展始终受限；再者，人员的变动与流失，也是该行业不稳定的因素之一。

纵观报业经营发展，可以发现，相较于都市报，党报还是具有一定的优势、相对安全的生存空间，但大环境使然，若是“安于现状”，早晚有一天还是会面临休停刊的局面。因此，各类报纸均要有忧患意识，居安思危，立足于融合转型的实践中，聚合优势资源，多元发展，打造报业的品牌价值，以期找到适合自身发展的融合之路、转型之路。

14. 辜晓进.数字优先的报业转型逻辑[J].现代传播（中国传媒大学学报），2017，39（01）：74-79.
15. 陈国权.2017中国报业发展报告[J].编辑之友，2018（02）：28-36.

政府财政补贴推动主流报纸转型

□刘洋洁

财政支持是“雪中送炭”，虽然减轻了报纸的经济压力，但绝不是为了养活报纸，而是为了巩固主流媒体舆论主阵地。下一步的目标还是应该致力于提高扶持效果与效率，让扶持真正发挥作用。[1]

——陈国权《2017中国报业发展报告》

近年来，随着报纸期刊单位对数字出版转型重视程度和认识深度的不断提高，转型升级步伐逐渐加快，转型升级思路日益清晰，转型升级路径渐趋明确，并取得初步阶段性成效：主流媒体阵地大大拓展，数字化新内容生产能力、传播能力显著提升，数字出版业务与传统出版业务优势互补、互为助力、此长彼长的态势日益凸显。[2]

而这些实现的前提是，报纸有一定的经济基础去实现它。毕竟无论是“中央厨房”的发展模式，还是融媒产品的建设，亦或是应用新技术打造新平台，都离不开资金的支持。

除此之外，较之2015、2016年报业的“断崖式”下降，以及近两年都市报休停刊势头加剧，党报却呈现“逆势上扬”的态势。这一方面得益于其积极探索、积极转型，另一方面则与他们的背景、政策红利、发行渠道等密不可分。近年来，国家和地

1. 梁勤俭.在学习中求生存谋拓展——2017年全国报业经营形势回望[J].新闻战线，2018（01）：21-22.
2. 王军.报业转型已初见曙光——2016年中国报业年度报告[J].中国报业，2017（09）：18-21.

方党委政府加强了对主流报纸的支持力度。

中央总体部署

2014年8月18日，中央全面深化改革领导小组第四次会议审议通过了《关于推动传统媒体和新兴媒体融合发展的指导意见》，[3] 媒介融合自此上升为国家战略。中央财政随即下拨了中央补助地方文化体育与传媒事业发展专项基金23.6亿元，中宣部为此也设置了各项专项资金，鼓励传统媒体和新兴媒体的融合发展。

2015年，中央网信办副主任、国信办副主任徐麟在2015媒体融合发展论坛开幕式上提到，要将“媒体融合专项工程”纳入“十三五”时期网络文化改革发展规划纲要；要推动多媒体、多层级、多语种等的融合发展；要积极协调政府、社会和企业加大资金投入，依托中国互联网发展基金会等对媒体融合发展给予大力的支持；同时也要通过在新闻网站核发新闻记者证，开展从业人员教育培训等措施，不断加强人才队伍建设，努力打造新媒体领域的国家队和主力军。[4]

2016年，中央财政安排国有资本经营预算资金11.53亿元，支持54户中央文化企业联合重组和促进传统产业转型升级。其中特别提出，要推动出版发行、影视制作、文艺演出等传统产业转型升级，催生新兴文化业态，实现传统出版和新兴出版在内容、技术应用、平台终端等方面共享融通，进行拥有自主知识产权、有利于产业结构调整或升级的关键技术研发，与新兴媒体融合发展。

近些年，中央财政部门也通过多种举措支持媒体的融合发展，如通过税收优惠政策，加大税收扶持力度、贷款贴息、项目补贴、补充资本金等方式，为主流媒体的发展保驾护航。

而在2017年2月，中央全面深化改革领导小组第三十二次会议也通过了《关于深化中央主要新闻单位采编播管岗位人事管理制度改革的试行意见》等12个文件，其目的是增强新闻舆论工作队伍事业心、归属感、忠诚度，为事业长远健康发展提供坚实有力的人才支撑。

各级政府加大力度

与此同时，为顺应中央发展要求，在地方上，各地政府加大了对媒体转型的财政

3. 推动传统媒体和新兴媒体融合发展指导意见审议通过[EB/OL].[2014-08-21].http://culture.people.com.cn/n/2014/0821/c172318-25511854.html.

4. 陈芳. 中央网信办副主任徐麟：六大举措支持媒体融合发展[EB/OL].[2015-08-19].http://news.ifeng.com/a/20150819/44465996_0.shtml.

扶持力度，各级各类传统媒体也都在进行媒体融合的探索。在2016年12月，河北省委办公厅、省政府办公厅下发的《关于加强对各级新闻媒体财政支持的通知》，提出在精准测算的基础上，2017年在河北省率先实现对各级新闻媒体的财政支持全覆盖，按照采编经营两分开的原则，将用于公益性职能的和可纳入公共文化服务体系的采编、发行、印刷、设备购置、媒体融合发展和重点网站建设等的经费纳入财政预算，切实做好对各级新闻媒体的财政保障，推动新闻单位加快改革发展。[5] 可以看出，政府对于主流媒体的扶持将成为常态，覆盖范围也逐年增大。

表1是笔者根据网上现有的公开资料整理而得，可以发现扶持手段大致分为三种情况：直接拨款、出资征订、多重政策并举。

表1 各级部门财政补贴主流报纸（不完全统计）

序号	时间	涉及对象	涉及单位	补贴力度	备注
1	2008年	《吉林日报》	吉林省委宣传部	从2008年开始，《吉林日报》的发行在全国第一个实现由财政列支征订	在2008年度党报党刊发行工作中，吉林省委宣传部把《人民日报》《吉林日报》和《求是》杂志作为公共文化产品，由财政经费和党费统一订购，按规定范围发放到相关部门、单位和基层党组织
2	2012 年至 2016 年；2017年延续设立	《福建日报》《东南卫视》东南网“新福建”新闻客户端	福建省政府	1. 从2012年至2016年，省财政每年安排省文化产业专项资金1 亿元； 2. 2017年，经省政府同意，省级财政延续设立省文化产业发展专项资金。重点支持包括“一报一台一网（端）工程”在内的重点项目；	2012 年2月出台的《关于进一步推动福建省文化产业发展若干政策》第三十四条：“增加对文化产业的财政投入。从2012 年至2016 年，省财政每年安排省文化产业专项资金1亿元。设立市县财政文化产业专项资金。支持企业申报中央文化产业发展

5. 河北财政支持新闻媒体[J].中国报业，2017（03）：85.

续表

序号	时间	涉及对象	涉及单位	补贴力度	备注
				3."一报一台一网（端）"工程建设，推进福建日报、东南卫视、东南网和"新福建"新闻客户端的一体化运行	专项资金等国家资金资助项目。"2017年，经省政府同意，省级财政延续设立省文化产业发展专项资金。重点支持文化体制改革、传统媒体与新媒体融合、内容产业发展、文化产业融合发展、国有文化企业并购重组、文化产业投融资体系建设、文化对外贸易、"一报一台一网（端）工程""红色文化保护传承弘扬工程"等方面重点项目
3	阶段一：2013年到2015年；阶段二：2016年至今	《南方日报》《羊城晚报》	广东省委省政府	给予《南方日报》7,000万元、《羊城晚报》5,000万元扶持	早在2013年到2015年，广东省委省政府就每年以拿出1.5亿元现金扶持，给予《南方日报》7,000万元、《羊城晚报》5,000万元、广东电视台3,000万元；2016年扶持金额增加到每年2亿元现金
4	2014年	上海报业集团	上海市委市政府、市财政局	1. 2014年起上海市委市政府每年分别给予《解放日报》和《文汇报》5,000万元补贴，合计1亿元； 2. 同年，上海市财政局出资购买10万份《上海观察》的电子版，再免费分发给相关人员；	无

续表

序号	时间	涉及对象	涉及单位	补贴力度	备注
				3. 2016年年底，上海市政府组织6家国有独资或全资企业对澎湃新闻网运营主体——上海东方报业有限公司战略入股，增资总额为6.1亿元	
5	2014年1月1日	《内蒙古日报》	内蒙古自治区财政厅	从2014年1月1日开始，对《内蒙古日报》实行了以公共财政支持公共文化产品的订阅模式	使《内蒙古日报》发行量增加到23万份；除此之外，鄂尔多斯市、乌海市、阿拉善盟的党报目前也已经实现了财政全部买单
6	2015年	深圳报业集团	深圳市委市政府	从2015年起，深圳市将连续6年每年给予深圳报业集团1亿元财政资助，用于媒体融合和主业转型	2016年8月，深圳报业集团社长陈寅在“2016媒体融合发展论坛”上表示，为支持深圳报业集团主业转型和媒体融合，深圳市决定连续6年每年给予该集团1亿元财政资助，目前，2015年度各1亿元、2016年上半年各5,000万元资金已完成划拨
7	2016年12月24日	《广州日报》	广州市财政局	安排3.5亿元支持党报媒体发展资金，专项用于《广州日报》的印刷、发行和支出，项目承担单位为广报经营公司	《广州市财政局关于下达支持党报媒体发展资金的通知》（穗财密教〔2016〕126号）：“现安排3.5亿元支持党报媒体发展资金，专项用于《广州日报》的印刷、发行支出，项目承担单位广报经营公司。上述资金于年底前直接支付到项目承担单位广州日报报业经营有限公司”

续表

序号	时间	涉及对象	涉及单位	补贴力度	备注
8	2017年	河北各级新闻媒体	河北省委办公厅、省政府办公厅	河北省出台相关政策要求各级财政资助各级媒体，其中重点包括支持当地的党报党刊	2016年12月8日下午，廊坊市委常委会专题学习省委办公厅、省政府办公厅近日下发的《关于加强对各级新闻媒体财政支持的通知》，研究部署落实措施。会议决定，认真落实省委、省政府要求，在精确测算的基础上，2017年在全省率先实现对各级新闻媒体的财政支持全覆盖，切实做好对各级新闻媒体的财政保障，推动新闻单位加快改革发展
9	2017年	济南日报报业集团	山东省济南市政府办公厅	1. 根据《暂行办法》（见右栏）与评审意见，安排并拨付资金1,100万元对济南广播电视台、济南出版有限责任公司、济南日报报业集团的6个媒体融合项目进行了扶持； 2. 山东等地区对传媒单位的划拨地以转增注册资本金的方式转变为商业用地，这能够在很大程度上提高传媒单位的资本实力	根据山东省济南市政府办公厅2017年发布《关于推进传统媒体和新兴媒体融合发展的实施意见》，市财政积极筹措资金，设立媒体融合发展专项扶持资金，“十三五”时期拟每年安排2,000万元，连续投入五年，专门用于扶持媒体融合发展重点项目。为进一步加强资金管理，山东省会同济南市委宣传部制定了《济南市媒体融合发展专项资金管理暂行办法》

续表

序号	时间	涉及对象	涉及单位	补贴力度	备注
10	2018年	广西日报社	广西财政厅	为支持自治区党委机关报《广西日报》的发展，冲抵成本上升所带来的影响，2018年至2020年，自治区本级财政每年将给予1,000万元定额补助经费。2018年已下达1,000万元，其中200万元用于《广西日报》对特定对象的赠阅补助	广西财政厅发布题为《广西财政大力支持区直主要新闻媒体单位发展》的文章，2018年年初部门预算一是安排广西电视台3,800万元，安排广西人民广播电台2,800万元；二是通过定额补助200万元支持广西日报社发展；三是积极筹措3,300万元支持推进广西壮族自治区媒体融合发展；四是积极筹措6,000万元支持广西卫视全国覆盖；合计1.1亿元
11	不详	重庆日报社	重庆市委市政府	1. 重庆市委市政府每年给予重庆日报社财政拨款1亿元； 2. 重庆市由重庆市财政局出资购买10万份《重庆日报》免费发给相关人员； 3. 重庆市委市政府对重庆日报报业集团的营业税、增值税、所得税等所有税收采取先征后返的方式进行全部返还	无
12	不详	珠海特区报社	珠海市委市政府	每年给珠海特区报社3,000万元资金支持	无
13	不详	湘潭日报社	湘潭市财政局	湘潭市财政每年给湘潭日报社补贴1,000万元	无

第一种，直接拨款是大多数政府都会采取的财政补贴方式。它除了有利于解决主流报纸的营收困境，同时有利于主流报纸顺应时代，找寻适合媒体自身的发展道路。如深圳市委市政府将连续6年给予深圳报业集团每年1亿的政策性专项扶持资金；广西财政厅定额200万元用于对广西日报社的发展；珠海市委市政府每年给珠海特区报社3,000万元资金支持等。

第二种，政府出资征订主流报纸，不仅有利于增加报纸的收入，同时有利于扩大报纸舆论导向的影响力，切实发挥党报作为“喉舌”的作用。如2014年在内蒙古自治区党委、政府的大力支持下，自治区财政以公共文化产品的形式，购买《内蒙古日报》（蒙、汉文报）23万份，其中蒙文报3万份，汉文报20万份。[6] 截至目前，鄂尔多斯市、乌海市、阿拉善盟等地的党报目前也已经实现了财政全部买单。

值得一提的是，其实早在2008年，吉林省就开始实施党报党刊发行体制改革，吉林省委宣传部把《人民日报》《吉林日报》和《求是》杂志作为公共文化产品，由财政经费和党费统一订购，按规定范围发放到相关部门、单位和基层党组织。[7] 这也是全国第一个实现由财政列支征订费用的报纸。

第三种，多重政策并举，某些地区政府除了直接财政补贴外，还会制定相关的优惠政策，促进报业的发展。如根据山东省济南市政府办公厅2017年发布《济南市媒体融合发展专项资金管理暂行办法》与专家评审意见，市财政安排并拨付资金1,100万元对济南广播电视台、济南出版有限责任公司、济南日报报业集团的6个媒体融合项目进行了扶持。除此之外，对传媒单位的划拨用地，山东省采取转增注册资本金的方式转变为商业用地，这能够在很大程度上提高传媒单位的资本实力。

对于上述三种补贴模式，重庆日报社的发展无疑是个典型。重庆市委市政府每年给予重庆日报社财政拨款1亿元基础上，会由重庆市财政局继续出资购买10万份《重庆日报》免费发给相关人员，除此之外，重庆市委市政府对重庆日报报业集团的营业税、增值税、所得税等所有税收采取先征后返的方式进行全部返还。这为重庆日报社及其旗下的报纸创造了优质的转型环境，在2018年，《重庆日报》获得了第三届全国“百强报纸”的殊荣。[8]

不难发现，在当下媒体“滑铁卢”时代，主流报纸依靠政府的财政补贴和政策优惠维持发展已是普遍。但主流报纸在接受政府补贴的同时，也不应该忘记自身的使

6. 夏虹.《内蒙古日报》在新形势下的发展[J]. 新闻论坛，2014（2）：13.
7. 吉林省统一订购党报党刊[J]. 新闻传播，2008（12）：6.
8. 关于公布第三届全国“百强报刊”推荐结果的通知.中华人民共和国国家新闻出版广电总局[EB/OL]. http://www.gapp.gov.cn/sapprft/contents/6588/359936.shtml.

命，积极主动创新，为政府、社会和群众提供更为优质的新闻报道，积极推进融合转型，稳固报纸的生存。

广州日报浴火重生

广州日报报业集团成立于1996年1月15日，是全国首家报业集团，也是全国版面规模最大的报业集团。旗下的《广州日报》是中共广州市委机关报，于1952年创刊，常年居于广东省发行、零售第一。

2013年，粤传媒受到互联网的冲击，决定以现金与发行股份相结合的方式斥资4.5亿元收购户外LED广告媒体公司香榭丽100%的股权，以期通过多种媒体资源整合，打造国内最具实力的跨媒体整合营销广告平台。

然而，事与愿违，2016年前三季度，香榭丽公司亏损达2.46亿元，这也给粤传媒带来了重创。前三季度粤传媒实现营业收入为7.57亿元，同比下降28.72%。净利润亏损2.41亿元，同比亏损额上升380.97%。

2016年12月14日，广东广州日报传媒股份有限公司（粤传媒，002181）之全资子公司广州日报报业经营有限公司，收到《广州市财政局关于下达支持党报媒体发展资金的通知》（穗财密教〔2016〕126号）：现安排3.5亿元支持党报媒体发展资金，专项用于《广州日报》的印刷、发行支出，项目承担单位广报经营公司。上述资金于年底前直接支付到项目承担单位广州日报报业经营有限公司。[9]

以上资金将会在收到后作为营业外收入计入工地的损益，并对公司2016年度的业绩产生重大的影响。广州日报获得财政3.5亿元的巨资支持，对于当下的他们而言，无疑是雪中送炭，也为他们之后的发展保驾护航。

渡过难关后的广州日报集团，通过一系列的改革和实践，创新体制，并坐实全国首个“中央厨房”模式的媒体融合中央编辑部，建立了采编、设计、技术、运营等多个全媒体生产体系，将其打造成为技术较领先、功能较齐全、产品形态全覆盖的“中央厨房”，更好地承担起媒体融合的采编调度、统筹协调、信息集成、内容发布以及导向把控等职能。同时进一步调整薪酬体系，推动报社全员转型融入全媒体生产体系，提升融媒体内容生产的能力。除此之外，构建以广州日报纸媒为龙头，以广州日报数字报、广州日报大洋网、广州日报微博微信微视频、广州参考客户端、广州日报数据和数字化研究院等为骨干的“报+网+微+端”的融媒方阵，进一步加强媒体融合

9. 欧阳李宁. 广州日报收到3.5亿元财政补贴，系支持党报媒体发展资金[EB/OL].[2016-12-15].https://www.thepaper.cn/newsDetail_forward_1580747.

力度。

据《2017全国党报融合传播指数报告》[10]显示，广州日报媒体融合传播力在地方纸媒中居第一位，其纸媒、微信、微博的传播力在排名中仅次于人民日报，位列全国第二。

广州日报历尽千帆，总算初步探索出了一条传统媒体与新兴媒体融合发展的新路径。

财政补贴需把握尺度

无独有偶，2016年12月8日下午，廊坊市委常委会专题学习河北省委办公厅、省政府办公厅近日下发的《关于加强对各级新闻媒体财政支持的通知》，其表明河北省为加强新闻媒体的财政支持已专门下发了文件。通知主要包括两点：各级党委政府要把加大对新闻媒体特别是党报党刊、广播电视台、重点新闻网站和新媒体建设的支持保障力度，作为落实党的意识形态工作责任制的重要内容；二是各级财政要不断加大对同级新闻媒体资金支持保障力度，确保其正常运转。[11]

2017年，山东省会同济南市委宣传部制定了《济南市媒体融合发展专项资金管理暂行办法》，安排并拨付资金1,100万元对济南广播电视台、济南出版有限责任公司、济南日报报业集团的6个媒体融合项目进行了扶持；2018年，广西财政厅通过定额补助200万元支持广西日报社发展。

不难看出各省市推动新闻单位加快改革发展的决心，并较大力度地付诸实践。政府财政补贴已成为主流报纸“起暖回春”的重要助推力，且此做法也得到了不少学界人士、业界人士的支持。不少人认为，主流媒体是国家舆论引导的主力军和喉舌，也是国家推进媒体融合的骨干力量和先锋队，自然应该优先获得各级政府的补贴和支持；其次，媒体还承担着舆论引导的功能，无论是传统媒体还是融合转型后的媒体，其本质都是党和政府舆论引导的主阵地。[12]因此，国家在对主流媒体进行管控时，将会更加严格。暨南大学范以锦教授曾指出：“国家对走市场比较艰难的主流媒体进行补贴，以确保其生存发展，维持其主流地位，这不是权宜之计，而是战略决策。”[13]

而关于政府如何进行财政扶持、主流媒体如何对待扶持举措，大部分人的主要观

10. 2017全国党报融合传播指数报告发布[EB/OL].[2017-07-01].http://media.people.com.cn/n1/2017/0701/c14677-29376415.html.
11. 河北财政支持新闻媒体[J].中国报业，2017（03）：85.
12. 郭全中.媒体融合转型需要财政补贴[J].传媒，2016（24）：20-21.
13. 范以锦.财政扶持主流媒体之我见[J].传媒，2014（07）：20-21.

点为：政府扶持应适度而行，且主流媒体的发展不能完全依赖国家扶持。全国政协委员、湖南电视台原台长欧阳常林在接受访谈时说："对于主流媒体的扶持，既不能全部包起来，也不能完全不管。要重视市场的价值，不能完全依靠扶持。"[14] 范以锦教授也曾表示："扶持绝不是包养，扶持是支撑媒体发展的外在力量，传统主流媒体不能因过分依赖扶持而消磨自身创新发展的内在动力，而应努力将两者结合起来。"[15]

当然，针对主流媒体的扶持方法，除了财政、资金方面的资助外，政府还可以加大对主流媒体的政治资源支持。同时完善相关的法律法规，加强新媒体时期的内容建设与管理。例如网络上许多肆意转载的现象，实则是侵犯了著作人的权益。再者，重视信息改革，促进传统媒体与新兴媒体更好地融合发展等等。

结语

综上，我们不难发现，对于正在转型期的传统主流报纸来说，财政补贴是一件利好的事情。但如何把握补贴的"度"，真正做到高效促进融合转型，仍然是值得商榷的事情，毕竟单靠主流报纸的自觉性，却没有衡量报纸发展的"刻度尺"，总归是不科学的。甚至容易使某些报纸自身的市场竞争力下降，偏安一隅。因此，针对相关补贴的主流报纸，建立科学有效的评估机制，使得补贴资金落到实处，十分有必要。

当然，从长远角度来分析，报纸要想长久发展、不败"寒冬"，政府补贴只能算解"燃眉之急"的手段，治标不治本。其最根本的还是要从自身转型出发，做好舆论引导的职责，提高自身的传播力、公信力、影响力，在迎接新媒体的挑战时，怀着开放的心态去向它学习，取其精华，从而才能找到自己的"生路"。

14. 陈国权.扶持主流媒体的理念与原则——新闻出版界政协委员看如何扶持主流媒体（上）[J].中国记者，2017（04）：18-21.
15. 范以锦.政府扶持应与媒体创新内在动力相结合[J].西部学刊（新闻与传播），2016（06）：1.

报业建智库，促转型增收入

□刘洋洁

“靠一篇新闻打天下的时代基本已经过去，我们已经进入一个问题深度关注、聚合资源的时代。”

——瞭望周刊社党委常委、瞭望智库董事长兼总裁、《财经国家周刊》执行总编辑吴亮

纵观当下，互联网迅猛发展，新媒体、新技术日益冲击，一方面给传统报业带来了前所未有的危机，另一方面也为报业的数字化转型提供了机遇。而在2018年3月，在原国家新闻出版广电总局印发的《关于加快新闻出版行业智库建设的指导意见》中，再次明确提出要加快中国特色新闻出版行业智库建设的要求。我们不难看出，构建媒体智库，已然成为当前传统媒体发展的一个新出路，不少的媒体机构近两年也都在积极地建构属于自己的媒体智库群，这也为传统的报业转型带来了新的方向。

乘势而上：政府支持构建中国特色媒体智库

近些年来，习近平总书记多次对智库建设作出重要批示，指出智库是国家软实力的重要组成部分，要高度重视、积极探索中国特色新型智库的组织形式等，为我国建设中国特色新型智库指明了根本方向。

早在2013年11月，党的十八届三中全会上通过的《中共中央关于全面深化改革若干重大问题的决定》[1]提出要“加强中国特色新型智库建设，建立健全决策咨询制度”。

1. 习近平.关于《中共中央关于全面深化改革若干重大问题的决定》的说明[EB/OL].[2013-11-15]. http://www.xinhuanet.com/politics/2013-11/15/c_118164294.htm.

这是从国家层面首次明确提出要构建“中国特色新型智库”，引起了各界的广泛关注。

2014年7月8日，习近平总书记在经济形势专家座谈会讲话中指出“党的十八大和十八届三中全会要求加强中国特色新型智库建设，建立健全决策咨询制度。今天的经济形势专家座谈会，就是落实这个决策部署的重要体现”[2]。同年10月27日，习近平在中央全面深化改革领导小组第六次会议上强调，要从推动科学决策、民主决策，推进国家治理体系和治理能力现代化、增强国家软实力的战略高度，把中国特色新型智库建设作为一项重大而紧迫的任务切实抓好。[3]

2015年1月，中共中央办公厅、国务院办公厅发布《关于加强中国特色新型智库建设的意见》[4]，特别提出，要支持中央重点新闻媒体、部分高校和科研院所、军队系统重点教学科研单位及有条件的地方先行开展高端智库建设试点。该年5月，湖北日报集团联合相关科研院所、企业共同建立“长江智库”；9月，广州日报报业集团旗下建立了国内首家以现代化治理研究的新型传媒智库——“南风窗传媒智库”；10月，羊城晚报报业集团也与百度、国双科技共同开展大数据业务合作，建立羊晚智慧信息研究中心，等等。越来越多的传统媒体开始尝试走“媒体+智库”的转型路径。

2017年5月，首届“一带一路”国际合作高峰论坛专门加设了“智库交流”平行主题会议。其目的在于突出智库优势，搭建汇聚智慧、对话思想的平台和载体。这不仅彰显出党和政府加强智库建设的鲜明态度与坚定决心，同时也可以看出智库与媒体密不可分的关系。

同年，党的十九大报告指出，牢牢掌握意识形态工作领导权，就要“深化马克思主义理论研究和建设，加快构建中国特色哲学社会科学，加强中国特色新型智库建设”“坚持正确舆论导向，高度重视传播手段建设和创新，提高新闻舆论传播力、引导力、影响力、公信力”[5]。突出强调了智库建设与新闻传播必要性，也再次说明了两者之间相辅相成的关系。

2018年3月，国家新闻出版广电总局印发了《关于加快新闻出版行业智库建设的

2. 习近平主持召开经济形势专家座谈会强调 更好认识和遵循经济发展规律 推动我国经济持续健康发展[EB/OL].[2014-07-08].http://politics.people.com.cn/n/2014/0708/c1024-25255542.html.
3. 习近平为何特别强调“新型智库建设”？[EB/OL].[2014-10-29].http://theory.people.com.cn/n/2014/1029/c148980-25928251.html.
4. 中共中央办公厅、国务院办公厅印发《关于加强中国特色新型智库建设的意见》[EB/OL].[2015-01-20].http://www.gov.cn/xinwen/2015-01/20/content_2807126.htm.
5. 蔡勇春.牢牢掌握意识形态工作领导权[EB/OL].[2017-11-30].http://ex.cssn.cn/dzyx/dzyx_llsj/201711/t20171130_3760581.shtml.

指导意见》[6]，再次明确提出要加快中国特色新闻出版行业智库建设。重点加强新闻出版行业智库建设整体规划，同时也鼓励主流新闻出版单位建设媒体型智库，努力构建布局科学、结构合理、规模适度、定位清晰的行业特色新型智库体系。

媒体智库作为中国特色新型智库的重要组成部分，具有不可替代性。其既承担了媒体在关注公共利益、监督公共政策等方面的义务，同时也拓宽了媒体的视野，加速了其在舆论引导、政策解读等方面的能力，提升了其议政辅政的核心竞争力。就这一点而言，我国媒体，尤其是报业等传统媒体，更应乘“政策春风”而上，积极构建智库品牌，促进产业融合转型。

崭露锋芒：各大报纸成立智库

国务院发展研究中心主任、党组副书记、研究员李伟曾在《人民日报》撰文指出，智库是现代国家治理体系的重要组成部分，建设高质量中国特色新型智库是时代要求。当前，我国正处于全面深化改革的攻坚期和经济增长阶段的转换期，党中央、国务院对科学决策、民主决策、依法决策以及决策正确度的要求越来越高。可以毫不夸张地说，大变革的新时代已经发出了呼唤智库彰显能量的最强音，历史赋予智库的任务更为艰巨、责任更加重大。过去，我国智库应改革开放之运而生；当今，正是我国智库顺改革开放之势而为的大好时期。[7]

美国宾夕法尼亚大学“智库研究项目”（TTCSP）于2018年1月30日发布的《全球智库报告2017》[8]显示，中国智库数量位居世界第二，有7家智库上榜了世界百强智库的榜单。[9]而在区域类别分组中，有27家中国智库上榜亚洲大国智库（中国、印度、日本、韩国）排名90强，其中包括新华社于2013年成立的“瞭望智库”。

2018年11月25日发布的《中华智库影响力报告（2018）》[10]，聚焦光明智库、第一财经研究院、封面智库和紫金传媒智库4家标杆媒体智库。报告认为，这些媒体智库的高影响力有3个支撑点，即依托权威主流媒体实现快速发展、发挥多元渠道与高

6. 国家新闻出版广电总局关于印发《关于加快新闻出版行业智库建设的指导意见》的通知[EB/OL].[2018-03-21].http://www.gapp.gov.cn/news/1663/364340.shtml.
7. 习近平谈建设新型智库：改革发展任务越重越需要智力支持[EB/OL].[2015-01-20].http://cpc.people.com.cn/xuexi/n/2015/0121/c385475-26422432.html.
8. 该报告自2007年起每年发布一期，已建立了一套客观公正的研究体系，成为当今国际上最具影响力的智库排名体系。
9. 《全球智库报告2017》发布中国7家智库上榜世界百强榜单[EB/OL].[2018-01-30].http://opinion.huanqiu.com/plrd/2018-01/11568379.html.
10. 该报告2014年为首期，是四川省社会科学院与中国科学院成都文献情报中心协同创新的成果，也是目前西部地区首家以大数据为支撑的智库报告。

量级用户作用、以专业运营人才锻造智库高品质；同时，标杆媒体智库又通过“立足机构定位打造特色产品”“围绕聚焦领域汇聚专家队伍”“根据数据资源挑选研究方法”“实现差异化发展”。[11]

从上述的数据中，我们不难发现媒体智库日益受到各行各业的重视，且某些报业建立智库已取得良好的成效，促进了其转型的进程。根据学者张艳和杜浩对我国当前传媒智库类型的总结，大体分为以下四类：第一类是媒体自建智库传播平台，指的是主流媒体建立关于传播的智库的动态、观点、任务和成果的板块；第二类是内生型传媒智库，指的是各大媒体纷纷自建智库，进行“媒体智库化”的转型探索；第三类是外生型传媒智库：主要是由传媒集团与外部组织联合创办的传媒智库，其既具有部分的传媒基因，又具有相对的独立性，可以联合政府、企业、高校和行业精英，有效配置资源；第四类是非媒体性质的智库自建传播平台。[12]

因本文立足于报业与智库，遂不存在第四类情况，只有自建平台、内生型、外生型三种类型。基于此，笔者整理了2013—2018年中国部分报业建立智库的情况，如表1所示。

表1 2013—2018年中国部分报业建立智库的情况（不完全统计）

序号	智库名称	主办单位	建立时间	类型	备注
1	瞭望智库	新华通讯社	2013.07	内生型	2014年9月，瞭望智库获得财政部中央文化产业资金专项支持，并与《财经国家周刊》形成“一刊一智库”的呼应格局；2015年年底，新华社获批为党中央、国务院、中央军委直属的首批10家国家高端智库试点之一。作为中央推动媒体融合发展、建设中国特色新型智库大潮中的第一家媒体型智库，瞭望智库是瞭望周刊社探索传统媒体转型升级融合发展，打造“中央集权媒体期刊与融合智库集团”的成果

11. 四川新闻网.中华智库影响力报告（2018）在蓉发布[EB/OL].[2018-11-25].http://scnews.newssc.org/system/20181125/000925082.html.
12. 张艳，杜浩.传媒智库的类型、瓶颈及生态网络构建[J].中国传媒科技，2017（01）：43-45.

续表

序号	智库名称	主办单位	建立时间	类型	备注
2	第一财经研究院/智库	上海东方传媒集团	2014年年底	外生型	第一财经隶属于上海东方传媒集团，下设第一财经日报、第一财经电视、第一财经周刊等。2014年年底，第一财经研究院启动转型为第一财经旗下的独立非盈利智库。其主要是跟踪经济金融全局和市场，提供智见、判断和解决方案，出品年度旗舰报告、课题研究、指数和排名等，并举办高端系列研讨会
3	长江智库	湖北日报传媒集团、湖北省委党校、汉唐职业（北京）国际教育科技有限公司、湖北省经济学会、关谷联合产权交易所共同发起	2015.05.07	外生型	围绕长江晋级带建设开展政策性、前瞻性的研究，为国家及沿江各级政府提供决策咨询
4	南风窗传媒智库	广州日报报业集团	2015.09.25	外生型	定位为现代化治理研究的新型传媒智库，致力于建设中国最有影响力的传媒智库。秉承“思想创造价值”的理念，集聚南风窗33年积累的研究能力、媒体资源、平台优势和品牌影响力，与知名学术机构合作，为政府、企业和社会机构提供定制出版、课题研究、学术报告会、学术论坛等高端智力服务。2017年起南风窗传媒智库成为广州重点支持建设的新型智库之一，市政府决策的高端智囊机构

续表

序号	智库名称	主办单位	建立时间	类型	备注
5	盛京汇智库	沈阳日报报业集团	2016.05.27	外生型	沈阳日报着眼向智库型媒体转型，瞄准建设国家高端新型智库目标，打造“三位一体”的盛京汇智库，努力探索一条传统媒体成功转型的新路并服务于东北
6	人民智库	人民日报社	2016.07.28	外生型	人民日报社旗下的重要智库平台，是党中央机关报发挥党治国理政的重要资源与重要手段作用的最新载体，依托人民日报、人民论坛，整合中央和地方党政、国内外理论界、学术界、思想界、传媒界、实业界和社会其他各方面优质智力资源，服务于中央领导同志和有关部门决策、服务于地方各级党政治理实践、服务于高校和研究机构、企业、传媒和社会各行业、各领域的新型智库组织
7	封面智库	封面传媒（由四川日报报业集团华西都市报社与阿里巴巴集团联合成立）	2016	外生型	封面智库是封面传媒旗下的思想库，以封面客户端为支撑，重点服务于“一带一路”、长江经济带等国家政策研究，同时致力于互联网创新经济、共享经济的建言与探索，是“一带一路”智库联盟唯一官方合作媒体智库
8	《思想周刊》智库专版	江苏省委宣传部和新华日报社共同主办	2017.01.05	自建平台	由江苏省委宣传部和新华日报社共同主办的《思想周刊》创刊，周刊设“智库”专版，旨在传递智库建设动然，服务江苏省智库建设；每期介绍一篇智库专家的研究文章、一篇决策咨询文章以及一篇智库专论

续表

序号	智库名称	主办单位	建立时间	类型	备注
9	京津冀新媒体智库	人民网和京津冀三地党报北京日报、天津日报、河北日报联合发起	2017.02.27	外生型	首个京津冀新媒体智库，将在新闻宣传、舆情研判、学术支持等方面资源共享、加强合作、提供决策参考，更好地服务于京津冀协同发展重大国家战略
10	光明智库	光明日报社	2017.04.18	内生型	光明日报社在2015年5月成立的光明日报智库研究与发布中心的基础上，成立光明智库
11	中经智库（《经济日报》的专版）	经济日报社	2017.11.09	自建平台	由经济日报社出版的报刊《经济日报》的专版，旨在加强该报智库建设，促进新形势下的转型发展
12	中国报业融媒研究中心	中国报业协会	2017.11.23	内生型	是中国报业协会旗下专为报业服务的媒体智库，设在盐阜大众报报业集团，主要探索报业最有效的发展模式：战略咨询—技术方案—实操咨询—落地执行
13	国研经济研究院东海分院	宁波日报报业集团和国研经济研究院合作成立	2017.11.25	外生型	国研经济研究院是经国务院发展研究中心批准，中国经济时报社依托专家优势和媒体资源优势主办的高端智库，担当着政府核心智囊的角色，为我国经济社会发展作出了重要贡献
14	国是百人会	中国新闻社	2017.12.21	外生型	中国新闻社成立智库组织“国是百人会”，该平台将汇集数百位政、企、学界“大咖”，为中国公共政策“众筹智慧”

续表

序号	智库名称	主办单位	建立时间	类型	备注
15	佛山传媒智库	佛山日报社和佛山市社科联联合发起	2018.03.30	内生型	将通过新型媒体型智库建设，探索传媒业务转型，推动传统媒体服务党委政府的模式变革
16	羊城晚报传媒智库	羊城晚报报业集团	2018.05.24	外生型	早在2015年10月16日，其就与百度、国双科技签署战略协议，开展大数据业务合作，打造羊晚智慧信息研究中心
17	南方传媒智库矩阵	南方报业传媒集团	2018.06.29	内生型	首届南方传媒智库高端论坛成功召开，由十大智库机构组成的南方传媒智库矩阵正式揭牌成功
18	江苏民营经济传媒智库	中华工商时报报社	2018.10.24	内生型	《中华工商时报》1989年10月创刊于北京，发行于海内外，作为党的统一战线重要舆论阵地、中国民营经济主流媒体、全国工商联机关报，《中华工商时报》引领民营经济的健康发展

通过对中国部分报业建立智库的情况的梳理，可以发现，报业建智库类型主要集中在外生型传媒智库（10家）、内生型传媒智库（6家）、媒体自建智库平台（2家）。

可见，外生型传媒智库成为报业打造智库产业的首选。它不仅有利于各组织优质资源的整合，使智库更好地为经济、政治、文化发展等指明方向，同时也实现了多方有效联结与互动，如报企关系等，而且通过举办高峰论坛、发布研究报告等形式，也可以增加平台的核心竞争力。如沈阳日报报业集团的“盛京汇智库”，就是为城市决策层、企业、媒体自身等各方面提供智慧和思想产品的新型智库组织，智库由资深媒体人、专家学者、企业家、政府官员等各领域精英组成，将为沈阳日报向智库型媒体转型，为沈阳、辽宁乃至东北振兴提供智力支持，为企业谋利益、谋发展，献计献策。[13] 外生型智库既可以为政府分忧，为百姓发声，也能为企业谋求发展，这在一定程度上也

13. 张春风，王岩.打造盛京汇高端新型智库 沈阳日报向智库型媒体转型[J].新闻战线，2016（21）：86–88.

打开了报业的市场，拓宽了报业营利渠道。

而媒体自建智库平台的特点则是以分享互利为主。一方面，智库专家为媒体提供更为准确与详实的报道内容，另一方面，媒体也可以为智库成果发表提供展示平台，扩大影响力。此类型较为简单，适用于刚涉及智库的报业。与此同时，内生型传媒智库所占比重也不小，其是报业建智库的必然趋势。以报业为龙头，利用其自身优势，辐射多个行业、多种渠道等，将各方资源进行整合和互通，共同推进协调合作。

本次数据是根据最新的情况进行统计的，有部分智库在不同时期有不同的类型状态。如：光明日报于2014年年底就已开设《智库》版，2015年5月成立了光明日报智库研究与发布中心，2017年4月18日在前者的基础上成立了光明智库，呈现递进式的发展趋势。

“一刊一智库”：瞭望智库模式探析

为应对数字移动给传统报业带来的冲击，新华社决定成立智库型研究机构“瞭望智库”为瞭望时政期刊群提供战略支持，促进刊物的转型。作为中央推动媒体融合发展、建设中国特色新型智库大潮中的第一家媒体型智库，瞭望智库是瞭望周刊社探索传统媒体转型升级融合发展、打造“中央级全媒体期刊与融合智库集团”的成果。[14]

其最先是以《经济学人》[15]的“一刊一智库”模式为参照。《财经国家周刊》在2013年下设了“瞭望智库事业部”，启动“课题制”和“研究—采编”流程，打破了传统的采编模式，将课题研究作为该部的中心；2014年，瞭望智库探索新的广告收入模式，创办《瞭望延报》，并获得财政部中央文化产业资金专项支持，与《财经国家周刊》各自独立运行，形成呼应格局；2015年，提出“在线智库”概念，承接中宣部媒体融合发展重点项目——“新华社大数据新型智库云”，同时推进采编研一体化的发稿流程。

瞭望智库董事长兼总裁吴亮曾在接受采访时说道：“‘媒体型智库’的最大特点是把传统新闻生产方式转变成以深度研究为核心抓手的资源平台，它背后的关键问题是转变产品理念，即如何围绕资源聚合设计信息产品。这是一个集人才、信息和综合服务为一体的综合平台，能形成可持续的收入模式。”[16]

14. 瞭望智库官网简介[EB/OL].http://www.lwinst.com/about/index.htm.
15. 《经济学人》在1946年成立经济学人信息部，作为《经济学人》杂志的附属延伸，旨在提供世界各国、各区、行业的专业分析和预测，2011年，该部门所带来的利润超过了杂志本身。
16. 翟铮璇.移动互联时代，从“智库型媒体”走向“媒体型智库”——对话《财经国家周刊》常务副总编辑吴亮[J].中国记者，2014（03）：73-74.

回顾瞭望智库与发展，是一个不断试错、勇往直前的过程，笔者对其进行了四个方面的概括，有不周全的地方，还望指正：

1. 智库建设离不开政府与上级管理层的支持。2014年9月，瞭望智库就已获得财政部中央文化产业资金专项支持，同年创办的《瞭望研报》开始向中办提供研究型内部稿件；次年底，新华社获批成为党中央、国务院、中央军委直属的首批10家国家高端智库试点之一。与此同时，转型前期所需要的一定财力、人力等，也获得了当时瞭望周刊社党委书记、总编辑姬斌的支持。[17]

2. 转变传统媒体思想观念，将新闻生产变为以聚合资源、深度研究为主的平台。智库所研究的产品不再只是传统媒体的附属品、外延品，而是具有自身价值属性，除了能够提供优质的新闻产品，还可以通过研究课题发展高峰论坛、汇聚研究圈群等。吴亮曾说：“2010年至2013年，我们的杂志、智库、新媒体三者是平行架构，先是《财经国家周刊》、专刊、特刊，然后是瞭望智库，它作为政策类产品承接课题、研究报告、论坛等，最后是新媒体，包括财国新闻网、犀牛财经网以及线下推广活动。实际上，这三年的平行构架还是传统思路，这也正是我们的发展瓶颈。”[18] 直到2014年，提出要从“智库型媒体”走向“媒体型智库”，才一定程度上意味着瞭望智库在产品理念上的转变。

3. 重视人才引进，建设专业化团队，保证针对性服务。根据当时任瞭望智库研究总监史晨的判断，未来的“媒体型智库”，最需要的是两类人——运营经理和产品经理。运营经理必须了解各个层面专家的需求是什么，如何找到共鸣点去跟他进行沟通，而产品经理的职责就是把专家的东西进行改写、转化、包装成产品，卖出去。[19] 目前瞭望智库的人力分配在整个团队人数的比重如下：专业研究团队、新媒体团队各占比20%，运营团队占比不到20%，传统采编团队、技术与数据团队各占比约15%，其他（党务、行政、财务、传统发行部门）占比共计约10%。[20]

4. 建立商业模式，创造营收。史晨说：“做智库不要隐晦挣钱，只不过是看钱怎么用，对各方是不是有持续的吸引力。事实上，智库本身就是一种商业模式。”[21] 通过信息产品研发、开办会议、承办承接课题等多渠道汇集资源，将产品进行个性化包装、搭配，创造营收，推动更好的发展。

---

17. 吴亮.建设媒体智库的难点与突围——以瞭望智库的创新探索为例[J].传媒，2018（15）：11-13，15.
18. 同16.
19. 甘恬.瞭望智库：“媒体型智库”的成长逻辑[J].传媒评论，2015（11）：20-23.
20. 数据来源：同17.
21. 同19.

值得一提的是，在吴亮2018年最新的文章中曾透露，瞭望智库接连获得中央领导同志的批示肯定，获得良好社会效益；在经济效益方面，2016年和2017年连续实现较高利润，为进一步的发展储备了“粮草”。[22]

智库矩阵：南方传媒智库矩阵

2018年6月29日，在南方报业传媒集团主办的2018首届南方传媒智库高端论坛上，南方传媒智库矩阵正式揭牌成立，着力打造南方传媒十大智库机构。分别是南方经济智库、南方法治智库、南方教育智库、南方城市智库、南方党建智库、南方数字政府研究院、广东乡村振兴服务中心、南方周末研究院、南都大数据研究院、南方舆情数据研究院。

同日，南方报业传媒集团同步上线南方报业传媒中央数据库（大数据服务中心），这是集团“数据优先”战略的排头兵。数据库以南方报业旗下的8种报纸、10种期刊、1家出版社、22个网站、11个手机客户端、340个社交媒体账号、3,000块互动触控屏和1万平方米户外LED大屏幕每日生产的海量内容数据为基础，汇聚集团内容数据、用户数据、采写过程数据、经营数据；同时接入外部扩展数据，对数据进行全面打通、关联和深度挖掘、智能分析，并配套数据工具箱，统一内容数据格式标准，建立内容数据二次利用、分析挖掘和基础平台，实现南方报业内容数据的关联聚合、效用倍增。[23]

南方报业传媒集团党委书记、管委会主任刘红兵认为，步入移动传播时代之后，随时化、轻阅读、强互动的社交媒体快速崛起，使传统媒体的信息传播领域优势不再，迫切需要通过媒体智库的建设推出具有专业性和权威性的思想产品，将媒体服务领域由单纯的信息传播向思想挖掘、战略研判、方案供给、价值传递延伸，推动主流媒体通过智慧转型在新时代提升新的服务能力，增创新的服务价值。[24]

南方传媒十大智库矩阵的建立既是顺应党和时代的要求，也是其自身进行报业数字化融合转型的出路所在。目前南方报业集团已形成了一批有代表性的智库机构与智库产品，且已深度参与到广东改革发展以及各自专项领域的研究中。而智库矩阵的建立，有利于推动南方传媒技术融合、业务融合、数据融合，打通信息壁垒，统筹利用

22. 吴亮.媒体与智库融合路径与机理研究——以瞭望智库为例[J].新闻战线，2018（03）：19-23.
23. 南方日报.南方传媒智库矩阵揭牌成立 十大传媒智库机构亮相[EB/OL]. [2018-07-02]. http://epaper.southcn.com/nfdaily/html/2018-07/02/content_7734953.html.
24. 人民网.融媒体向智媒体飞跃 你准备好了吗？[EB/OL]. [2018-11-20].http://media.people.com.cn/GB/n1/2018/1120/c40606-30411405.html.

各平台的信息数据，形成覆盖集团、构建集团信息资源共享体系。下表（表2）是笔者关于南方传媒十大传媒智库的信息总结。

如何构建智库、如何促进传统报业的转型？南方报业集团副总编辑曹轲于2018年11月7日在深圳大学传播学院关于《文本与见证——寻找合适语言坐标系》的讲座中提出了以下四点：规范管理机制、采编联动机制、沟通协作机制、通道共享机制。他特别指出，当前的发展需要寻找到合适的语言坐标系（包括用户坐标系和产品坐标系），才能促进智库的更好发展；同时，智库生产不能等于新闻报道、学术论文，而是有自己固定的产品体系和生产标准，通过系统采集、数据生成，最终达到智慧服务的目的。[25]

不难看出，以“内容智能化、传播智库化”为主的南方传媒智库，一直以“推出个性化、对象化、定制化的内容产品，提供高品质专业化特色型的智慧服务”为定位。它不仅对内推动采编业务融合，构建新闻生产和智库生产融合机制，还对外积极融入社会治理相关项目，为社会治理创新提供解决方案。使得集团资源更好地聚合，服务于政府、社会和企业，同时也反哺于集团发展，促进传统媒体的积极转型。

对于南方报业传媒集团而言，2018年无疑是它们的“智慧转型年”，也希望它真的能如刘红兵说的一样：“以智库倒逼传媒的转型升级，真正实现融媒到智媒的脱胎换骨，打造智慧媒体。”[26]

在2018年12月29日举办的“智库型媒体发展高峰论坛”上，南方报业传媒集团管委会委员、南方都市报总编辑梅志清透露，2018年南方都市报实现近六年来营业收入的首次增长，其中数据收入、新媒体收入占40%，实际利润逐渐接近历史最好时期。[27]

结语

中国社会科学院信息情报研究院副研究员唐磊表示，依托媒体组建智库是英美等国智库建设的常规路径，媒体智库在信息采集、宣传智库成果、扩大咨政影响力上拥有独特优势，而新闻出版的工作性质保证了媒体智库坚持正确的政治方向。[28]

如今，建立智库已成为传统报业转型的重要举措之一，有着其他智库不可比拟的

25. 资料来源：南方报业集团副总编辑曹轲于2018年11月7日在深圳大学传播学院关于《文本与见证——寻找合适语言坐标系》的讲座。
26. 同24.
27. 刘娟. 体制机制创新不能停！这家都市报如何涅槃而生？[EB/OL].[2018-12-29].https://mp.weixin.qq.com/s/-PuvhAN5Z-mv-fvaCg0ipw.
28. 中国社会科学院唐磊：媒体智库已成产业发展新方向[EB/OL].[2018-05-22].http://ex.cssn.cn/xwcbx/xwcbx_rdjj/201805/t20180522_4277449.shtml.

优势，如渠道、影响力优势等。它不仅促进了传统报业的有机转型，同时也增加了报业的营收，助力外延产业，反推传统媒体更好发展。但处在变革漩涡中的媒体集团和媒体人，同样也不能忽视目前新事物所带来的挑战，如智库建设缺乏专业技术人才、研究人才，智库内容和产品如何更好地聚合、传播、引导，如何增强用户的黏性、人才黏性等。

因此，在新一轮的发展中，需要根据适时情况不断调整方向，以期找到最为合适的状态，或许会获得巨大转变。在期待智库时代让传媒业变得更好的同时，也希望传媒业真的能出精品，为政府、企业、社会、个人提供更多优质的产品，让我们拭目以待！

表2 南方传媒十大传媒智库[29]

序号	名称	目的	现有成果
1	南方经济智库	打造党委政府智囊、资源整合平台、融合发展试验田，通过“汇数”与“汇智”打造核心竞争力，建立专题经济数据库，整合汇聚国内外智力资源，深入研究经济走势、政策走向，服务广东与中国经济发展	已牵头开展了“奋力实现‘四个走在全国前列’”“寻找金融四梁八柱·全球金融中心”“广东河长·江河水”“世界级湾区”等系列深调研，其中“奋力实现‘四个走在全国前列’深调研”成果之一——《重整行装再出发》一书，被作为省委十二届四次全会参阅材料
2	南方法治智库	通过整合媒体、学术、社会资源，共同参与推进平安广东、法治广东建设，争做全省政法工作的决策高参、形象管家、宣传阵地	将围绕广东工作大局和省委决策部署，通过调研报告、舆情分析等内参形式，对政法工作建言献策；组织论坛、沙龙，推动政法单位负责人与学者等探讨研究推进法治建设；组织相关讲座与培训；举办不同主题的评选活动；在南方日报、“南方+”客户端开设宣传阵地，对广东法治建设成效进行立体化传播；创新开展普法教育等

29. 南方日报.南方传媒智库矩阵揭牌成立十大传媒媒智机构亮相[EB/OL].[2018-07-02].http://epaper.southcn.com/nfdaily/2018-07-02/content_7734953.htm.

续表

序号	名称	目的	现有成果
3	南方教育智库	在省教育厅指导下成立，立足发挥集团报网端渠道优势，连接教育部门、大中小学、学术界和教育机构等各领域资源，为教育行业提供调研报告、指数产品、第三方评估、舆情内参、线上线下研讨会等多元产品服务，协同推进广东教育事业改革发展，着力打造“主流媒体智库，教育智慧高地”	已推出“2018年中国内地大学第三方综合指数竞争力排名”等教育指数产品
4	南方城市智库	以“立足广东，对标全球；把脉城市发展，凝聚社会共识”为宗旨，依托省内外丰富的学术资源，以粤港澳大湾区内的城市为主要研究对象，对城市发展的热点问题和成长发展方向进行跟进研究，提出具有建设性、可操作性的应对和路径建议，向粤港澳大湾区及更大范围内城市提供建设性决策参考，致力于打造以关注城市成长为核心目标、有南方特色的现代化智库	已连续两年推出珠三角企业创新报告
5	南方党建智库	定位于打造“各级党委部门决策党建工作的参谋、机关企事业单位研究党建工作的助手、广大党员群众参与党建工作的平台”，由“党建传播、党建研究、党建服务与产品”三大核心构成，按照宣传、培训、数据、策划、研究、咨询、合作等七大产品类型，制定19项党建产品目录，为全省各级党政机关和企事业单位提供个性化、定制化党建服务与产品	已开发制作15集“党的组织生活制度”系列动漫学堂作品

续表

序号	名称	目的	现有成果
6	南方数字政府研究院	以南方网为平台，积极参与“数字广东”建设，为全省1,300多家政府网站提供服务，打造以“互联网+”、大数据等信息化技术为特征的新型智库。目前具有从顶层设计、决策参考辅助，到创新解决方案、平台产品研发、运营管理服务，到效能评测监督、传播推广普及等互联网政务全链条服务能力	已牵头设计建设全省政府网站集约化平台，制定数字政府第三方评测指标体系
7	广东乡村振兴服务中心	广东乡村振兴服务中心在广东省委农办指导下成立，以乡村振兴战略总要求为着力点，全面整合政府、科研院校、社会力量等资源，开展市县乡村振兴规划制定、乡村振兴培训、乡村振兴讲习所建设运营、乡村治理创新、新业态培育、农业产业发展规划咨询、乡村建设规划与设计、乡村建设成效评估（评价）、乡村振兴博览会和乡村振兴博览园运营等业务，构建符合广东特色的乡村振兴服务平台	目前已进行广东城乡义务教育一体化改革调研
8	南方周末研究院	下设中国企业社会责任研究中心、公益研究中心、绿色研究中心、旅游研究中心、教育研究中心、防务工作室和文娱工作室，在垂直化内容生产基础上，生产内参、分析研究报告、数据咨询服务等产品，构建融信息连接、资源整合、要素集聚为一体的新型媒体智库	已开展中国企业社会责任评选“三榜”发布

续表

序号	名称	目的	现有成果
9	南都大数据研究院	结合市场和用户需求开展课题研究，推动数据发挥量化、测评、服务和监督力量，已经形成数据报道、榜单评价、民意调查、咨询研究、鉴定测试、评估认证、数据库与轻应用八大系列近百项产品，打造中国最具公信力、研究力、服务力、传播力、影响力的数据型媒体智库	已有《广州城市治理榜》《南都街坊口碑榜》等产品，在新经济新业态、城市治理、区域经济、新生活和鉴定评测领域确立了20个课题项目
10	南方舆情数据研究院	南方舆情数据研究院拥有分析师、特邀分析师、专家委员会等研究团队超过200人，通过大数据采集与深度挖掘，还原社会真实意见构成，提供应对与引导建议，助推科学民主决策，覆盖政务、政法、商业、教育科研、大数据等领域，是国内首家从专业媒体角度专注“治理现代化”研究领域的复合型智库	已提炼形成《粤治撷英——治理现代化的广东探索》《从1到π——大数据与治理现代化》等智库产品

二、广电变迁

增长格局变化，业态迎来“大变脸”

□王皓然

2018年6月5日，广电总局财务司公布了《2017年全国广播电视行业统计公报》，公报显示2017年全国广播电视服务业总收入6,070.21亿元，比2016年（5,039.77亿元）增加1,030.44亿元，同比增长20.45%，而2016[1] 和2015[2]、[3] 年度增幅分别为9.01%和9.67%。不仅如此，刨去财政补贴的实际创收收入增幅也相比前两年有显著提高，相较于前两年情况，实际收入增速也属首次跑赢了总收入。在2015年度广播电视行业首次出现广告收入下滑后，重新回到高增长轨道中。

增长动力变化，广播、电视冰火两重天

与往年的增长状况有些许不同的是，在近年的统计年报中可以发现，除了依旧强势的新媒体广告业务外，许多新的业务内容开始发力成为重要增长点，而传统的电视广告及有线电视收入则继续衰减。2017广播电视广告总收入1,651.24亿元（2016年全国广播电视广告收入1,547.22亿元，比2015年增加17.68亿元），同比增长6.72%；电视广告收入968.34亿元，比2016年减少36.53亿元，同比下降3.64%。[4] 不仅仅是行业整体的收入下滑，各线卫视都无一幸免地受到波及：即便是占领收视率前四的湖南、浙江、江苏、东方四大卫视，同样全部出现了广告业务收入下滑情况。而与之相呼应的是互联网广告业务连续第四个年度出现30%以上增长。

1. 2016年度数据来源：《2017年全国广播电视行业统计公报》。
2. 2015年度数据来源：《中国新闻年鉴》2016年卷。
3. 2014年度数据来源：中国广播电影电视发展报告（2015）。
4. 国家广电总局.2017年全国广播电视行业统计公报[EB/OL].[2018-06-06].http://www.gapp.gov.cn/sapprft/contents/6588/379318.shtml.

与电视广告收入增长颓势相呼应的是广播和网络媒体广告收入持续保持增速，其中广播广告收入155.56亿元，比2016年（145.83亿元）增加9.73亿元，同比增长6.67%；网络媒体广告收入306.71亿元，占广告收入总额18.57%，网络等新媒体广告成为新的收入增长点。广播广告和网络新媒体广告在广播电视广告总收入当中的占比分别达到9.42%和18.57%。《新媒体蓝皮书：中国新媒体发展报告No.7（2016）》指出，网络媒体广告总收入首次超过传统的报纸、杂志、电视和广播四大媒体之后，广播成为唯一还能继续保持增长态势的传统媒体。不仅是电视广告下滑，作为另一项重要的收入支撑，2017年有线电视网络收入834.43亿元，比2016年（910.26亿元）减少75.83亿元，同样出现8.33%的下降，[5] 相比之下这项收入在2016年增长率为5.10%。将这项数据拆分开来看，有线广播电视收视维护费收入414亿元，付费数字电视收入65.56亿元，三网融合业务收入102.82亿元。而2016年分别为457.92亿元、76.44亿元和122.40亿元。[6] 由数字付费服务和三网融合的快速发展带来的客观增长，都被广播电视收视费用的下降所抵消。由此可见，传统媒体在高普及率下正在逐渐走出人口红利时代，尤其是随着IPTV、OTT和移动端发展带来的收视人群流失，使得基础性收入已不能成为收入增长的主要支撑，内容和服务性收入才是最主要增长来源。

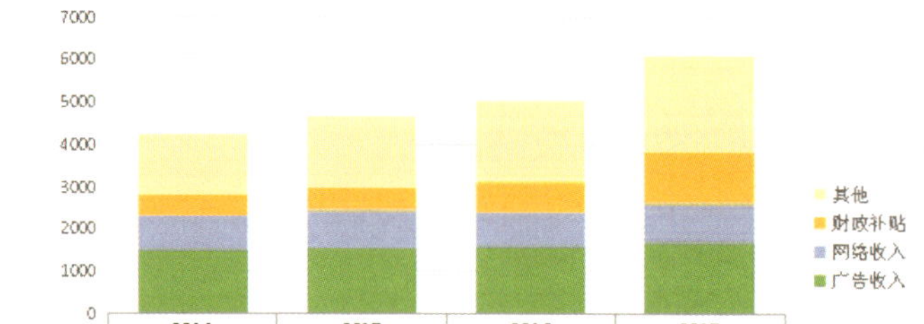

	2014	2015	2016	2017
其他	1446.59	1666.2	1940.75	2280.26
财政补贴	487.98	572.76	717.37	1228.45
网络收入	827.21	866.06	834.43	910.26
广告收入	1464.49	1529.54	1547.22	1651.24

2014—2017年广电行业收入分类构成（单位：亿元）

内容收入爆发，成为增长新引擎

在各项收入列表当中，涨幅最大的还要属内容收入。2017年全国广播电视节目销

5. 国家广电总局.2017年全国广播电视行业统计公报[EB/OL].[2018-06-06].http://www.gapp.gov.cn/sapprft/contents/6588/379318.shtml.
6. 胡正荣，李继东，黄炜.2016年中国电视业发展报告[R]. 北京：社会科学文献出版社，2017.

售收入523.54亿元，比2016年（365.05亿元）增加158.49亿元，同比增长43.42%，占实际创收收入10.81%。

增长一方面来自内容时长和投资额度的增长。电视节目创作进一步繁荣，各类节目制作投资额均保持大幅增长。2017年全国电视节目制作投资额达426.46亿元，比2016年（316.94亿元）增加109.52亿元，同比增长34.56%。其中，2017年全国电视剧国内投资额达242.26亿元，比2016年（128.53亿元）增加113.73亿元，同比增长88.49%；全国电视动画国内投资额14.43亿元，比2016年（11.94亿元）增加2.49亿元，同比增长20.85%；全国纪录片国内投资额17.42亿元，比2016年（15.03亿元）增加2.39亿元，同比增长15.90%。

另一方面，随着视听类网站的崛起和在内容业务上的发力，全新的内容生产分发模式带来了内容市场新的繁荣景象：2017 年，随着政府管理部门的重视和政策的日益完善，特别是在“网上网下统一标准”、网剧备案登记制及网络剧、微电影等网络原创视听节目系列管理规定的规范管理下，网络剧、微电影、网络综艺节目等网络原创节目不断增加。网络视听新媒体已成为传播党的声音的重要阵地，成为传播社会主义文艺的重要力量，成为人民群众文化信息消费的重要平台，成为实施创新驱动战略、培育新经济的重要引擎。

全年各网站备案网络剧640部、网络电影（微电影）6,246部、网络动画片740部、网络纪录片191部、网络栏目2,827档，头部效应明显，涌现出一批具有较强艺术感染力的节目，成为网络文艺的主导力量。以优质内容为保障，在线视频和平台的影响力不断增加，近几年甚至出现了“先网后台”的播出模式。[7] 视频网站加大力度深度参与内容制作。2017年视频网站独立制作的网络综艺节目，占所有上线节目的46%，参与制作的占到72%。爱奇艺2017年推出近200个优质内容项目，内容投资超过100亿元。爱奇艺爆款综艺《中国有嘻哈》总成本高达2.5亿元。腾讯视频2017年推出了40个核心视频类别，2018年扩展到70个以上，以求更广泛、更精准地满足不同受众的兴趣需求。精良的制作加上独具互联网特色的大数据技术、日趋成熟的宣传模式和资本的驱动，在这些合力的推动下，网络内容生产制作行业实现了良性发展。

喜忧参半，高增长下的盈利忧虑

然而高增长并没有带来传统电视行业普遍的盈利效益，卫视广告收入增长出现停滞甚至衰减，而内容采购费用却在继续水涨船高。日益加剧的马太效应和竞争烈度

7. 李秋红，周菁，王羽.2017年广播影视产业发展情况分析[J].新闻战线，2018（01）：23-25.

正在恶化行业生态：在新媒体黑马爱奇艺在2017年度实现44%的广告收入增长背后，是占据地方卫视收入3/4的湖南、浙江、江苏、东方等一线卫视正陷入整体的广告下滑，以及将近80%的二三线卫视处于“零收视”的现状。

由于激烈的内容资源争夺，即便是在2017年度一线卫视中收视排名上升至第二的东方卫视仍处于亏损状态：2017年，东方卫视的收视率在一线卫视中虽然从第三晋升到了第二（CSM52城全年整体收视数据2.66%），且全年收视TOP10的剧集拿下了三部，但是全成本核算的话，东方卫视上年却是处于亏本状态，且广告收入低于湖南卫视、浙江卫视、江苏卫视。[8] 2016年东方卫视广告收入在40亿左右，2017年收入不到40亿，处于下滑趋势。[9] 而作为傲居地方卫视第一把交椅的湖南卫视在年只公布了湖南广电2017年总创收为183.1亿元，但从2018广告招商数据中也可以看出，几个“当家”的综艺节目也出现不同程度的招商额缩水。

“开源”不力，另一边行业马太效应凸显出来的恶劣竞争环境无疑又使得“节流”几乎成为不可能：从统计数据来看，收视率最高的50部电视剧播出频道数从2014年的9家下降至2016年的7家。2016年收视率最高的50部电视剧中的48部，包括热播剧《亲爱的翻译官》《欢乐颂》《微微一笑很倾城》《青云志》等均在湖南、浙江、江苏、东方、北京、山东等前六大卫视平台播放。2016年收视率最高的20部综艺节目全部在湖南、浙江、东方、江苏等四家卫视播出。二三线卫视很难获得精品剧资源，以采购腰部剧、长尾剧为主，或播放精品剧的二三轮。[10] 在头部“一超多强”的一线卫视格局背后，将近80%的二三线卫视处于“零收视”窘境。

由于传统电视媒体的综艺类节目在收视和广告收入上双双遇冷，2017年处于TOP5的卫视的电视剧采购预算预计增加35%，单集成本300万以上的比例也将大幅增加。[11]

高度依赖广告收入、居高不下的资源成本和行业广告萎缩、行业竞争加剧等问题使得传统电视行业，相比于拥有内容付费、广告和增值服务等更加多元盈利模式的视频网站，处在更深度的“盈利忧虑”当中。与先前的年报表现相结合，传统电视媒体如何在格局变化当中重新找到脱困之路，或许是今后几年不得不面对的一场大考验。

8. 搜狐网.SMG总裁高韵斐：广电的困难并非“唱衰”而来，没有“爆款”将难逃一死[EB/OL].[2018-03-13].http://www.sohu.com/a/225444324_100109496.
9. 搜狐网.2017年四大卫视广告收入整体下滑，爱奇艺却同比增长44%，电视台出路在哪？[EB/OL].[2018-03-26].https://www.sohu.com/a/226438541_305277.
10. 资料来源：CSM，中金公司研究部。
11. 搜狐网.2017年四大卫视广告收入整体下滑，爱奇艺却同比增长44%，电视台出路在哪？[EB/OL].[2017-02-16].http://www.sohu.com/a/126455832_505773.

央媒人事制度改革大幕拉开

□王皓然

2017年5月9日，经中央全面深化改革领导小组第三十二次会议审议，中央宣传部、中央编办、财政部、人力资源社会保障部近日联合印发《关于深化中央主要新闻单位采编播管岗位人事管理制度改革的试行意见》（以下简称《意见》），要求既充分发挥事业体制凝聚人才的重要作用，又善于运用灵活用人机制激发新闻舆论工作队伍活力，探索新形势下吸引使用人才、评价激励人才、培养管理人才的有效措施，增强新闻舆论工作队伍事业心、归属感、忠诚度，为新闻事业长远健康发展提供坚实有力的人才支撑。[1]《意见》适用对象为人民日报等九家主要央媒，各地可参照《意见》结合实际制定本地方案。实际上，早在2016年2月19日，习近平总书记就曾在“党的新闻舆论工作座谈会”上提出，“要深化新闻单位人事管理制度改革，解决两套用人体制、两种人员身份带来的突出问题，增强大家的事业心、归属感、忠诚度”。

官方轮番定调的央媒人事制度改革很快带来实际行动：早在同年2月，央视就已经通过初步的人事改革方案。而依据自媒体账号媒通社（ID：mts1000）披露的消息，已于2017年12月31日前，在用工体制上实现了初步的改革，央视的部分企聘员工已于2018年元旦前全部转为台聘，但具体人数不确定。转为台聘之后，这部分转聘员工将直接与央视签合同，五险一金也将由央视直接缴纳，工资待遇等可能会有所改善，而这将对加强转聘员工的向心力有直接影响。但此次转为台聘的员工仅为隶属于

1. 中华人民共和国中央人民政府.中宣部等4部门联合印发《关于深化中央主要新闻单位采编播管岗位人事管理制度改革的试行意见》[EB/OL].[2017-05-09].http://www.gov.cn/xinwen/2017-05/09/content_5192170.htm.

央视下属企业北京中视汇才文化发展有限公司劳务派遣的新闻方面的人员，隶属于央视下属企业北京中视科华传媒技术有限公司劳务派遣的新闻人员仍保持原有身份，预计此次转聘人数将达到7,000人。

弊端凸显，人事成央视改革大“短板”

人事制度改革的动机就在于纠正过往由于僵化的人事制度带来的效率问题和人才流失问题。在媒介融合转型大变革大时代之下，我国不少新闻媒体人事管理体制还不适应新形势新任务的要求，如行政化、机关化比较严重，普遍面临“高端人才进不去，优秀人才留不住，存量人才留不动，低效冗员出不去”等问题。此次央视对7,000人企聘员工的转聘，也让人对更大范围的电视台人事体制改革抱以期待。

在央视过往的用工制度中，员工大致可以分为四类群体：除了属于“临时工”的项目制用工外，正式员工还要分成企业编制、台聘和企聘三个不同层级：

事业编制的员工位于央视用人体制金字塔的最顶端，但数量十分有限。《北京青年报》2014年曾有报道，1992年央视仅有3个频道，编制为2,098个。而如今央视作为副部级事业单位，内设24个机构、11个直属机构以及43个频道，拥有几万名员工，但其编制一直是“一个萝卜一个坑”，保持在2,500—3,000人之间。

第二层级是“台聘职工”，与正式职工享受着一样的工资待遇，但没有事业编制。央视前台长杨伟光曾在受访时说：“当时《东方时空》这样的节目许多正式员工做不了，不得不对外招人。但当时没有编制就只能采取台聘的方式，就是用他们创收的钱给他们发工资，收入不低于台里的老职工。”

由于快速扩张的节目内容规模和政策条件下编制的掣肘，央视不得不使用大批临时人员，仅到2003年5月，央视人员总数达到9,426人，而在编人员仅2,500人，编外工作人员人数是正式职工的2.8倍。为了解决快速发展带来的用人制度混乱跟人才缺口，央视在2003年推行公司化管理和人事改革的尝试，通过央视旗下的子公司中视汇才文化发展有限公司（下称“中视汇才”）建立了劳务派遣制度，长期以来在央视一线工作人员中，比例最大的就是这种所谓“企聘”员工。

2005年，央视又开始采用“项目聘用制”，也就是央视人事等级金字塔的最底层，通过中视广经、中视科华等公司和员工以项目为单位，签订劳动合同，这种工作方式对员工没有任何保障。

有媒体报道，央视的编制区别反映在出入门所佩戴的门卡上。门卡号前面的A、B、C、D基本上可以跟个人的编制等级画等号，A类是正式员工，B类基本是台聘，C类是企聘，D类以外协人员（包括临时工）为主。除了显而易见的人事归属差异，不同层级间的薪酬待遇自然也有天壤之别：2010年11月，央视属于“企聘”的著名主持人赵普就曾在微博上自曝其收入，基本工资不到3,000元，加上绩效不到6,000元，网上掀起一片争议之声。根据北青报当年的报道，有的企聘员工扣除社保后的基本工资最低只有1,400元，而再往下的项目聘用制，在部分栏目中“连员工保险都很难解决。有些栏目为了留住人才，才给人家找公司上保险。有的栏目给这些人1,000元左右的基本工资，有的根本就没有基本工资。”[2]

人才竞争，人事当先

传统媒体是事业单位，员工以事业编制人员为主。改革开放近40年来，传统媒体实行事业单位企业化管理体制。但这种企业化管理，基本上都只涉及经营业务的企业化管理，根本没有涉及事业编制人员的企业化管理。以事业编制身份从事企业经营，责权利不对等，经营者“官员意识”浓厚，“企业家意识”淡薄，加上能进不能出、能上不能下的体制惯性，既束缚了经营者的手脚，也极大地制约了媒体企业的发展，导致传统媒体缺乏创新发展的动力。[3]这种充斥着“同工不同酬”的尴尬事实，日益陷入僵化的人事管理，近年来不仅仅困扰着央视，其本质是中央到地方各级媒体都面临传统媒体集体转型的关键时期和优质内容需求井喷阶段，人才却在流失。2014年，新京报曾以“年薪30万求贤”招深度记者；2017年2月，“横空出世”的红星新闻宣布“20万+”招聘调查记者。两家媒体要的都是做深度报道的调查记者，但这又是所有行业记者中最辛苦、职业素养要求最高的记者之一，能胜任的人越来越少。

为着力解决这一体制僵化和发展混乱带来的“围城困境”，《意见》当中指出，深化改革要坚持统筹推进、坚持问题导向、坚持试点先行，着力推进各方面重点工作。要统筹配置现有编制资源，按规定合理使用编制，将编制资源向采编播管岗位集中，优先保障核心业务岗位用编需求。要选择具有代表性的中央主要新闻单位开展人员编制总量管理试点工作，探索形成新的资源配置方式和管理模式；对试点工作涉及的具体问题，由相关部门制定试点办法，逐步完善配套政策。要建立规范的用工制度，推动新闻单位与采编播管人员建立相对稳定的人事劳动关系，不采用劳务派遣方式使用采编播管人员；完善考核评价和退出机制，对所有人员同等要求、统一管理。要形成推动媒体融合的用人机制，探索建立相对统一、公平合理的用人制度，充分调

2. 搜狐财经.央视员工薪酬分“四等” 收入最低仅1400元[EB/OL].[2014-08-18].http://business.sohu.com/20140818/n403539536.shtml.
3. 吴光振.传统媒体迎来人事制度改革时机[J].青年记者，2015（33）：23-24.

动新闻从业人员的融合发展积极性。

据报道，中央机构编制委员会办公室曾于2017年年初主动提出给央视增加3,000个事业编制，但央视提出，若要彻底解决问题，至少需要10,000个编制。目前看来，此事尚未落实，若能实现，必将对央视改善人才流失问题有极大的帮助。[4]

各家央媒同步并举，改革正在铺开

大刀阔斧人事改革以积极求变的央媒不止一家，人民日报社早在2016年7月就出台《关于推进干部人才全面互通融合的意见》，意在打通社企人才流动通道，鼓励人才双向流动。提出要不断深化职称制度改革，推进绩效工资制度改革，进一步完善分配激励机制。人民日报社在探索面向人力资源市场运行的新机制中，为更好地整合报社人力资源打下基础，也构建出创新、开放的融合发展人才格局，具体实施为：每两月评选一次全报社好新闻奖，兼顾传统媒体和新兴媒体，对报刊、微博、客户端的好新闻进行奖励表彰；在业务考核上，各采编专业部门多向写好稿的记者倾斜，对刊发报纸版面头条、进行深度报道、拍摄图片、参与新媒体产品开发等的采编人员在考核时加分；设立青年岗位能手评比，有效促进采编一线青年业务骨干能力水平提高，激发其积极性、主动性、创造性。

而另一家央媒代表之一新华社，把自己的改革目标定在“探索推动人事管理转为人力资源建设”：通过完善岗位管理机制，变身份管理为岗位管理，变行政任用关系为双向选择聘用关系，实行定编定岗，全面推行并不断完善以按需设岗、按岗聘用、以岗定酬、考核调岗、合同管理为核心的全员岗位聘用，实现同岗同酬、同岗同薪，让各类人才各得其所、各尽所能。[5]

他山之石：体制改革人事先行

人事体制改革的重要作用，我们从海外传统媒体转型实践成功经验中便可以略窥一二：

例如2017年1月17日，纽约时报发布了《2020报告》，该报告旨在探寻报纸如何在数字时代取得成功，为纽约时报的未来制定规划。其中第一部分内容就是进行机构创新，重构编辑机制：引入内容数字化管理系统来替代旧的编辑队伍，在裁汰传统编

4. 蓝鲸传媒.央视7000企聘员工转台聘，传统媒体人事体制改革拉开序幕[EB/OL].[2018-03-20].http://www.lanjinger.com/news/detail?id=85248.

5. 腾讯新闻.央视7000企聘员工转台聘，或将为媒体人事改革提供些许经验[EB/OL].[2018-03-20].https://new.qq.com/omn/20180320/20180320B14J5M.html.

辑职位的同时尝试招聘具有将视频、图形等元素融入新闻的能力的记者和编辑。[6] 一体化的全媒体新闻编辑部人才要一专多能，要融合擅长不同媒体形态报道的各类人才，在统一的生产平台上发挥他们的所长，在工作中优势互补，相互配合。为此纽约时报专设数字技术部门，并设立了“增长编辑”（Growth Editor），其职能就是使新闻数字化，通过可视化新闻报道给用户以轻松、直观的阅读体验，同时训练编辑记者的数字化思维与操作。[7] 而为了维系一支能够深度处理、向下挖掘能力的团队，在指标考核上，《纽约时报》不再将浏览量视为衡量报道优劣最重要的价值标准，更加关注到内容质量层面。

但凡涉及业务组织架构的改革，建立更加高效、适应新业务框架需要的生产团队，就无一能绕开人事制度改革，两者往往是相辅相成的，或者说人事改革是传统媒体全媒体内容改革中涉及的生产方式、业务框架的核心问题改革的开路先锋和前提保障。人事制度改革是2018年央视系列改革举措的第一步，尤其是随着全新的广播电视总台成立，全新的业务队伍组建极大仰赖于高效、公平的人事制度及其人才建设和储备能力。通过绩效、薪酬、股权等多方面的探索，更加市场化的人才管理体制，才能激发生产经营者积极性、创造性的具体手段。操作手段只有在制度理顺后，才能真正发挥作用。

6. 白茹雪，孙黎明.从《纽约时报》创新发展看美国传统报业变革趋势[J].出版广角，2017（24）：50-52.
7. 严俊，宋宣谕.媒介融合时代传统报业编辑部的转型研究[J].新闻大学，2016（05）：56-60，148.

央视进入全面改革时代

□王皓然

深化国家机构改革，新广电总局成立

2018年3月13日，十三届全国人大一次会议召开第四次全体会议，听取国务委员王勇关于国务院机构改革方案的说明。根据该方案，国务院正部级机构减少8个，副部级机构减少7个，除国务院办公厅外，国务院设置组成部门26个。而依照改革方案来看，“组建国家广播电视总局，旨在加强新闻舆论工作，加强对重要宣传阵地的管理，充分发挥广播电视媒体的作用，在国家新闻出版广电总局广播电视管理职责的基础上组建国家广播电视总局，作为国务院直属机构”。而不再保留国家新闻出版广电总局，原国家新闻出版广电总局的新闻出版管理职责划入中央宣传部，中宣部对外加挂国家新闻出版署（国家版权局）牌子。[1] 2018年4月16日，全新的中华人民共和国国家广播电视总局正式揭牌。

在2018年9月11日中国编制网发布的《国家广播电视总局职能配置、内设机构和人员编制规定》中，明确国家广播电视总局为国务院直属的正部级领导单位，机关行政编制263名，设局长1名，副局长4名；司局级领导职数46名。对于职能变化，广电总局不再负责新闻出版方面的管理事务。[2] 并对其职权范围进行相应规定：国家广播电视总局的主要职责是，贯彻党的宣传方针政策，拟定广播电视管理的政策措施并督促落实，统筹规划和指导协调广播电视事业、产业发展，推进广播电视领域的体制机制改革，监管、审查广播电视与网络视听节目内容和质量，负责广播电视节目的进

1. 新京报.2018全国两会丨撤国家新闻出版广电总局 新设国家广播电视总局[EB/OL].[2018-03-02]. http://www.bjnews.com.cn/news/2018/03/13/478800.html.
2. 中编办公布国家广播电视总局“三定”方案[J].中国广播,2018（10）：23.

口、收录和管理，协调推动广播电视领域走出去工作等。而在此基础上，不再保留文化部、国家旅游局，原属于旧广电总局职权范围的新闻出版及电影工作将由中宣部统管，以"更好发挥电影在宣传思想和文化娱乐方面的特殊重要作用"。

本次机构改革的基调就是"理顺关系"，在过往的传媒管理体制中首先存在的复杂问题就是规制主题的多元化和规制权力的分散化，各级党委宣传部门、新闻出版广电部门、工业与信息化部门以及公安部门、工商部门等都承担有不同程度的行业规制职责。考虑到广电行业同时涉及宣传、行政、事业和产业四个职能板块，而不同板块可能就要涉及多个权力部门，其中的关系复杂程度不言而喻。

"以电视剧为例，现当代刑侦题材的涉案剧必须首先通过公安部门的审核才能够向部门申请立项拍摄，而电视剧贴片广告或者植入广告要受到工商部门的严格监管，电视剧的网络播出平台同时受到广电部门和工信部门的管理。"[3]这就导致了传媒产业的发展受到行政条框和交错关系的种种约束。

广电总局历来就隶属于国务院，但其中的宣传业务又归中宣部管理，调整为"作为国务院直属机构"，释放出重要的信息在于广播电视总局从原来的宣传机构变成了国家管理机构，专注于广播电视及网络视听产业，更加强调其传播属性和监管职能，以回归它作为中央和地方各级政府管理工具的职能本源。在2018年11月22日新广电总局党组书记、局长聂辰席于推进全国"智慧广电"建设现场会上的讲话中，把总局和地方各级广电部门这次改革后的主要任务范围大致划分为新闻舆论阵地建设、内容创作生产方面、传播体系建设、实现公共服务、推进事业产业创新发展和国际传播六个方向。其中当前极重要的一项工作就是加快推进智慧广电的建设。最后，值得注意的是，本次改革方案在涉及新的广电总局时使用的措辞是"组建"，而并非"整合"或"重组"，或许意味着在未来所发挥的职能和作用定位会继续产生更大的变化。

新"央视"成立元年，改革动作不断

不仅仅是监管机构发生了重大改革，根据《深化党和国家机构改革方案》要求，整合了中央电视台（中国国际电视台）、中央人民广播电台、中国国际广播电台所组建的中央广播电视总台同样在2018年成立：

3月21日上午，中央人民广播电台、中央电视台、中国国际广播电台召开中层干部大会，宣布中央关于组建中央广播电视总台和领导班子任职的决定。慎海雄同志任

3. 媒通社.新总局挂牌！三张图看懂中国广播电视机构近70年历史变迁[EB/OL].[2018-04-16].https://mp.weixin.qq.com/s/vmolqbVDqbOMbhqTTFH5-w.

中央广播电视总台台长、党组书记。[4]

4月17日，新组建的中央广播电视总台正式揭牌亮相，作为国务院直属事业单位，归口中宣部领导，对内保留原呼号，对外统一呼号为“中国之声”[5]。原包含有的中央电视台、中央人民广播电台、中国国际广播电台当中，除中央电视台旧址所挂“中央广播电视总台”外，中央电视台新台址、中央人民广播电台、中国国际广播电台的新牌上分别多出了“光华路办公区”“复兴门办公区”以及“鲁谷办公区”的字样。

新台和新班子上马后，和新总局一样，首要的任务就是顺应事业产业全新趋势，加快改革升级的步伐：从新台长慎海雄全年做出的系列举措上作归纳，2018年新央视的主要改革工作可以总结到新媒体建设、加快融合、深化地方区域合作、推动产业技术升级几方面。

3月中下旬，中央广播电视总台组建前后，慎海雄相继会见了马化腾、马云、李彦宏，系列举措具有标志性意义，彰显出总台加速强化新媒体建设的决心，也开启了慎海雄在日常工作中与各界各单位的开放连接之路。

3月30日，慎海雄与新闻中心干部职工调研座谈，要求新闻中心加快新闻报道工作融合力度。仅仅一周之后，中央电视台、中国国际广播电台实现了首次合作主持，正式拉开融合大幕。

4月15日，慎海雄出席并宣布第八届北京国际电影节开幕。值得一提的是，该电影节由中央广播电视总台、北京市人民政府共同举办，慎海雄担任组委会主席。联系到此次中央广播电视总台与上海市人民政府签署深化战略合作框架协议，今年6月，双方曾共同主办了第21届上海国际电影节。

5月22日，慎海雄到中央广播电视总台复兴门办公区与央广音乐节目中心、对台湾节目中心、对港澳节目中心、民族节目中心干部职工进行座谈。对于做好下一阶段工作，慎海雄指出：一是要以做好宣传为根本彰显“四力”；二是要不断推进媒体深度融合；三是要在学习中创新。

5月25日，慎海雄出席2018年北京国际电视技术研讨会开幕式并讲话。他强调，广播电视是重要的意识形态阵地、宣传思想文化阵地，也是新兴技术手段

4. 澎湃新闻.中央广播电视总台组建，慎海雄任总台台长、党组书记[EB/OL].[2018-03-12].https://www.thepaper.cn/newsDetail_forward_2036860.

5. 澎湃新闻.中央广播电视总台正式揭牌亮相[EB/OL].[2018-04-19].https://www.thepaper.cn/newsDetail_forward_2084560.

应用推广的重要平台。针对技术话题，中央广播电视总台在此次研讨会上发布了4K超高清电视技术标准。

5月31日，慎海雄在莫斯科克里姆林宫专访俄罗斯联邦总统普京，这一事件引发广泛讨论。一夜之间，这位“资深记者”不仅成了媒体人口中的业务型台长，也成了网友热心点赞的网红台长。

6月15日，慎海雄在上海与总台江浙沪三地记者站干部职工座谈，要求提高政治站位，切实推进国内记者站融合工作。

6月26日，慎海雄与央广综艺节目中心、社教节目中心、国家应急广播中心干部职工进行座谈。

6月29日，慎海雄出席中央广播电视总台“广告精准扶贫”工作交流会并讲话。慎海雄表示，下一步将推出扩大广告扶贫覆盖面，即在现有8个省份基础上增加4个以上省份；在总台相关频道频率和新媒体开办精准扶贫专题专栏；一年内再投入10亿元人民币以上广告扶贫资源等三大扶贫措施。

7月3日，慎海雄会见华为轮值董事长徐直军一行。华为是中国具有自主核心技术的世界级企业，在4K技术领域发展潜力很大。此次会面达成了一个基本共识：华为公司深化与总台在资源共享、电视前沿技术应用、新媒体平台等领域的合作，实现共赢发展。

7月31日，中国国际电视总公司与中国移动通信集团有限公司签订技术合作协议，慎海雄会见中国移动通信集团董事长、党组书记尚冰，并出席签约仪式。

8月1日，慎海雄会见新浪董事长兼CEO、微博董事长曹国伟，双方进行了广泛、充分交流并达成共识。

9月19日，慎海雄到广州广播电视台调研，对广州台致力于国家中心城市主流媒体建设、广州国际媒体港产业转型升级等工作予以肯定。

10月8日，中央广播电视总台与上海市人民政府签署深化战略合作框架协议。此次中央广播电视总台与上海市人民政府的合作，经过了数月的积极会商、周密筹备，达成的重要协议创造了数个第一次：总台第一次与地方政府建立战略合作关系，第一次设立区域总部（长三角总部），第一次设立地方总站（上海总站），无疑具有强烈的示范作用和积极的社会效应。[6]

6. 澎湃新闻.中央广播电视总台首个区域总部和地方总站落户上海[EB/OL].[2018-10-08]. https://www.thepaper.cn/newsDetail_forward_2508463.

在中央广播电视总台组建的头一年中，新任台长慎海雄轮番推出内外兼修的多项改革举措。在对内方面，除了做好宣传引导工作部署外，慎海雄一直在强调融合与技术的重要性，包括内部融合、新媒体改革与技术创新等。对外方面，中央广播电视总台与行政机关、体制外企业、国内外新闻媒体机构等进行战略层面的对话，并签署相关协议，已经成为一种常态，释放出了总台加速对外开展实务合作的清晰信号。从更为深远的角度来讲，慎海雄及中央广播电视总台的一系列开放式举措，是进一步突破机构间合作壁垒的努力，为传媒事业协同发展新形势的确立、为央媒深化融媒改革、为传统媒体布局互联网化战略等，均提供了向外借力、优化资源、提升效率的思路。本次战略合作，也标志着中央广播电视总台迈出了区域化的第一步。

新的国家广播电视总局和中央广播电视总台分别从行业和事业两个维度，分别回答了如何继续发展和繁荣中国的广播电视这个问题，事实上两者在2018年中的行动都带有摸索性质，相较于交卷，更大程度上我们才刚刚开始答题。

新技术助力广电内容变革加速

□王皓然

2018年9月8日，国家广电总局为贯彻落实《中共中央关于繁荣发展社会主义文艺的意见》下发了《关于支持电视剧繁荣发展若干政策的通知》。[1] 通知中第五条明确提出规范电视剧收视调查和管理、规范收视数据应用行为，以及坚决依法严厉打击收视率造假等举措，提出建立基于大数据、云计算的中国特色调查体系。

而引发此次收视率造假问题大批判的舆论风波源自9月15日，导演郭靖宇在其个人微博上发表声明，公开揭发某卫视要求其进行购买收视率的不当行径，一时就得到诸多业内人士公开声援。作为回应，次日国家广电总局在其官方网站上再次发文宣布对舆论反映的收视率造假问题开展调查，一经查实违规将严肃处理。[2] 17日，人民日报微博也参与其中，称："收视造假的利益歪藤上爬满了密密麻麻的'寄生虫'。不尽快拔藤除瘤，就会继续造成逆淘汰，这是对观众不负责，而文艺繁荣也必是虚妄之谈。瓦解收视造假潜规则，众望所归得人心，再造生态是根本。"这一微评随后得到湖南卫视、江苏卫视等多家媒体的官方微博呼应，一石激起千层浪。

其实对于收视率造假问题采取的整治行动已屡见不鲜，早在2002年，时任国家广电总局电影局副局长的张宏森就曾在某学术研讨会上痛斥假收视率的现象。而近年来，官方也并非缺乏动作：2009年，广电总局开始严查收视率买卖两端人群；2013年发布22条新规重整收视率；2014年又出台国内首个电视收视率调查国家标准；2017年

1. 国家广播电视总局.关于支持电视剧繁荣发展若干政策的通知[EB/OL].[2018-09-08].http://www.nrta.gov.cn/art/2017/9/8/art_113_34398.html.
2. 国家广播电视总局.总局就收视率问题开展调查[EB/OL].[2018-09-21].http://www.nrta.gov.cn/art/2018/9/16/art_112_38619.html.

初，中国电视剧制作产业协会还发布《关于坚决抵制收视率作假的自律承诺书》，采取行业自律方式革除少数收视率造假分子……而此次针对收视率造假问题的整治措施，主要看点在于强调法律和行政手段并举，并且首次提出采用全新的、基于大数据技术的收视率普查手段，取代早已落后于时代的旧调查方式，从源头上掐灭造假可能性。

市场不良环境催生造假利益链条

收视率指某一时段内收看某电视频道或某电视节目的人数占比，是节目评估的主要指标，也是广告投放的主要参考依据。做大收视率，不仅可以提升电视剧的影响力，还能吸引广告投放，为电视台带来滚滚财源，因此，一些电视台才会煞费苦心地在要求电视剧片方购买收视率。[3] 因此，收视率牵涉了广告商、制片商、电视台和造假不法分子多方之间的复杂利益链条。早在2009年，原广电总局就已经明确了要从买卖两端人群同时入手严打收视率造假。

然而愈发猖獗的收视率造假问题凸显出两个关键因素：一是利润丰厚，二是违法成本低。在今天这个“微收视”时代，许多节目或频道在黄金时段的收视率能达到1就很难得，收视率每提升0.1个百分点所带来的广告效益，常常数以百万元计。而且由于收视率市场的法律规约和监管机制不健全，且诉讼或问责的时间和人力成本太高而成功案例较少，往往令人却步，致使违法违规几乎“零风险” 。[4] 如此高收益低风险，诱使一些人为获利不惜造假。另一方面，当下很多电视台与制片方在电视剧购买保底价的基础上，通常会协定一定点的收视率，有的甚至直接协定排名范围。如果播出效果达到或突破协定收视点或排名，电视台会给予制片方高于保底价的价格回报；如果未达到，则相应降低购买价格。这种收视“对赌”直接关系到制片公司的经济利益。根据某些“对赌”协议，电视剧购剧价格随着收视排名走低而依次递减，如果跌出一定排名之外，某些卫视甚至可能撤片。所以，少数制作公司顶不住压力，只得选择进行数据作假。[5] 虽然广电总局也已在2015年8月召集8家省级卫视领导召开专题研究会签署反对唯收视率、放弃收视对赌、规范电视剧购播行为的自律公约，并且通过中国电视剧制作产业协会，要求提倡行业自律、提供购销规范文本。但在电视市场竞争格局日益恶化的当下，卫视优先面临生存问题的大考验下，尤其是广告商对这一指标的仰赖让“唯收视率”的症结很难被轻易革除。

3. 刘剑飞.治理收视率造假要瓦解利益勾连[J].青年记者，2018（28）：70.
4. 朱巍.治理收视率造假亟待建立第三方监管机制[N].法制日报，2018-09-20（005）.
5. 陈丹.收视率造假为何屡禁不止[N].光明日报，2016-01-25（014）.

调查工具落后，旧技术亟待改善

收视率造假猖獗的问题根本上归咎于市场和技术双方面的成因。除去要远比买卖双方的共同利益更复杂的多方、多维利益格局外，在技术层面上，较为简单、透明且已严重落后的收视率调查方式，使得不法分子可以轻易实现犯罪行为。

通过污染样本实现收视率造假并不困难：央视索福瑞（CSM）作为国内收视数据主要提供方，其收视率统计的方式并不复杂。根据其官网介绍，索福瑞共有5.79万余户样本家庭，25个省级收视调查网的样本用户为17,250个，117个城市收视调查网的样本户是21,000个；索福瑞通过安装测量仪、留置日记卡等方式追踪调查这些样本户的收视行为，来推断全国范围内的电视收视率。但这5.79万户样本分散在全国各个地区各个城市，有的城市的样本户可能只有几十户。比如一座城市的样本户有100户，只要“污染”了10户样本户，那么就能够影响该城市10%的收视数据。[6] 依据北青报的披露，“某知名调查公司”在北京的样本户也仅有1,000户，很容易造成调查失真，甚至很多调查就是炮制出来的产物，谁花的钱多，谁获得的数据就越好看。[7] 因此，最简单的方式只需要通过简单地收买和行贿样本户来实现。部分广告代理公司、电视台工作人员获得样本户信息后，以小额回报贿赂样本户锁定某频道，以提高其收视率。一位样本户曾透露，自从安装收视测试仪后，家里的电话就忙个不停，不时有人登门拜访，逢年过节还寄礼品甚至送钱，为的就是让他们锁定某频道。索福瑞也曾召开“维护收视数据安全”情况说明会，会上曝光了动用侦探公司跟踪样本户的过程，堪比谍战大片。这一造假手段早在2010年就被《人民日报》报道所披露，但8年之后也仍未获得明确改善。除了直接收买和污染样本外，收视率造假方的手段还包括截留和窃听数据，通过数据公司的服务器干扰来控制收视率，更嚣张的甚至直接收买收视调查公司内部人员直接篡改收视数据。

小样本调查方式早在20世纪80年代中期就已经确立，主要手段包括记录仪、抽样等方式，在相当一段长的时间内都没有本质性改变，这成为黑色利益链条能够长期滋生的一个客观条件温床。

“大数据+精确化”，广电总局树立新标杆

作为对收视率造假技术成因问题的最终回应，2018年12月26日，国家广播电视总局在北京举行新闻发布会，宣布国家广播电视总局广播电视节目收视综合评价大数据

6. 谁是收视率造假的幕后黑手？[EB/OL].[2018-09-16].http://www.sohu.com/a/255167974_563954.

7. 乔杉. 收视率造假是一种价值观污染[N]. 北京青年报，2018-12-28（A02）.

系统基本建成并开通试运行。此系统主要通过建立与网络传输机构之间的安全通道，汇聚大样本用户收视行为数据，经清洗、转换、分析与挖掘，输出开机用户数、观看用户数、收视率、市场占有率等30项核心指标，可以做到防操纵、抗污染，解决收视造假的问题。

广电总局广播电视节目收视综合评价大数据系统初期汇集4,000万有线电视和IPTV样本用户的收视数据，全面涵盖直播、回看、点播等多种收视方式，并将逐步扩展至数亿级样本规模，实现样本全覆盖。其次可通过大数据、云计算，实时处理精准到户。既可以反映热门节目、黄金时段的收视情况，又可以精准捕捉小众节目、边缘时段的收视特征。

例如，某城市500万用户，如果从中抽样选取500个样本用户，那么这500个样本用户没有看过的节目均会被统计为“零收视”；而在系统的大样本统计中，即使1‰的低收视率也会记录留痕。最重要的是，该系统数据采集、清洗、分析、呈现等各环节无缝衔接，全流程自动化、封闭化处理，可有效防范人为操纵。基于海量大数据统计，个体样本数据污染对统计结果的影响可忽略。[8]

如此一来，全新的测量手段，或许真的能有效应对在过去10余年时间内对市场环境和内容质量提升构成极大威胁的收视率造假问题。但想要一劳永逸地解决收视率造假，在营造健康市场环境、完善第三方监管机制和法制基础等方面，还有许多未知道路仍需要全社会的继续探索。

顺应环境，测量工具助力市场变革

全新基于大数据技术的收视率调查不仅由“抽查”逐步走向“普查”，从技术层面上基本掐息了上述收视率造假的可能，净化市场环境，更能够适应数字化时代的内容和平台发展变化要求，相继采用了时移收视数据、OTT大屏收视数据、跨屏收视数据、短视频数据等全新的测量方式。

收视率测量体系的变革事实上触及公平、绿色的市场环境问题，通过对收视率测量体系及方式的改进，同样能起到倒逼传媒市场做好内容革新的工作准备。例如，伴随着媒体融合传播的不断推进，视频内容与传播界面之间的组合更加丰富，受众的媒介接触行为也变得更加多样化与碎片化，亟待同源跨屏测量技术的升级换代。CSM媒介研究近年为此推出的时移收视数据、OTT大屏收视数据、跨屏收视数据、短视频数

8. 广电总局试运行大数据系统，打击收视率造假[EB/OL].[2018-12-26].http://www.bjnews.com.cn/ent/2018/12/26/534021.html.

据等全新测量方式，正是意在呈现出一个更加清晰、多元的传媒内容矩阵。

2018年，CSM媒介研究已可提供52个城市的时移收视数据；而到2019年，时移收视测量将进一步扩展至55个城市，这意味着电视节目收视率测量不仅计入时下的收视数据，在电视端的7天时移回看数据也将成为许多电视媒体及影视节目制作机构日常关注节目传播数据中非常重要的一部分。电视媒体数字化推动的观众非线性收视行为所产生的传播价值得以明确地呈现。同样，2018年CSM媒介研究联合爱奇艺、腾讯视频TV端共同开启了电视大屏TV+OTT同源收视测量，并首次发布了“TV+银河奇异果收视率数据”及“TV+云视听极光收视率数据”，使市场能够对互联网平台在电视端的传播效果有更清晰的认识。

另外，今年索福瑞也在香港实践了新的统一多屏同源测量体系，在电视端传播监测的基础上，增加了通过PC、平板电脑、智能手机等终端设备收看电视节目的行为测量，为市场提供了更为广阔的同源跨屏收视数据，这一方案未来会在内地逐步推广。除此之外，短视频是同样是电视媒体进入移动互联网端重要的突破口。随着更多电视媒体进入移动互联网端的短视频领域，CSM媒介研究也开展了短视频及直播的连续监测与研究。

收视数据测量工具如此快速地变化提升，在过往很长一段时间内是难以想象的，相信大数据的到来不仅能让困扰广播影视市场环境多年的收视率造假问题得到改善，涵括了移时、跨屏、互联网传播以及短视频传播效果在内的全新监测体系也能够更清晰、多元地反映广播电视内容市场的全貌，对内容产品传播效益深入、全面的了解无疑将进一步推动买卖各方的共同进步。

湖南卫视的“娱乐困局”与机遇

□王皓然

据中国之声《新闻纵横》报道，2018年2月至5月，中央第八巡视组对湖南省进行了巡视，7月，巡视组向湖南省委反馈情况时点名批评了作为湖南省文化名片的湖南卫视“过度娱乐化”，充斥综艺节目、真人秀等的问题。[1]

中央巡视组的这一点名，恰恰点到湖南卫视所处骑虎难下的困境：一方面，“娱乐”自2004年改革以来一直是湖南卫视的立台之本。另一方面，近年来广播电视节目泛娱乐化问题，其带来激烈的同质化竞争也正在迅速拉低综艺类节目的收益能力。此番点名，或许也真给了湖南卫视“断臂求生”走出死局的一次机遇跟动力。

几度转型，湖南卫视“锁定娱乐”

1996年新成立的湖南经视率先播出《幸运3721》，开启了中国内地综艺娱乐节目的先河。1997年1月1日，湖南卫视第一套节目正式通过亚洲2号卫星传送，频道呼号“湖南卫视”。湖南卫视“上星”播出以后，推出了《快乐大本营》《玫瑰之约》《晚间新闻》《新青年》《音乐不断》等一系列名牌栏目，在国内外产生了广泛的影响，确立了娱乐传媒的强势地位。被中国媒体誉为“快乐旋风”“玫瑰花香”的“湖南电视形象”，一时间风靡大江南北。在1997—2001年这段时间内，由综艺类节目和创新形式的新闻类节目带来的齐头并进效应确立了湖南卫视在全国范围内的影响力，1998年创办的新闻节目《潇湘晨光》甚至一度达到收视市场份额的18%，实现新闻与娱乐的“双丰收”。但这一势头在2001年由于两起新闻“导向事故”戛然而止：是年

1. 澎湃新闻.整改“过度娱乐化”：湖南卫视调整黄金档编排，增加新闻专题[EB/OL].[2018-11-19]. https://www.thepaper.cn/newsDetail_forward_2650480.

3月，湖南卫视名牌栏目《有话好说》因为涉及同性恋题材而邀请了社会学家李银河和男女同性恋者各一名到现场与观众探讨有关话题，节目播出后遭到国家新闻出版广电总局的通报批评和勒令整改。同年2月湖南经视的《经济环线》节目因播出的系列专题纪录片《民企2001》中包含中国首届民企论坛上的一些不当言论，也被通报批评而停播。加上其他栏目不同程度上因为“导向”遭到诟病，使得湖南卫视对新闻节目的信心遭受重创，“新闻中心”开始对新闻节目进行深度改革，调整新闻节目构架，撤下不安全的深度评论类节目以避免新的政治失分。[2] 随后，调查评论类节目逐渐被消息类新闻栏目取代，此前1997—2000年的四年间，湖南卫视新闻类节目占全部播出栏目的比重一直在40%以上。[3]

2002年始，湖南卫视召开战略发展探讨会，率先提出全力打造“最具活力的中国电视娱乐品牌”，并从次年开始“锁定娱乐”，对节目进行更大范围上的调整，总体上开始向“以娱乐、资讯为主的个性化综合频道”方向发展。

2004年，秉持“快乐中国”的核心理念，改呼号为“湖南卫视”，主打娱乐、锁定全国，并就此打造了继《快乐大本营》后又一个现象级的节目类型——歌手选秀类节目《超级女声》。在强大的娱乐光环下，原有除《湖南新闻联播》《晚间新闻》《娱乐无极限》《乡村发现》四档节目外，其他悉数停播，至2004年年底，湖南卫视的新闻栏目从最巅峰时的21档减少为6档。[4] 从2004年的大转型直到接到整改令之前，通过选秀和综艺娱乐类节目的屡屡出新的“爆款”，湖南卫视已经确立了在地方卫视当中长期的“第一杆位”，依据CSM 23城收视数据，湖南卫视2009—2017年连续9年收视第一，且在2018年1—10月的CSM 52城收视调查中继续保持第一名。

同质竞争市场萎缩，大娱乐时代走向拐点

其实在连年拔得收视头筹背后，娱乐综艺类节目的日子并没有一直保持向好：仅2016年全年，全国就有400多档综艺节目上映，在数量上较上年翻了一番，但收视破1的仅有46档，收视破2、破3的更是寥寥无几。过去的2018年只有14部电视剧平均收视率过1，相较2017年数量减半。湖南卫视平均收视破1的剧仅占12%，而这个数字在2017年是47%，滑坡明显。

2018上半年中，排名前20的综艺节目，湖南卫视占6席与浙江卫视持平，而江苏卫

2. 杨晓凌.解码电视湘军[M].北京：中国传媒大学出版社，2009：187.
3. 冯晓临.湖南卫视电视节目形态演变研究[M].北京：中国社会科学出版社，2015：59.
4. 董亚南.湖南卫视新闻节目转型研究[D].湖南师范大学，2017.

视及东方卫视分别以4席和3席位居其后。[5] 不仅前有强敌，互联网新军组成的“追兵”更是气势汹汹：仅爱奇艺2015年、2016年、2017年的广告收入分别为33.999亿、56.504亿元、81.589亿元，2016年和2017年的同比增长率为66.19%、44.39%，甚至远高于整个互联网广告市场的增长速度，更打造了一大批网络视听综艺类节目的现象级IP。

根据网络发布的2018全年CSM 52城平均收视率，北京卫视以0.223的成绩略胜湖南卫视一筹，而第三名的东方卫视已经与昔日老大——芒果台不分伯仲，被戏称为“二台”的浙江卫视沦为第四，江苏卫视在五大卫视中垫底。由于收视率下滑，广告流失问题同样接踵而来：2018年，湖南卫视的当家综艺《快乐大本营》的招商额相较上年的3.9亿缩水1.7亿，只拿到2.2亿。连续播出5季的《我是歌手》招商额仅8,034万，相较2017年的1.45亿减少了6,400多万。《天天向上》在接连的收视下滑、调档之后未出现在2018年的招商会上，要知道2017年韩束曾以10亿签下《金鹰独播剧场》和《天天向上》。

不仅市场外部环境正在快速变化，新政策导向同样也正在发挥作用：2018年11月9日，国家广播电视总局发布通知，要求加强对广播电视和网络视听文艺节目的管理，坚决遏制追星炒星等不良倾向，严格控制综艺节目嘉宾片酬。对于综艺嘉宾片酬，国家广播电视总局作出明确规定，全部嘉宾总片酬不得超过节目总成本的40%，主要嘉宾片酬不得超过嘉宾总片酬的70%。政策调控之下，有消息称，一些综艺节目的明星嘉宾正在退还部分片酬。光明日报评论认为，此举意味着，大投资、大制作、大明星的节目模式难以为继，国产综艺节目或将迎来发展拐点。[6]

湖南卫视能够在过去十几、二十年中风光无限，事实上很大程度就归功于娱乐化定位抓住了作为市场年龄结构主力的广大年轻群体。而随着大批年轻群体转向互联网，年轻化偏偏成为其最致命的弱点，风光不再。受众年龄层偏大的北京卫视似乎迎来曙光，但其过于本土化、接地气的内容限制了发展上限。东方卫视重剧、浙江卫视偏爱综艺，过分偏科同样让它们的发展遭遇巨大桎梏。而江苏卫视因在综艺、剧集方面并不鲜明的特色和保守的风格只能在五大卫视中落至末位。

整改当头，“答题”亦是“自救”

中央巡视组当头棒喝下，湖南省委领导迅速责令其开展整改。为此，湖南广播电

5. 数据揭秘：2018年卫视的收视担当将花落谁家[EB/OL].[2018-07-24].https://news.znds.com/article/32410.html.

6. 韩业庭，陈童.从人看脸到看内容看质量——政策调控之下综艺节目如何转型升级[N]. 光明日报，2018-11-15.

视台党委制定了《坚持新闻立台防止过度娱乐化问题的若干规定》，坚决予以整改。依照人民日报报道，2018年8月以来，湖南卫视播出新闻、公益类节目日均时长较1月至7月增长6.2%，播出娱乐类节目日均时长减少10%。湖南卫视把黄金时段拿出来做主流宣传以及公益广告的宣传，最好、最优秀的制片人亲自操刀做公益广告。[7] 晚上8点黄金时段，《平“语”近人——习近平总书记用典》《新时代学习大会》《为了人民》《奋斗新时代》等10多个新闻大片陆续登陆湖南卫视，《我的青春在丝路》《技赢未来》等展现“中国故事”的纪录片被编排进了黄金时段。

在节目组合和内容形式改变上，湖南卫视也正在迅速响应改变。2018年11月9日湖南卫视在长沙举办“青春我耀新时代·湖南卫视青春创研大会”，展示此后一年的主要产品节目以吸引“金主”。相比往年，2019年度湖南卫视原创节目和老节目的比例达到五五开，创新幅度之大行业罕见。

在湖南广播电视台党委副书记、副台长、总编辑、集团公司党委副书记、总经理张华立看来，“青春”，是湖南卫视频道气质的关键词，也是最古老、最朴实、最坚定的哲学观和世界观。“我耀”，则是燃烧自己，照耀伙伴。2018年，湖南卫视先后诞生了《声临其境》《幻乐之城》两档爆款节目，引领了综艺品类的创新开发，以《中餐厅》《向往的生活》《亲爱的客栈》为代表的慢综艺，依旧占据市场的绝对主导地位。[8]

光明日报就借用中国社会科学院新闻与传播研究所世界传媒研究中心秘书长冷凇对“小大正”的理解，来印证这一拐点下湖南卫视新的节目组合动态：“小切口、大共鸣、正方向”。他认为，“垂直精分”会成为未来综艺节目转型发展的另一个选择，“每一个看上去垂直的综艺节目的背后，都是上亿的观众和千亿级的市场”。

仅以目前看来，湖南卫视的整改行动并非2004年彻底革面、重塑定位的全面重整，而是继续依据自身定位，深挖市场走向、社会价值和分众资源。往后，如何深挖和创造注重圈层观众的需求、呼唤知性、更具原创性和注重社会价值的全新节目内容资源，或许是湖南卫视继续贯彻整改并同时取得正向社会效益和市场效益的光明道路。随着近年来卫视的大娱乐时代已然迎来不可逆的下行拐点，“限娱令”的适时推出同样给了地方卫视一次内容洗牌、断臂求生的机会。

7. 鲍聪颖，高星.动真碰硬，写好巡视整改答卷[N]. 人民日报，2018-11-16（04）.
8. 澎湃新闻.湖南卫视2019年如何出牌？[EB/OL].[2018-11-11].https://www.thepaper.cn/newsDetail_forward_2623018.

三、数字媒体发展

短视频创新新闻报道

□葛中华

随着短视频的兴起与发展，短视频新闻日渐成为新闻报道的重要形式，不仅新闻内容生产和传播方式得到了创新发展，新闻传播效果也有所提升。2018年9月，人民日报抖音号对台风“山竹”过后，深圳人民的上班情况进行首发，获得了9.3万的点赞数；读创新闻抖音号也发布话题“#山竹过后山竹走了，我找到了更爱深圳的理由”等等。这些短视频新闻不仅展现了工作人员的爱岗敬业形象，也以轻松活泼的方式展现了人们面对困难时积极乐观的态度，以及侧面反映出政府在面对突发状况时，应急工作能力的增强，与以往沉闷单调地表现自然灾害给人们造成巨大损失有很大不同。现如今，短视频新闻是世界各大媒体内容生产的新方向，有着良好的发展前景和空间。

短视频的兴起与发展趋势

短视频以短小的视频为表面特征，内容时长一般在2分钟以内，却体现了用户对于信息获取效率与表现形式的要求，短小精悍的视频中融入故事、情绪、温度、张力、创意等诸多因素，降低用户的获取难度，吸引用户兴趣。社交化应用是激活短视频生产力的重要因素。自2016年下半年，火山小视频、抖音、快手等短视频平台问世，便迅速获得了网民的青睐。

近两年，短视频持续发力，用户规模呈现爆发式增长。iiMedia Research（艾媒咨询）数据显示，2016年年底我国短视频用户规模为1.53亿人，[1]截至2017年年底，我国

1. 2016–2017中国短视频市场研究报告[EB/OL].[2017-04-21].http://www.iimedia.cn/51028.html.

短视频用户规模增至2.42亿，[2]增长率为58%。中国互联网信息中心数据显示，我国短视频应用迅速崛起，在2018上半年，74.1%的网民使用短视频应用，以满足碎片化的娱乐需求。[3]据《2018年中国网络视听发展研究报告》显示，截至2018年6月，短视频用户规模已达5.94亿，占网络视频用户97.5%。[4]由此，互联网巨头及媒体机构看到了短视频的增长空间，并将其作为行业发展新契机，纷纷布局短视频业务。事实上，在2016年短视频呈井喷式发展之前，微视（腾讯）、秒拍（新浪）、美拍（美图）三大短视频分享工具在2013年下半年曾相继出现，短视频活跃用户一时显著增加，以至于2014年被称为“中国移动短视频元年”。但在此后一年，短视频却不温不火，当直播逐渐兴起，短视频才又有了新的进展。[5]

国外的社交化短视频发展较为领先。2011年4月，美国的Viddy正式发布，它具有快速拍摄、编辑、同步分享等功能，能够与社交媒体平台实时对接，从而为人们用视频进行即时对话提供了可能；2012年，NOW This作为世界前沿的新媒体典范，一诞生就获得了关注，在2016年，NOW This的视频月播放量可达到25亿；[6] 2013年1月，社交媒体巨头推特（Twitter）发布Vine，手机用户可以拍摄6秒钟的迷你短视频，并进行分享；2013年6月，最大的图片分享平台Instagram也推出了强大的短视频分享功能。[7] 此时，我国也开始了对社交短视频的探索，出现了秒拍、微视、美图等同类应用。2013年12月16日，新浪微博宣布开启短视频战略，重点发展“秒拍”，帮助微博用户便捷地拍摄、分享短视频；2013年9月28日腾讯“微视”上线，成为又一款社交短视频平台，用户既可以与好友用短视频互动，也可以在微博、微信上进行同步更新。利用短视频进行社交，激发了用户作为自媒体主体的表达欲和创造力，调查显示，2016年我国短视频发展内容主要集中于搞笑、美食等门槛相对较低的领域，[8] 而行业格局还未定形，有待进一步开拓。历经发展，总结2017—2018年短视频发展，主要呈现如下趋势：

一是短视频市场竞争日趋激烈，蓝海已变为红海，未来朝向差异化发展。除原

---

2. 2017-2018年中国短视频产业趋势与用户行为研究报告[EB/OL].[2018-03-23].http://www.iimedia.cn/60925.html.
3. 第42次《中国互联网络发展状况统计报告》[EB/OL].[2018-08-20].http://www.cnnic.net.cn/hlwfzyj/hlwxzbg/hlwtjbg/201808/t20180820_70488.htm.
4. 2018年中国网络视听发展研究报告[EB/OL].[2018-11].http://www.cnsa.cn/index.php/industry/industry_week.html.
5. 王晓红，任垚媞.我国短视频生产的新特征与新问题[J].新闻战线，2016（17）：72-75.
6. Now This总裁Athan：短视频25亿月播放量是这样实现的[EB/OL].[2016-11-15].http://tech.qq.com/a/20161115/025200.htm.
7. 张梓轩，王海，徐丹.“移动短视频社交应用”的兴起及趋势[J].中国记者，2014（02）：107-109.
8. 2016-2017中国短视频市场研究报告[EB/OL].[2017-04-21].http://www.iimedia.cn/51028.html.

有的抖音、火山、快手外，在两年时间里，国内互联网巨头纷纷布局，抢占短视频红利，其中百度上线Nani小视频、腾讯复活微视、阿里巴巴预计推出独客短视频、腾讯推出爱动小视频等。在短视频发展的下半场，媒介形式本身已不再具有吸引力，如何从众多短视频应用中争夺用户成为制胜关键。差异化与自我定位成为占据短视频红海一席之地的关键。在这个背景下，寻求短视频的长远发展便变得格外重要。

二是人工智能助力短视频发展。2017年12月26日，新华社面向全球发布中国第一个媒体人工智能平台——“媒体大脑”1.0。全国两会期间，“媒体大脑”自动生成一系列视频报道，平均耗时不超过15秒。2018年俄罗斯世界杯期间，新华社再次推出“数据+算法”、人机协作的“MAGIC”智能生产平台。从6月13日到7月7日，“MAGIC”平台生产世界杯短视频35,511条，播放量突破8,330万。人工智能借助数据与算法，实现精准传播，提高了视频制作的效率，为短视频的后续发展提供了技术支持。[9]

三是短视频内容的多元化与垂直化发展。在2016年，短视频主要是泛娱乐内容，同质化严重，而2017年，垂直细分领域的短视频不断增多，如深耕财经领域的“功夫财经”，专于体育短视频的“秒嗨”。2018年，各大媒体还深耕于时政微视频，如人民日报和中央电视台联合推出微视频《人民领袖》，新华社和中央电视台推出微视频《答卷》等。随着竞争日益激烈，内容成为短视频下半场制胜的关键。内容不仅多元化，还更加专业化，这既要满足用户的多种需求，又需要提升短视频的质量。另外，垂直广告等形式则利于解决短视频内容变现的困境。

四是短视频发展的商业机制尚不完善。短视频内容变现目前仍未形成可供参考的标准与机制，除商业定制与原生广告外，未出现可持续盈利的商业模式。关于短视频内容变现问题的争论主要集中在，版权保护的难度与力度、内容付费与传播范围等。

五是在短视频发展的“风口”，国家对短视频的监管与整治正全面展开。2018年4月以来，短视频内容成为监管部门整顿焦点，相关部门对包括秒拍、B站在内的短视频平台发出整改要求；2018年7月16日，国家版权局、国家网信办、工信部、公安部联合启动“剑网2018”专项行动，开展包括短视频版权专项整治在内的重点整治。国家监管力度的增强对短视频的健康发展提出了更高的要求。

9. 从1.0到2.0“MAGIC”又给新闻智能生产带来哪些“魔术”？ [EB/OL].[2018-08-26].https://mp.weixin.qq.com/s/RtiewXjxGDW0RcMfG5lBqw.

10. 生产仅6秒，新华社发布中国首个MAGIC短视频智能生产平台[EB/OL].[2018-12-27].http://tech.huanqiu.com/internet/2018-12/13913395.html?agt=46.

“新闻+短视频”的几种尝试

新华网董事长田舒斌指出，数据显示出市场对短视频的旺盛需求，而各类视频制作机构最近两年生产能力和生产规模也出现大幅度跃升，供给侧和需求侧形成了新的联动态势，这是5G时代到来前，主流媒体所需要面对的视听传播新态势。[11] 旺盛的需求和繁荣的供给，让短视频成为新闻传播的重要力量，而短视频在2017—2018年的发展趋势则表明，此时的短视频尚有巨大的发展空间。我国新闻机构，在2017—2018年可以说很好地利用了短视频平台，推动网站向视频化、移动化、知识化、智能化转型。短视频的探索，成为各大新闻机构内容新生态的战略支点。“字节跳动”副总裁、总编辑张辅评曾将短视频定位为集技术先进、形式新颖、操作便捷于一身的传播利器；[12] 总结新闻媒体积极探求以短视频形式播报新闻的路径，主要分为以下三种：

第一种是传统新闻媒体自行开发视频平台。其中极具代表性的有新京报与腾讯集团合作推出的“我们视频”、澎湃新闻上线的澎湃视频。“我们视频”于2016年9月份正式上线；11月份对“河北保定男孩掉进枯井”一则新闻生产了22条短视频，累计播放量超过6,000万；2017年1月，“我们”直播报道的90后小夫妻骑摩托车回家过年的视频，流量近800万；从“我们”短视频推出到2017年4月28日，完成短视频有2,000多条，[13] 而2018年1月18日—2019年1月1日，完成短视频有4,000条。澎湃视频2017年初正式上线，覆盖新闻调查、文化、科技、财经、时政等众多领域，短视频是其中的重要形式。它们仅是澎湃新闻客户端下辖的频道，无独立App。传统媒体自行开发视频平台，可以利用媒体本身的品牌号召力与影响力，共享原有的已完善的采编体系和资源。但同时，它也会局限于原有的客户群和覆盖范围，难以真正跳脱原有的思路与体系，在报道方式上也并无大的突破，难以形成独立的短视频新闻品牌。尽管如此，这依然是传统媒体积极转型、开拓新形式的积极尝试。

第二种是独立的短视频资讯平台，如“梨视频”。2018年4月，梨视频完成A轮融资，总额6.17亿人民币，继华人文化、人民网之后，腾讯、百度也成为梨视频新股东。梨视频坚持独特的“PGC+UGC”生产模式，以专业的团队对非专业性的拍客团

---

11. 传媒茶话会.新华网董事长田舒斌：视频业务将成为新华网内容新生态的战略支点[EB/OL].[2018-12-26].https://mp.weixin.qq.com/s/DEbEp7YpPattw7ukvvvLXw.

12. 抖音与甘肃合作，向全球展示敦煌千年之美[EB/OL].[2018-07-19].http://pic.cnr.cn/pic/shehui/20180719/t20180719_524306302.shtml.

13. 站在视频风口，传统媒体的突破与探索[EB/OL].[2017-04-28].https://baijiahao.baidu.com/s?id=1565906582796528&wfr=spider&for=pc.

队进行指导。强大的全球拍客网络系统与拍客管理系统是UGC的基础，而专业人士的审核则是资讯准确性与质量的保证。与文字相比，以视频形式传递资讯、播报新闻，确保了新闻内容的真实性，在一定程度上减少了假新闻制造的可能，降低了对于拍客这一非专业群体的要求，顺应了互联网时代大众获取信息的习惯。庞大的拍客群体弥补了传统新闻采编的人员地域限制，专业的把关又确保了信息的质量。传统媒体注重与梨视频的合作。2017年年底，梨视频发起“中国短视频赋能计划”，大众日报、重庆日报、华商报、晶报、江西晨报等20多家传统媒体先后与其达成合作。在“县域融媒体中心”建设中，梨视频提供技术和人员与县级媒体进行合作，以助推传统媒体转型升级。[14]

第三种是传统媒体入驻快手、抖音等生活记录类视频社交平台。2018年6月12日，抖音首次对外公布，抖音日活跃用户超过1.5亿。巨大的流量和用户群体吸引了包括人民网、央视新闻、国资委在内的500余家传统主流媒体和政务媒体的入驻。截至6月底，抖音上主流媒体和政务号相关的视频播放量已超16亿。以人民网为例，截至2018年12月31日，人民网在抖音上已发布视频786条，拥有了超过537万的粉丝，仅“习近平主席发布2019年新年贺词”这一条就收获105.7万的点赞。人民网发布的抖音视频，依然延续“正能量”的风格，有新闻现场的视频记录，有精彩的新闻片段，也有感人至深的军民故事。人民网入驻抖音，代表着中央级传统媒体正在积极地扩展舆论阵地，不断向更年轻的群体靠近，并逐步转变高高在上的报道风格，将社会主义核心价值观的宣传融于贴近群众与生活的新闻事件之中。传统媒体入驻其他视频平台，对于拓展媒体的覆盖面，打造崭新的品牌形象，探索新时代背景下讲好中国故事的手段与方式，意义重大。但同时，传统媒体的信息生产不得不遵循平台本身的规则与算法，难以做到真正的自由。

扬长避短：传统媒体的转型机遇

传统新闻媒体与短视频平台各有所长、各有所短，传统媒体转型不可盲目跟风，不可全盘否定旧有的新闻生产与传播经验。传统新闻媒体的成功转型应建立于对传统媒体本身的优越性与短视频特色深入了解的基础上，不回避、不盲目迎合短视频发展的劲头，生产优质内容，把握这一转型机遇。

14. “一只梨” 如何搅动短视频格局？[EB/OL].[2018-09-19].https://mp.weixin.qq.con/s/EyrBzWvIHUkEsMNH4LFWkA.

传统新闻媒体涉足短视频领域优势如下：

一是其优质的内容生产能力。专业的团队、第一手的新闻资源、成熟的新闻生产流程是传统媒体优质内容生产的基础，也是其他以大众为生产主体的视频平台所缺乏的方面。在短视频发展的下半场，内容的深度与专业性必然成为决胜的关键。传统媒体应利用好这一优势，精炼内容及深度，提升自身竞争力。

二是敏锐的感知力与洞察能力。因经验积累与职业素养，传统媒体及新闻工作者对于国家政策、形势、社会发展具有良好的感知与洞察能力，这为传统媒体把握短视频发展的脉搏，生产高质量新闻信息提供了良好的基础。

传统新闻媒体以短视频形式发布资讯，仅仅把握一个“短”字远远不够。短视频具有如下特点：

一是对用户碎片化时间的利用，及对用户快速获取关键信息的需求的满足。短视频短小精悍，不需过长的时间投入，顺应了现代人碎片化的时间与阅读习惯。但同时，也对视频内容的高度集中提出了要求。

二是以故事与情感调动用户获取信息的欲望。在“浅阅读”时代，严肃的新闻已越来越难以吸引大众，戏剧的张力、情感的共鸣成为大众更青睐的内容。

传统媒体把握短视频发展机遇进行转型，不可徒有其表，也应把握短视频得以被大众选择的真正原因，扬长避短，以求发展。总的来说，应该做到：

一是内容与形式相结合、娱乐与信息相结合。以更加喜闻乐见的话语进行信息的发布，讲好中国故事，调动大众的感情与情绪，改变以往宣教式的口吻，时刻关注大众的喜好与动态，保证信息生产的真实、准确与内容的质量。

二是全网分发，扩大信息覆盖面与媒体影响力，根据目标受众与媒介形式的变化调整新闻内容，提高传播效率。

三是建立明确定位。差异化是短视频未来发展的重要趋势，也是传统媒体保持自我竞争力的关键。传统媒体转型，应把握自身优势，明确定位，打造品牌。

结语

在媒体融合发展的大背景下，短视频在新闻报道中扮演着重要角色。可以说，短视频的兴盛发展为传统新闻媒体的转型提供了新的思路与路径。尽管仍有人对于短视频的发展持观望态度，但积极探索短视频传播的规律与特点，并将其与传统新闻媒体的优势相结合，是传统新闻媒体如何利用短视频并在激烈竞争中占据一席之地的关键。牛天、周继坚在2016年曾指出，在先进技术驱动的媒体融合环境下，短视频是创新新闻报道的利器。主流媒体及时捕捉网络信息技术的最新发展，并将其运用到主流价值和主流内容的传播中，满足受众的多样化需求，将塑造全新的内容竞争力和用户影响力，利于形成全方位、多层次、多声部的传播新格局。[15]

15. 牛天，周继坚.新华社：短视频成为创新新闻报道“利器”[J].传媒评论.2016（10）：27-29.

自媒体平台争夺大战

□葛中华

在当下，自媒体繁荣时代，各门户网站、新闻资讯客户端、区域媒体等都纷纷推出自媒体平台。2017年，互联网巨头对各家自媒体平台加大补贴力度，纷纷宣布体量达到数亿元的补贴计划，如腾讯“芒种计划2.0”、百度“百+计划”、阿里旗下UC“大鱼计划”等，以此吸引更多自媒体入驻，获得更多原创优质内容。在资本刺激下，自媒体平台对内容资源的争夺愈演愈烈。

自媒体平台发展路径

自媒体，是用户自己能够掌控内容生产、监督和传播的媒体。[1] 自媒体的发展，可以分为萌芽、兴起、繁荣三个阶段。在自媒体萌芽阶段，主要以BBS、论坛、社区和校友录为代表，网友以注册用户的方式发帖，信息聚集呈现在某个圈子里，内容和影响力辐射范围小。[2] 兴起阶段，主要以社交媒体为代表，如博客、微博、微信公众号等，自媒体开始呈现出对社会舆论的巨大影响力。当下，是自媒体的繁荣阶段，代表是各类自媒体平台。自媒体平台可以被理解为以互联网、移动端为传媒介质的媒体聚合和分发平台，包括腾讯企鹅号、今日头条的头条号等等。[3] 相较于微博、微信，自媒体平台的分发渠道、传播范围更加广泛。随着微博发展趋稳，微信公众号几近饱和，各门户网站、新闻资讯客户端、区域媒体等都纷纷推出自媒体平台。[4] 2017—2018年，自媒体平台呈现多元化发展趋势，主流平台增速，新型平台崛起，多平台形成共生发

1. 单蓓蓓.自媒体平台发展和资本力量制衡研究[J].中国报业，2017（07）：74-75.
2. 同1.
3. 闻进.自媒体平台竞争格局与未来展望[J].视听界（广播电视技术），2017（01）：61-67.
4. 夏文辉.今日头条自媒体平台“头条号”研究[D].湘潭大学，2017.

展模式。目前，对自媒体平台的分类方式主要有三种：

一、 按照自媒体内容输出形式来分，主要分为图文、视频、音频、直播四类平台。其中，图文类自媒体平台中图文是最主要的内容发布形式，自媒体同时也会利用视频、音频、直播等渠道发布内容；而视频、音频、直播类自媒体平台的内容发布渠道则比较单一。[5]

二、 按照自媒体类型来分，可分为传统综合/门户类平台、垂直巨头类平台、细分社交类平台、硬件软件类平台[6]或资讯平台、社交平台、视频平台、音频平台、电商平台。[7]

三、 按照自媒体平台服务提供商来分，可分为传统四大新闻门户发布平台、BAT系列平台、独立发布平台、专业垂直类平台。[8]

自媒体平台的发展，离不开互联网巨头巨额资本的影响，在此按照第三种分类方式，介绍几种最具代表性的自媒体平台：

1. 传统四大新闻门户发布平台之企鹅媒体平台。企鹅号是腾讯倾力打造的自媒体公众平台，以其众多分发渠道在公众间影响甚广，主要受众为年轻群体，用户活跃，最为典型。企鹅自媒体平台的文章可多渠道一键分发，覆盖到全网用户，如天天快报、腾讯新闻客户端、微信新闻插件、手机QQ新闻插件、QQ公众号、手机腾讯网等，原创好文章曝光很高，利于优质内容创业者的曝光。

2. BAT系列平台之百家号。百家号于2016年6月份在百度内部启动运行，当年9

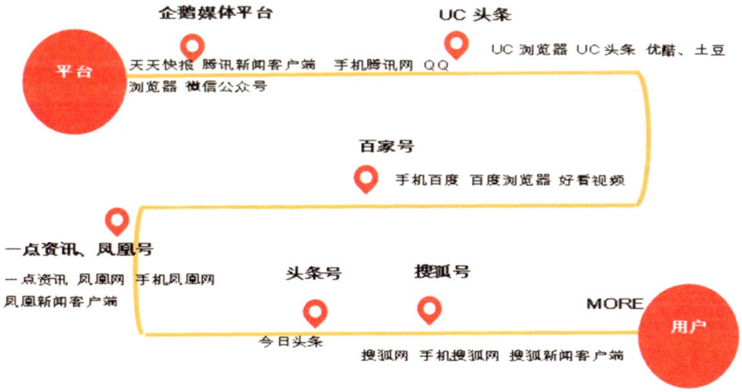

5. 克劳锐.2016中国自媒体行业白皮书[EB/OL].[2017-02-22].http://www.topklout.com/images/report/201708/4.pdf.
6. 闻进.自媒体平台竞争格局与未来展望[J].视听界（广播电视技术），2017（01）：61-67.
7. 克劳锐.2018中国自媒体行业白皮书[EB/OL].[2018-03-29].https://www.useit.com.cn/thread-18501-1-1.html.
8. 新媒体营销.最全自媒体平台整理[EB/OL].[2016-05-31].https://mp.weixin.qq.com/s/fwlSP-JvLIMPOzgoNXkbrw.

月28日正式与社会公众见面，主要为内容创作者提供内容创作、分发、变现和粉丝管理，同样实现了一点接入、多点分发。建立至今，百家号紧追用户需求，利用百度“搜索”之优势，发展迅速，以高质量和个性化的资讯，架起了搜索与内容的桥梁，使百度在新时期有更大的开拓空间。截至2017年第三季度入驻自媒体作者90多万。[9]

3. 独立发布平台之头条号。今日头条的自媒体平台“头条号”在所有的自媒体号中上线最早，2016年增长趋势较大。截至 2016年12月31日，头条号的数量达到44万，其中个人自媒体账号33万。[10] 头条号粉丝目前已达到1,058万。

4. 专业垂直类平台之湃客。2018年7月19日，澎湃新闻“湃客”创作者平台上线，以成为中国新媒体发展创新基地、全球创作者交流平台为目标，集纳并展示外部优秀纪实作品，倡导自我表达，捕捉时代命脉。现有核心板块为非虚构写作栏目“镜相”、纪实影像栏目“眼光”、数据新闻栏目“有数”。[11] 在上线后最初的一个月里，来自“湃客”的创作者、机构共发布了500多篇优质原创内容，收获了超过1.3亿的阅读数。[12]

表1 自媒体平台推出时间表(不完全整理)

自媒体平台	推出时间
今日头条-头条号	2013年上线；2015年9月，普通个人也可入驻头条号
阿里巴巴-UC头条	2015年7月，UC浏览器上线UC头条
一点资讯-一点号	2016年2月，一点资讯开通一点号
腾讯-企鹅媒体平台	2016年3月，腾讯天天快报开通企鹅号
搜狐-搜狐公众平台	2014年推出，2016年优化改版
网易-网易号	2016年4月，网易新闻开通网易号
新浪-新浪看点平台	2016年5月推出
百度-百家号	2016年6月，百度百家号上线
凤凰-凤凰号	2016年8月，凤凰自媒体更名为“凤凰号”
封面新闻-封面号	2016年8月，华西都市报封面新闻开通“封面号”，成为传统新闻客户端向新闻资讯客户端转变的代表[13]
九派新闻-九派号	2016年9月，九派新闻上线“九派号”，“九派号”是全国首家党媒控股的媒体开放平台[14]

9. 王朋.基于用户反馈角度的百家号传播效果研究[D].西安工业大学，2018.
10. 夏文辉.今日头条自媒体平台“头条号”研究[D].湘潭大学，2017.
11. 湃客.什么是湃客[EB/OL].https://www.thepaper.cn/about_sparker.jsp.
12. 湃客.湃客·有数8月榜|这些数据新闻值得你重温[EB/OL].[2018-09-10].https://www.thepaper.cn/newsDetail_forward_2424386.
13. 夏文辉.今日头条自媒体平台“头条号”研究[D].湘潭大学，2017.
14. 同3.

自媒体平台争夺内容创业者

继2016年，腾讯、阿里、百度等互联网巨头陆续推出企鹅号、UC订阅号、百家号等自媒体平台后，2017—2018年，内容分发平台百花齐放，内容创业更加火热。自媒体平台继续发布激励政策，投入重金，以扶持内容生产者，招揽更多自媒体及内容创业者入驻平台。2017年，企鹅媒体平台发布“芒种计划2.0”，拿出10亿元补贴扶持和2亿元投资基金；原UC订阅号“W+”量子计划升级为“大鱼计划”，补贴金额高达20亿。“百+计划”将向每月“原创作者榜”上榜者提供高达万元的创作奖金及百家号各项定制权益等。腾讯在发布“芒种计划2.0”之前，已发布“芒种计划”。2017年，腾讯公司副总裁黄海称，企鹅媒体平台实现飞速发展，企鹅号的数量从最初的1.3万个增长至目前的20万个；平台中的内容品类从140个增长到 2,000个；短视频播放量也从0.78亿增加到20亿。[15] 2018年8月，湃客创作者平台对入围优质内容进行考察，输出内容综合指数，选出“湃客”上线首月的排行榜前十，对“镜像”“眼光”“有数”每个栏目的优质文章创作者给予创作奖金。[16] 头条号在2018年6月推出“青云计划”，每天奖励至少100篇文章，每篇奖励300元。截至2018年12月28日，“青云计划”已奖励优质文章30,416篇，共有5,215位作者获奖。[17] 截至12月26日，头条号称今日头条创作者共发布16,467万篇文章。[18] 头条号，日活跃用户高达1.2亿，活跃头条号超过80万个。[19]

不仅主流平台内容生产数量庞大，用户活跃，各细分平台也迅速崛起。短视频快手拥有超过7亿用户，问答社区平台知乎月活跃超过3亿，社交平台陌陌即将突破亿级数量，直播平台花椒目前月活已突破4,000万，等等。[20] 内容市场的巨大前景，让内容作为重要的流量入口成为业界共识，内容生产者和自媒体创作资源更是成为自媒体平台不遗余力地争夺的对象。流量分发和广告分成等吸引政策屡见不鲜，内容创业热潮推动着渠道的成熟和平台服务的升级。从今日头条、天天快报、一点资讯接连强推广告，再到2017年前后，BAT纷纷推出自己的创作者奖励计划，内容的价值被空前释放，但也形成了各大内容平台互相对峙杀伐的局面。繁荣之下必有隐忧，自媒体平

15. 搜狐.腾讯发布2017芒种计划2.0 将投入12亿元[EB/OL].[2017-03-01].https://www.sohu.com/a/127598815_184641.

16. 湃客.湃客·有数8月榜|这些数据新闻值得你重温[EB/OL].[2018-09-10].https://www.thepaper.cn/newsDetail_forward_2424386.

17. 头条号.2018“青云计划”大数据出炉，自6月以来共奖励优质文章3万+篇[EB/OL].[2018-12-30].https://www.toutiao.com/i6640658843133018628.

18. 2018今日头条创作者大数据发布,全年共产生296万篇10万+[EB/OL].[2018-12-26].https://www.toutiao.com/i6639294685233807879.

19. 克劳锐.2018中国自媒体行业白皮书[EB/OL].[2018-03-29].https://www.useit.com.cn/thread-18501-1-1.html.

20.同9.

台越来越多，流量的分发也越来越分散，用户之争愈演愈烈，逐渐显现出马太效应。且自媒体平台分发内容模式，促使内容泛滥、生产有量无质、恶性循环、公众影响恶劣。

2017—2018年，国家对自媒体平台的监管不断加强，网信办接连不断约谈各类自媒体负责人，也正说明了自媒体平台内容的纷杂与良莠不齐，而人民日报也曾发文点名批评资讯推荐算法。在国家的严格管理下，2018年，平台补贴收入有所减缓。这些平台目前在相继维护一定数量的创建者，并深挖用户的偏好。目前，自媒体平台开始帮助平台作者转型，以发展内容电子商务来弥补补贴上的不足。

优质内容才是用户需求

根据企鹅智库调查显示，对大多数内容创业者而言，自媒体平台的主要价值应是分成与流量，只有少部分人认为自媒体平台的价值应该是优化创作，且自媒体平台应该激活中长尾内容，这意味着对算法有更高的要求。当前，自媒体平台已对自媒体推出内容扶持计划、广告分成、内容分发等“基本配置”，自媒体平台之间的重合度增高，竞争加剧，而用户流量红利逐渐消退，如何增强自己的竞争力将成竞争关键。[21]

目前用户的主要活跃阵地仍以主流自媒体为主，社交网络已抢占用户流量高地，如微信公众号总数突破2,000万，月活跃账号数达到350万；截至2017年12月，微博月活跃用户达到3.92亿，全年微博月活用户净增长7,900万，月均阅读量大于10万，用户突破30万。另一方面，克劳锐指数研究院发现，个性化和社交化成为内容消费升级的两大坐标。在媒介偏好方面，陪伴式、沉浸式媒介更能打动用户；内容偏好方面，原创优质内容、短视频广告投放、内容垂直深化更受追捧。截至2017年12月31日，克劳锐指数研究院对22个自媒体领域的近10万个头部账号做出调查，研究发现平均原创阅读数和平均粉丝数趋势图一致，优质原创内容是聚拢粉丝关键。[22]

因此，各自媒体平台想要在激烈的竞争中占据主动，就必须精耕用户需求、深挖用户价值。平台应逐渐从原创为主过渡到原创精品和分发优质的自媒体内容。[23] 目前，自媒体平台正致力于提高对用户的渗透率，满足用户多样化、个性化的资讯需求。但这似乎与自媒体内容创业者的首要诉求不符，这就意味着要淘汰大批劣质内容

21. 企鹅智酷：内容创业新风向，2017自媒体趋势报告[EB/OL].[2017-02-26].https://www.useit.com.cn/thread-14671-1-1.html.
22. 同21.
23. 同21.

生产者。未来，如何发挥自媒体优势与平台优势，实现可持续生产，协同共赢也将是自媒体平台的又一难题。

以新媒体为媒介的自媒体平台迅猛发展，不仅更新了信息的产生和传播方式，也使“内容为王”的表现更加突出。但由于内容生产者过度追求资本利益、网络情绪易传染等原因，自媒体平台出现了大量专注内容变现、忽视内容事实与质量、丧失底线、缺乏监管等问题。伴随着越来越多自媒体平台的增长，自媒体平台将从争夺用户数量转换到争夺用户时间，只有坚持优质内容输出和精细化运营才是突围关键。

四、数字新闻创新

“把关人”智能化发展

□张佳仪

在内容创业的风口下，较低的创作门槛、极大的流量红利吸引了不同层次的内容创作者，一些媒体平台为保证优质内容的持续输出纷纷推出扶持计划，大量资本开始入场。在“流量为王”的逻辑下，为了迎合一部分用户的低俗喜好，一些低俗、抄袭的内容充斥内容平台，内容乱象严重。新闻低俗化已与有偿新闻、虚假报道、不良广告一道，被公众列为“四大公害”。[1]

反低俗信息成为各大新闻媒体必须正视的课题。学界对于反低俗新闻的策略研究多为从较为宏观的方向，王鹤、黄阳坤指出要解决社会新闻的低俗化，必须认识到社会新闻“以人为本”的理念，重塑人文关怀意识。[2]关于新闻标题低俗化问题，刘震宇从五个方提出应对方法：政府方面应加强对网络媒体行业的管理；网络媒体行业要构建治理机制；媒体从业者要树立正确的职业观；受众需培养媒体素养，提高社会责任感；网络编辑者要以创新谋发展。[3]此外，李琼瑶提出建立多维度的综合评价体系，建立收视率与满意度、美誉度、信任度相结合的综合评价体系，以平衡收视率可能带来的“唯经济效益论”。[4]

从以上学者的观点来看，反低俗是一项长期的且涉及各个方面的事业，短期内很难从根本上治理低俗之风。在实践中，从新闻媒体自身出发，强化行业自律，可以从

---

1. 李琼瑶.市场化运作下媒体的困境与对策——从伦理视角审视新闻低俗化[J].今日财富，2016（13）：120-122.
2. 王鹤，黄阳坤.人文关怀：抵御社会新闻低俗化的武器[J].新闻研究导刊，2018，9（11）：103.
3. 刘震宇.浅析应对网络新闻标题低俗化的措施[J].新闻研究导刊，2017，8（17）：218.
4. 同1.

内容产出端把好关。

近半年来，腾讯在微信平台已封禁及处理发送低俗类内容的公众号82,562个，删除相关文章124,898篇。[5] 2017年12月29日，今日头条App（开发商为北京字节跳动科技有限公司）因传播色情低俗信息、违规提供互联网新闻信息服务等问题被北京网信办约谈，随后首页从29日18点至30日18点停止更新24小时，并全面整顿清查已经发布的信息。[6] 2018年今日头条与快手被约谈后整改，国家广播电视总局会同属地管理部门严厉提出立即下线低俗、暴力、色情等问题节目的要求。[7] 今日头条是在移动互联网时代快速成长起来的巨头，根据数据显示，在新闻资讯领域，2018年上半年，今日头条以24.2%的渗透率位列第一。[8] 因此，在中国每五个人中，就有一人安装了这个基于数据挖掘的推荐引擎产品，它的身上自然也肩负着重大的社会责任。

2018年3月28日，今日头条在微信平台上线了国内首款人工智能反低俗小程序——灵犬。灵犬是一款基于今日头条反低俗模型开发的小程序，是今日头条使用人工智能技术识别低俗的展示窗口。在输入框内，任意输入一段文字或文章链接，“灵犬”会先进行提取、分词和语义识别，然后根据设定的规则，输出对应的分数、评级和结论。受算法模型应用和小程序载体限制，灵犬无法做到100%准确率，目前也还不支持直接作图片、视频检测。[9] 在人工智能反复训练中，“灵犬”会实现自我进化。“灵犬”主要有以下功能：对于内容创作者来说，可以根据对应的输出结果判断自己的作品是否违规，是否涉嫌色情、抄袭、标题党等，了解自己的标题或文章是否会被推荐；用户发现不良内容则可以举报，共同打击低俗内容；此外，“灵犬”系统是智能识别，本身对头条平台上的内容也会有个自动的监测过程，过滤掉低俗内容。

目前，AI开展反低俗工作至少有三个难点：一是识别“内涵色情”，这类场景需要联想能力，对机器学习要求很高；二是短文本识别，一般来说，机器接收的上下文、语境越充分，判断准确度才会越高；三是对书面语和口头语的分辨，相比规范的书面语，口头语很随意，变化程度大，较难识别。截至2018年5月，今日头条“灵犬反低俗助手”已经完成服务升级，新增反色情短文本模型和反谩骂模型，将准确率从73%提升至82%，提高了9个百分点，已经有超过60万人次使用“灵犬”小程序，参与

5. AI蓝媒汇，凤凰新闻客户端上线一款小程序，用人工智能打击低俗信息[EB/OL].[2018-11-07]. http://m.sohu.com/a/273863261_99970452.
6. 孙奇茹.今日头条永久封停违规广告账户[EB/OL].[2018-03-31]. http://www.xinhuanet.com/2018-03/31/c_1122618116.htm.
7. 张皓月，整改中的快手、今日头条：暂停新用户发布短视频[EB/OL].[2018-04-06]. http://www.bjnews.com.cn/invest/2018/04/06/482139.html.
8. 艾瑞咨询.2018上半年中国App排行榜[EB/OL].[2018-07-12].http://www.iimedia.cn/61814.html.
9. “灵犬反低俗助手”微信小程序中的说明。

打击低俗，净化网络环境。[10]

据今日头条总编辑张辅评介绍，“灵犬”制定了专门的低俗分类标准，并新建反色情短文本模型，学习了近万个标准案例，重点加强对短文本、色情、内涵色情的识别，同时注意口语语言和标题语言两个维度的覆盖。

2018年11月6日，凤凰新闻客户端已经上线了一款名为“凤眼”的小程序，在微信里搜索即可使用。至此，基本已经证实，凤凰新闻客户端确实也在跟进，推出了一款类“灵犬”的反低俗助手。团队表示“凤眼”是跟进今日头条“灵犬”的作品，同样是脱胎于凤凰新闻的反低俗算法模型，是凤凰新闻客户端人工智能技术在识别低俗内容的集成之作。

2018年11月17日，在今日头条一年一度的创作者盛会“生机大会”上，今日头条正式推出小程序工具，“灵犬反低俗助手”成为首批小程序之一。在今日头条App搜索“灵犬”，即可打开“灵犬反低俗助手”小程序页面。据了解，今日头条目前投入了数千人的专业审核团队，并搭建色情、低俗、标题党、虚假信息、低质模型180多个，结合人工、技术手段，有效提升了内容审核的效率和准确度。后续头条还将对外开放更多技术模型，包括辟谣模型、打击标题党模型等。[11]

经过几番测试，大河网的编辑得出以下结论：样本环境会影响准确度，这套算法可能更适合今日头条平台；关键词相同的情况下，语义越复杂，得分可能越高；“灵犬”它“满脑子情情爱爱”，只认语义，不认领域；“灵犬”能理解“高级词汇”，标点符号也会影响分数。也发现了“灵犬”的服务器不稳定，算法经常在变，同时认为反馈机制门槛太高，对算法改善意义不大。尽管存在着不足，编辑还是认为“灵犬”的尝试是值得鼓励的。就像微信推出“辟谣助手”一样，今日头条的“反低俗助手”也在净化信息环境。[12]

如“灵犬”这样的聚合类新闻媒体平台通过整合内部的审核机制和反低俗算法模型推出的人工智能反低俗小程序，它在一定程度上可以帮助检测聚合类新闻资讯平台上的自媒体文章是否涉及低俗，以及能否有机会获得平台推荐。人工智能反低俗模型的加入一定程度上为内容平台提供了一款工具，提高审核效率，降低人工成本，成为内容审核机制中特别重要的一环。对整个行业而言，是一个正向的信号。相信未来会

---

10. 钛媒体，今日头条升级“灵犬”服务，超60万人次打击低俗[EB/OL].[2018-07-12].http://www.tmtpost.com/nictation/3247132.html.
11. 今日头条上线“灵犬”小程序,将开放反低俗技术模型[EB/OL].[2018-11-19].http://pic.cnr.cn/pic/shehui/20181119/t20181119_524419803.shtml.
12. 今日头条搞了条“灵犬”，实验发现这条狗嗅觉还真灵敏[EB/OL].[2018-04-02].http://it.people.com.cn/n1/2018/0402/c196085-29902744.html.

有更多像“灵犬”“凤眼”的反低俗模型加入，一起净化网络空间。这也在一定程度上表明了今日头条响应网信办净化网络文化环境的号召，开了小程序反低俗的先河。

这些小程序同时也存在着不足之处，受算法模型应用和小程序载体限制，目前还不能检测图片和视频。而现在许多的信息类聚合平台中，图片和视频都占了较大的比重，因此反低俗的目标中，图片和视频是不能忽视的。未来随着算法的进步，以及5G时代的到来，反低俗技术也能有效检测出图片和视频，能够减轻人工的负担。反低俗是促进新闻行业生态健康发展的重要举措，不光今日头条，更多包含自媒体的信息平台都应加大对反低俗技术的投入，以鼓励平台上的自媒体人远离低俗创作。反低俗小程序是否有用不光是从它能否检测出低俗来判断，更重要的是它能否将低俗“扼杀在摇篮里”，还新闻平台一个清净，让高质量的内容而不光是“带量”的内容出现在读者的视野中，为读者创造一个良好的信息获取的环境。这还需要时间的检验。

机器人写作进入寻常媒体

□张佳仪

南方都市报写稿机器人小南亮相

2017年1月，南方都市报社、凯迪网络和北京大学计算机科学技术研究所三方宣布联合成立的智媒体实验室研发的写稿机器人（Robot Journalist或News-Writing Bot）小南亮相。小南在《南方都市报上》推出一篇300余字的春运报道《南都机器人小南播报：20日广州—武汉还有大量无座票》，在新闻中，小南不光准确地报道了广州到其他城市的车票信息，并发表了带有感情色彩的评论，如“有需要的旅客赶紧动手啊”，“不过，车次主要是K字头和普列，基本都是无座票，一站到底，路途会比较辛苦”。小南的技术开发团队负责人万小军表示在数据抓取后，稿件生成的时间用了不到1秒。

采取了先进的文摘技术，在深圳市第六届人民代表大会第三次会议上，小南在几秒钟内将时任深圳市委书记、市长许勤全文2万多字的政府工作报告，提取生成了2,000多字的报告摘要。据了解，小南还可以做到定向输出，比如在政府报告中，告诉网友他们关心的信息，如房价、环境、交通等，它都会在稿件生成过程中注意定向分析。[1]

小南基于机器学习算法、自然语言生成技术和自动摘要技术，通过融合领域知识，对数据进行深度分析，发掘重要的消息和事件，并用自然语言进行表达，从而以秒速生成报道。据官方显示，目前小南的写稿数目已经超过10万篇。写作领域涉及民生、科技、财经、体育、娱乐、消费等。

通过官网可以了解到，小南在体育赛事、实时热点、消费方面的信息几乎每天都

1. 南都成立“智媒体实验室”，会写民生稿件的机器人亮相[EB/OL].[2017-01-18].http://epaper.oeeee.com/epaper/A/html/2017-01/18/content_4296.htm.

在持续更新，而在财经方面的信息从2018年7月14日起到2018年年末都没有更新过。

在信息爆炸的时代进程中，机器人小南完成了它的转型，2018年12月13日，从“写稿机器人”全面升级为“智能信息管家”。据官网介绍，“智能信息管家”打通信息采集、生产和传播全链条，致力于传播有用信息、解决信息焦虑，是首个信息爆炸时代的治愈系机器人。目前，机器人小南拥有了“财神小南”和“聚热小南”两个分支，“聚热小南”主要聚焦实时热点，“财神小南”主要聚焦股市行情财经类信息。用户通过微信添加这两个“智能信息管家”，就可以在朋友圈中接收到相对应的信息。[2]

以“聚热小南”为例，它利用大数据的算法在海量信息中实时筛选出热度最高的资讯，结合自然语言、核心处理技术生成最精简的摘要，在朋友圈会推送相关信息。

虽然信息由小南机器人自动生成，但是机器人微信朋友圈的运营，包括图片的制作以及发送工作是由人工操作完成。

写稿机器人进军多个领域

美国如美联社、《纽约时报》和《华盛顿邮报》等有实力的传统主流媒体，十分重视人工智能推动新闻业发展的研发和应用。这些媒体在新闻业的人工智能技术研发与应用方面处于领先地位。[3]

2014年7月，美联社就与自动观点公司（Automated Insights）合作，使用该公司的“Wordsmith”软件撰写上市公司财务报告新闻 。在使用“Wordsmith”之前，美联社每个季度会发布大约300篇此类新闻，现在则最多可产出4,300篇，这个数字是之前此类报道人工发稿量的14倍。[4] 并且“Wordsmith”的功能一直在不断地升级。美联社是业界最早使用机器人写作的媒体之一。据了解，《纽约时报》用于新闻采访和写作的原创聊天机器人有30多个。

《洛杉矶时报》应用“Quakebot”生成地震报道，2014年3月18日，美国加州发生4.1级地震，在收到美国地质勘探局电脑发出的地震信息后，自动将数据输入模板并提交采编系统，在3分钟内率先发布了地震报道。[5]《洛杉矶时报》也在2010年把写稿机器人应用在犯罪新闻领域。

2015年开始，《纽约时报》的机器人“新媒体运营主管”——“Blossom”，每

2. 南都成立“智媒体实验室”，会写民生稿件的机器人亮相[EB/OL].[2017-01-18].http://epaper.oeeee.com/epaper/A/html/2017-01/18/content_4296.htm.
3. 余婷，陈实.人工智能在美国新闻业的应用及影响[J].新闻记者，2018（04）：33-42.
4. 人机大战|它们会成为新闻业未来的“AlphaGo”吗？[EB/OL].[2016-03-11].http://www.xinhuanet.com/zgjx/2016-03/11/c_135174404.htm.
5. 国外机器人新闻写手的发展与思考[EB/OL].[2016-01-05].http://media.people.com.cn/n1/2016/0105/c401845-28014693.html.

天从超过300多篇文章中挑选出看好的“潜力股”，推荐给相关编辑，点击量是普通文章的38倍。

2016年，《华盛顿邮报》自主研发的机器人“Heliograf ”在里约奥运会期间报道奥运会比分、金牌总数等消息。在美国总统选举期间，Heliograf 加入了更强的分析、评论语气，成文也更接近于人类记者的水准。

国内多家新闻机构、企业在2005—2016年相继推出了写稿机器人，腾讯于2015年9月10日推出中国首个写稿机器人“Dream Writer”，并根据财经报道和体育报道的不同特点开发了双系统平台。

2017年8月8日晚，四川阿坝州九寨沟县发生7.0级地震，“中国地震台网”微信公众号随即发布了由地震信息播报机器人用时25秒自动编写的消息，介绍了速报参数、震中地形、人口热力、周边村镇、历史地震等大众普遍关注的内容。

2015年新华社推出“快笔小新”，今日头条研发了“张小明（xiaomingbot）”，2016年第一财经联合阿里巴巴研发了“DT稿王”。

除科技企业与媒体机构之外，机器人写稿也应用到了营销传播领域。2018年8月4日，亚洲最大的营销传播公司蓝色光标也推出了自己的撰稿机器人“妙笔”，撰稿机器人“妙笔”更注重核心稿件的裂变能力。据介绍，通过学习数千万篇的新闻内容，“妙笔”掌握了模拟人工大量改编新闻稿件的技能，能在1秒钟内改编出数千篇分别适合微博、微信、头条、新闻网站等不同媒体平台风格的稿件，解决了营销人高效传播品牌诉求的痛点。[6]至此，机器人写作已经进入寻常的媒体中了。

表1 国内主要的写稿机器人概况一览

时间	研发企业或媒体	机器人	稿件类型
2015年9月	腾讯	Dream Writer	财经、体育
2015年下半年	中国地震台网	地震信息播报机器人	地震消息
2015年11月	新华社	快笔小新	财经、体育
2016年5月	阿里巴巴&第一财经	DT稿王	财经、体育
2016年8月	今日头条	张小明（xiaomingbot）	体育赛事
2017年1月	南方都市报	小南	民生领域
2018年8月	蓝色光标	妙笔	营销

6. 蓝色光标发布AI营销机器人，能否替代人类创意？[EB/OL].[2018-08-06].https://www.leiphone.com/news/201808/WjkQlqYxDb3nzkde.html.

2017年，美联社发布的《人工智能工作手册》将人工智能在新闻业应用最频繁的分支技术进行了归纳，包括机器学习、语言技术、语音技术、机器视觉和机器人技术。不同的写稿机器人因为采用的技术有差异，因此功能也各不相同。从国内外写稿机器人所涉猎的领域来看，财经和体育类是较多的，其次就是针对特殊的信息，比如犯罪信息和地震信息，《南方都市报》推出的“小南”是第一款主攻民生领域的写稿机器人。

外界解读

（一）业界解读

小南“入职”之后，《南方都市报》的编辑和记者发表了自己的看法，记者李春花表示小南对于自己来说“威胁”不大，因为自己以提前策划的选题为主，人物故事类题材较多，这需要大量的面对面采访交流，而每个人的故事都是不一样的，成稿后经过编辑精雕细琢，加上采访好几天才能出一篇，这对于机器人来说目前还无法达到。不过小南可以成为很好的合作对象，比如“南都指数”需要做一些官微测评，比如爆款文章、与上季度对比的数据等，小南可以胜任，重要的是机器人做出的数据速度快且精准，不需要编辑再核对，小南做数据，记者就可以解放出来，在这基础上做分析文章，这样的合作十分高效。[7] 记者梁艳燕表示机器人可以取代人类写稿，但无法取代的是一篇篇慢工出细活的特写稿件，因为这些无法由人工智能大批量生产出来。真正热爱文字的记者，他们的行文有无法抹去的个人风格，正是这些高度个性化的文风，让他们脱颖而出，赢得读者。[8]

在推出“智能信息管家”后，智媒云图首席技术官王新林认为，随着信息的极速增长，现代人的知识焦虑和信息焦虑愈演愈烈，机器人小南信息智能管家恰恰解决了用户这一困扰。在之后机器人小南信息智能管家将继续推出更多更全的领域信息定制推送服务，以构建全新的信息定制推送服务矩阵，打破信息爆炸时代下用户焦虑不安的僵局，让用户真切回归信息的本质，重新认识习惯的力量，同时更高效更实时地尽知天下事。[9]

7. 最高调入职的小南会成为最受欢迎的同事么？[EB/OL].[2017-01-19]. http://epaper.oeeee.com/epaper/G/html/2017-01/19/content_4572.htm.
8. 同7.
9. 机器人小南变身信息快递小哥，全年无休帮你打听热辣猛料.[EB/OL].[2018-12-13].http://www.oeeee.com/html/201812/13/723881.html.

《人民日报》研究部研究人员耿磊认为机器人写稿的优势明显，随着大数据与人工智能技术的发展，机器人的写稿能力会越来越强，可以规模化处理海量的数据。机器人在信息的抓取上十分精准，并且能够实时监控，快速报道。高效是机器人写作的最大法宝，依靠海量数据和不断演进的算法设计，生成一篇深度报道的时间已经由最初的30秒缩短到2秒以内，其精确度还在不断提升，而且拟人化、情感化的技能也在不断增强。同时，他也提到了机器人写作的诸多不足之处，机器人缺乏独立思考的能力，目前只能写作编发简单的稿件，对于复杂的新闻报道要通过人类的指导才能完成。[10] 机器人写作的模式固定，适用面较窄，缺少归因、举证、应景的能力。[11] 人民日报副总编辑卢新宁在2017年媒体融合发展论坛上说道："作为记者，我为地震颤抖，但机器人不会。" [12] 表明机器人是没有情感的，缺少人类记者独有的判断、价值观与人文关怀。

（二）学界评论

对于机器人写稿的现象，陈力丹从新闻记者的角度给出了自己的意见。他认为，机器人写作在国外应用已经相当普及，而在国内处于刚刚起步阶段。通过软件对相关的数字进行设置，机器人的反应速度确实比人迅速。但是，陈力丹认为，机器人参与写作只是新闻写作中最基础的，新闻从业者不能因为机器能够写作就丢弃基本功，毕竟操作机器写作的是人，如果人类不会自己写作了，机器也没有模本可供参考了。同时，新闻从业者从简单的、重复的事件性报道中解放出来后，可以进行深度报道、话题设计、文化创意等其他内容。[13] 喻国明评价小南的写作是充满"人情味"的，并且出稿速度是人不可为的。

小南所生成的新闻稿件在话语结构及篇章内容上呈现出与以往机器人写作不一样的特点，与以往强调又快又多的机器优势相比，"小南"在新闻稿件的质量上把握住了"人"写作的特点，促进国内机器写作向提升新闻内容的质量上转变。新闻稿件在国内率先进行民生领域报道，摆脱了固有的以数据主导的新闻报道内容表达模式，从机器写作擅长的财经和体育领域转移到民生新闻。[14] 在消费领域的新闻中，《南方都

10. 耿磊.机器人写稿的现状与前景[J].新闻战线，2018（01）：43-46.
11. 白硕：未来是属于智能媒体的[EB/OL].[2015-12-21].http://www.banyuetan.org/chcontent/fzzl/fzrw/20151221/174656.shtml.
12. 卢新宁."内容+"将成为媒体融合关键词[J].新闻战线,2017（09）.
13. 记者不能因机器可写作丢弃基本功[EB/OL].[2018-12-13].http://data.chinaxwcb.com/epaper2017/epaper/d6566/d2b/201708/80222.html.
14. 白龙.机器写作的新突破及思考——以南方都市报写作机器人"小南"为例[J].青年记者，2017（29）：94-95.

市报》的编辑在机器人所编辑的新闻上再加以解读，深化新闻，预示着机器人和人类记者的合作成为一种常态。小南从“写稿机器人”升级为“智能信息管家”的运营策略拉近了写稿机器人与普通用户的关系，让用户在微信朋友圈中就能对重要的信息有所了解。

机器人写作发展方向

（一）新闻内容生产将更加智能化

随着技术的不断发展，机器人获取新闻线索将会更快。运用最新的人工智能技术，可以通过网络爬虫获取实时信息，然后进行内容特征词的抽取计算，快速提取发现新闻线索，再通过多渠道验证和排重等，排除无效内容，判断消息真伪，从新闻时效性和真实性上提升内容质量。

如何学习像记者那样进行采访线索的挖掘、新闻事件的深度归纳分析以及对新闻事件走向的逻辑推理分析，是机器人写作下一步要突破的技术壁垒。机器新闻稿件不能只是大量数据信息的简单陈述和堆叠，还要从数据中找出新闻价值点进行深入分析，发挥机器写作“知识库”的功能使读者获取资讯及知识，运用符合人阅读习惯的方式给读者提供有价值的新闻报道。

（二）人机协作发挥各自最大优势

目前小南虽然可以进行拟人化的民生报道，但和深度报道的距离还很远，多停留于信息筛选与梳理阶段。在一些需要逻辑推理与深度归纳分析的报道中，写稿机器人更多的是发挥技术的辅助功能。

因此，未来的新闻资讯的生产和传播需要人和机器协作完成，以实现彼此功能互补，发挥出各自的优势。人类记者的工作重心将是重点采集调查性报道、深度解释性报道，机器人可以使记者更加有效地进行新闻报道策划和信息资源整合。所以内容的深度处理能力、资讯汇聚的激励能力和节点打造能力，成为未来新闻人的技术关键。[15]

（三）更加贴近用户

小南机器人所走的“智能信息管家”路线，给写稿机器人提供了一个新的贴近用户的思路，也将“快速”和“准确”有效地结合。写稿快是机器人一大优势，当海量内容生产完毕，如何将这些信息第一时间呈现在目标用户的视野中，小南机器人采用的打入用户社交媒体圈子的运营策略是一个创新的尝试，这也让机器人写稿走向信息

15. 喻国明.“机器新闻写作”时代传媒发展的新变局[J].中国报业，2015（23）：22-23.

付费的方向。

在之后的发展中，针对不同的用户和细分领域可以提供定制化的服务，官方表示，在未来，小南机器人也会有更多信息定制服务的领域陆续开通，致力为用户打造全新的信息定制专属服务新局面。[16]

16. 机器人小南变身信息快递小哥，全年无休帮你打听热辣猛料.[EB/OL].[2018-12-13].http://www.oeeee.com/html/201812/13/723881.html.

“AI合成主播”的诞生与争议

□张佳仪

新华社联合搜狗推出“AI合成主播”

在2018年11月7日，新华社建社87周年之际，新华社联合搜狗在第五届世界互联网大会上发布全球首个合成新闻主播——“AI合成主播”，外形和声音来自新华社的不同主持人，通过提取真人主播在新闻播报视频中的声音、唇形、表情动作等特征，运用语音、唇形、表情合成以及深度学习等技术联合建模训练而成。据官方透露，该项技术能够将所输入的中英文文本自动生成相应内容的视频，并确保视频中音频和表情、唇动保持自然一致，展现与真人主播无异的信息传达效果。[1]

“AI合成主播”的业务能力过硬，除中文播报之外，还能“联接中外、沟通世界”进行英文播报。与“真人”主播不同的是，只要编辑将文本输入系统，“AI主播”就能开始工作，相比如人工主播的8小时工作时间，“AI合成主播”能够不知疲倦地24小时工作。

通过新华社中英文客户端、新华社微信公众号、中国新华新闻电视网（CNC）、新华视点微博、新华社中国网事微博、新华社“微悦读”小程序，用户就可以看到“AI合成主播”进行的新闻播报。

新华社与搜狗联合研发的“AI合成主播”不仅在全球AI合成领域实现了技术创新和突破，也在新闻领域开创了实时音视频与AI真人形象合成的先河。“AI合成主播”一经面世，国内外多家媒体对此进行了报道，其中包括路透社、英国《独立报》网

1. 全球首个“AI合成主播”在新华社上岗[EB/OL].[2018-11-07].新华网，http://www.xinhuanet.com/politics/2018-11/07/c_1123678126.htm.

站、美国《赫芬顿邮报》网站等。

事件背景

国内有学者定义“虚拟主持人是继虚拟场景、虚拟演播室后又一虚拟技术的应用，它是计算机图形学、计算机动画等技术发展的结果。从其出现的媒体来看可分为电视虚拟主持人和网络虚拟主持人；就其播报方式而言可分为实时和非实时虚拟主持人；以其实现技术而论又可分为基于关键帧动画的虚拟主持人、基于人工智能技术的虚拟主持人和基于跟踪设备的实时虚拟主持人等。”[2]

互联网早在21世纪之初就和主持人产生了关联。2001年4月19日，英国报业联会媒体公司在网络上推出了世界上首位虚拟主持人安娜诺娃（Ananova），她依托成熟的三维游戏技术和即时同步语音处理技术，容貌靓丽、声音悦耳，甫一亮相就在全球网民中引起了轰动，安娜诺娃诞生的革命性意义迅速引起了全球媒体的关注。自那以后的短短几年间，各式各样的虚拟主持人纷纷出炉，形态越发逼真、技术日益精湛，在世界各地打响了一场争夺全新传播空间的“虚拟”之战。紧接着，日本推出了虚拟主持人寺井有纪（Yuki），美国推出了薇薇安（Vivian），韩国推出了露西雅（Lusia）。在这个过程中，技术要求更高，更具有全方位、立体化特色的电视虚拟主持人也逐步发展成熟起来。[3]

我国的电视虚拟主持人的起步也是较早的，仅仅比安娜诺娃晚了几个月，但是目前国内的电视虚拟主持人大多还只能胜任提前编辑录制好的新闻、信息服务类节目，对互动要求极高的谈话类乃至综艺类节目仍然无能为力，它们其实是没有任何“话语权”的傀儡。2001年12月吉林电视台《世界视窗》节目主持人“TV NO.1”就进入了。同时它还号称是“世界首位电视虚拟主持人”。[4] 2001年，又有江苏电视台“QQ小姐”、中央电视台“伊妹儿”和天津电视台“言东方”等虚拟主持人相继亮相。

2004年11月20日，我国首位三维虚拟电视节目主持人“小龙”当日晚在央视电影频道的《光影周刊》栏目正式“上岗”。结合了配音、场景剪辑、声画合一和各种效果特技流程，还采用了先进的真人动作捕捉技术打造出的“小龙”，是我国电视虚拟主持人史上划时代的一笔。他突破了此前几位虚拟主持人的技术瓶颈，比如发型、衣

2. 王兆其，杨长水.虚拟主持人的设计与实现[J].电视字幕.特技与动画，2002（09）：14-16.
3. 电视虚拟主持人：昙花一现还是等待春天？[EB/OL].[2005-07-25].人民网，http://media.people.com.cn/GB/40628/3567726.html.
4. 王眉.电视虚拟主持人挑战传统节目主持人[J].新闻记者，2001（10）：35-36.

着变化所需要的庞大数据支持等。此外，他还能够真正站起来、走起来、动起来，初步具备了一位节目主持人的雏形，而不只是单调呆板的新闻播报员。三维技术、语音合成技术、动作传感技术等数字技术的发展为电视虚拟主持人的产生和发展提供了技术推动力，而虚拟主持人的进一步完善也有赖于技术的不断进步。

2013年，安徽卫视的《黄金年代》节目开创了360度无死角舞台和无主播的综艺先河，率先启用了机器模拟人声的技术。2015年12月22日，人工智能主播"微软小冰"以气象主播的身份在东方卫视亮相。人工智能机器人微软小冰以实习主播的身份在东方卫视《每日天气播报》板块亮相。首先是通过人工智能语音合成的技术突破，使"微软小冰"的语音自然度达到4.32分，成为目前同行业内最接近人声（人声为4.76分，满分5分）的人工智能语音产品；其次，基于智能云和大数据的人工智能技术，实现天气状况预测及对结构化天气大数据的深度学习，并与直播现场互动完成播报；再次，通过微软"情感计算"框架，实现对天气数据的即时点评，并带有"微软小冰"独特的人工智能情感评价风格，具备均衡的IQ与EQ水平。"小冰"实现了超越简单人机对话的自然交互，实现了人工智能技术的重要突破。"微软小冰"以与人类建立情感和心理连接为主要目的，"感性"也成为"小冰"的最大特征。[5]

综上，人工智能的语音合成技术、大数据与深度学习不断发展，人工智能主播从幕后走到台前，在外形、声音、功能等方面随着应用场景的需求逐步发生着变化。

外界解读

对于自家的"AI合成主播"，新华网评论道，无论是在日常报道中提升电视新闻的制作效率，降低制作成本，还是在突发报道中快速生成新闻视频，提高报道时效和质量，"AI合成主播"在不同的新闻场景运用中都拥有着不可限量的未来。[6]

但是，对于"AI合成主播"所采用的技术，有国外学者提出了质疑。美国麻省理工学院人工智能资深编辑Will Knight指出，该情境下引用的AI与真正的AI含义有出入。他表示，在新华社的AI主播自身并不具有智能，当局只是使用机器学习，撷取了真人直播员的表情以及语气，而该技术仅是AI的较浅显的领域。他表示，利用机器学习来模仿的技术仅是AI的子领域研究范畴，严格来说并不算是人工智能。如果该主播

5. 微软小冰登陆东方卫视主持天气预报节目[EB/OL].[2015-12-23].网易科技，http://tech.163.com/15/1223/07/BBGJM43G00094P0U.html.

6. 全球首个"AI合成主播"在新华社上岗[EB/OL].[2018-11-07].新华网，http://www.xinhuanet.com/politics/2018-11/07/c_1123678126.htm.

能够自动撰写稿件并报道，就另当别论。他解释，如果该直播员能够自己独立思考，分析文章、报告等资料，并能撰写新闻，将会非常不得了。Knight认为必须谨慎小心利用“AI”这个词，该主播只能算是一个非常高质素的虚拟影像。[7]

牛津大学迈克尔·伍尔德里奇教授认为“AI合成主播”缺乏感情和个性。他认为新闻主播是值得观众信赖的公众人物，而虚拟主播的出现可能会对这方面产生不利影响。他解释说：“要看这个机器人播报新闻超过几分钟是相当困难的。它的语调平平，节奏非常单一。没有节奏或者强调。如果你只看这个主播，你就完全失去了与主播的联系。”

在新浪微博上，网友对“AI合成主播”褒贬不一，有的网友认为主播做得十分逼真，感叹仿真技术发展得迅猛；有很大一部分网友认为在技术的推动下，真人新闻主播要面临失业；也有一些网友认为“AI合成主播”和真人主播存在多方面的差距，“AI合成主播”的面部表情僵硬，缺少与观众情感的交流。

事件影响

把人工智能科技和互联网的普及看作一场工业革命是毫不过分的，同时这也是一场心灵革命，它是对人类自身存在价值和意义的重新找寻和定位。[8] 新华社“AI合成主播”等人工智能机器人让处于变革时代的主持人思考职业发展的新变化和新路径。

人类主持人可借助人工智能的优势。人工智能的语音合成技术能达到的高效率、低成本、标准化是主要优势，并且运用在新闻播报中还具有发音稳定、时效性强、效率高、成本低等特点。如此一来，播音与主持中的部分简单工作将有可能被取代。同时AI主播在工作时间和工作地点上不受约束，在新闻播报上，面对刚发生地震的灾区、战争前线等特殊新闻播报场景，智能主播可以克服人类无法达到的生理极限去完成类似特殊的主持任务，给观众带来更准确的信息报道。

但是“AI合成主播”由于抽象推理能力欠缺，所以还停留在对稿件的陈述上，并没有形成自己的逻辑，并且播音也是一门艺术，AI主播由于感受不到稿件所带有的情绪，就不能像人类一样进行二次创造，因此在此条件下传递出的作品是缺乏温度、无法深入人心的。因此，可以将人工智能主播当成播音与主持艺术学科的一面镜子，通

7. 专家指内地AI主播並非人工智能[EB/OL].[2018-11-20].香港经济日报，https://wealth.hket.com/article/2212644.
8. 叶昌前.面对机器人主播——人工智能时代的主持人将向何方[J].南方电视学刊，2018（01）：14-18.

过其自省，更加深入了解该学科，从而衍生出其发展之道。对教学和研究而言，可以着眼“人工智能 +播音主持”的思路，各有专攻、各司其职、携手共进。[9]

发展趋势

（一）细分领域的AI主播

对于主播来说仅仅模仿人的外形、动作、声音是远远不够的，他们还必须有作为独立个体的目标、情感和动力，还需要具备某种文化或历史背景。一个能带给人启迪和深入思考的虚拟主持人才能真正吸引观众的注意，否则他们与“花瓶”式主持人没有什么区别。搜狗公司CEO王小川表示，机器在认知向上需要的推理、知识、思考，以语言为核心的逻辑能力是有限的，这种情况下，涉及到人的高级活动的时候，机器现在是做不到的，因此涉及到认知问题，机器是不可能取代人类的；如果是在垂直领域里，特别细分的特定领域，像法律或者医疗，面越窄，机器越有机会在这个特定的领域里做到更接近人类。[10] 他由此推测细分领域是AI主播下一个突破口。

（二）交互性增强

在“AI合成主播”中，因为场合原因主播扮演的只是播报的角色，和观众并没有什么互动，在之后的AI主播中，可以加入问答模式，和嘉宾与观众进行互动，目前搜狗公司表示有能力做这个功能。[11] 随着数据库的日渐丰富，AI主播的应变能力和交互能力也会逐渐提升。

9. 谢晓旻，林小珏.人工智能为播音与主持艺术专业带来的新思考[J].当代电视，2018（11）：32-33.
10. 搜狗发布AI合成主播 背后技术“搜狗分身”同时浮出水面[EB/OL].[2018-11-08].腾讯科技，http://tech.qq.com/a/20181108/007593.htm.
11. 同10.

AR 助力新闻生产

□张佳仪

新华社尝试AR新闻生产

虚拟现实技术（Virtual Reality，简称VR）出现之后，新华社客户端是国内首个采用端内原生“增强现实”（Augmented Reality，简称AR）技术报道全国两会的新闻媒体。2018年3月8日，新华社客户端发布“增强现实”报道《AR看两会 | 政府工作报告中的民生福利》。用户点击新华社客户端首页下方的“小新机器人”，使用AR功能扫描二代身份证带有国徽和长城图案的一面，便可浏览“政府工作报告”和观看“委员通道”，让用户换了一个新的“姿势”看两会。

使用新华社客户端扫描3月16日《新华每日电讯》的报头，同样可以发现“小新”加载成功后，“小新”就会出来跟你见面了，完整流程可观看视频。

据了解，新华社客户端5.0版实现了对AR呈现的原生支持，可通过扫描图形和物体，在手机上呈现增强现实报道形态。用户可以在具体场景中进行交互，点击获取“隐藏”在实物背后的“新闻彩蛋”。

这是继MGC（机器生产内容）之后，新华社两会报道中的又一次人工智能应用，也是国内首次采用端内原生“增强现实”技术报道全国两会。

2018年4月23日，“世界读书日”这天，新华社又推出了AR系列报道之“习近平总书记的最大爱好是什么？”，通过和两会同样的进入方式——用新华社客户端扫描二代身份证带有国徽和长城图案的一面，进入AR新闻后，可以选择两个不同的场景。用户可打开声音并通过点击提示按钮进行阅读和交互。新华社通过这种方式，调动读者的积极性，用AR技术去发现习近平总书记的爱好是阅读。[1]

新华社客户端相关负责人表示，将不断优化AR报道的内容和体验，进一步将前沿技术和内容创新结合起来，持续提升报道的传播力、引导力、影响力和公信力。

事件背景

（一）从VR技术到AR技术

20世纪80年代，杰伦·拉尼尔正式提出了“虚拟现实技术”这一概念，即从自己的角度出发，浸入其中并与其进行实时互动，创造出一种“身临其境”的“第一人称代入感”。虚拟环境既可以是现实世界的复现，也可以是主观想象出的“人工世界”。简言之，VR技术的核心特点可以归纳为“3I”，即沉浸（Immersion）、互动（Interaction）和想象（Imagination）。[2]

VR技术让虚拟世界和现实世界之间具有强烈的疏离感，同时，也没有提供沟通两个“世界”的有效手段。所以当20世纪90年代初VR技术逐渐趋向成熟后，以“虚实结合”为特色的“增强现实”技术被提上日程，AR的开发应用要比VR晚10年左右，因此可以说AR技术是VR技术发展的一个新的阶段。[3]

“增强现实技术是利用计算机生成逼真的视、听、力、触和动等感觉的交互技术，它借助计算机图形技术和可视化技术产生现实环境中不存在的虚拟对象，并通过传感技术将虚拟对象‘放置’在真实环境中， 通过显示设备将虚拟对象与真实环境进行无缝融合，为使用者呈现一个感官效果逼真的新环境。”[4]

增强现实源自虚拟现实技术，但是又比虚拟现实技术更深一层。相对于虚拟现实而言，画面中并非全部虚拟，而是在真实的环境中虚拟部分内容，这样的特征也更符合电视新闻节目客观真实的属性。

“相对传统的文、图、视频内容，AR具有更强的扩展空间表现能力；相对于虚拟现实，AR的硬件要求较低，并以其虚实结合、实时交互的特点，给多样化的信息传播增添了更多可能。”中国AR技术研发与应用示范基地史凌波主任表示，这一全新的阅读与交互技术可以帮助人们体验更多元的新闻样式。

---

1. AR新闻 | 习近平的最大爱好[EB/OL].[2018-04-23].新华网，http://www.xinhuanet.com/politics/leaders/2018-04/23/c_1122728785.htm.
2. Grigore Burdea,Philippe Coiffet.Virtual reality technology[M]EBSCO Publishing (Firm),New Jersey:J. Wiley&Sons,c2003.4-6.
3. 史安斌，张耀钟.虚拟/增强现实技术的兴起与传统新闻业的转向[J].新闻记者，2016（01）：34-41.
4. 姚皓韵，李培铣.论增强现实技术对电视视觉语言的丰富[J].现代传播，2012（9）.

（二）国内外AR新闻的发展

这并不是国内第一次采用AR技术进行新闻生产，国内第一家应用AR技术的媒体是《华西都市报》，通过二维码应用，将视音频与报纸链接，实现多维传播。[5]

在2017年6月26日至30日期间，AR列新闻报道《数说香港》在中央电视台新闻频道《朝闻天下》播出后，就起到了很好的传播效果，得到了各界广泛好评。该系列同时在央视新媒体平台推出，网络播放阅读量超过1,800万次，网友纷纷刷屏点赞。

2017 年“一带一路”高峰论坛5月14日在北京举行。中国国际电视台（CGTN）将AR技术应用到新闻报道中，推出了“一带一路”AR 特别报道，将各种虚拟实时信息与实拍画面在电视画面中进行融合展示，实现了三维模型、动画、音视频等多媒体信息与主持人的实时交互，使观众能够轻松愉快地看懂新闻、参与新闻。[6]

在两会的报道上，央媒新华社和地方媒体大河报都采用了AR新闻生产技术。在 3 月 6 日的A12版的头条新闻里，读者可以用手机QQ—AR扫描一张“QQ—AR带你精彩看两会”的新闻图片，随后会看见人民大会堂前接受记者采访的参会人大代表，会场内的总理声音以及两会通道上接受采访的人大代表等诸多两会内容。

2010年伊始，《今日美国》等媒体率先使用AR应用软件（Junaio）来辅助新闻报道。其在报纸上为读者提供了《哈利波特》一书中所描绘的世界地图，读者一扫描就会看到一个三维地图。之后，英国的 BBC、《金融时报》，美国的《纽约时报》《华尔街日报》等媒体都开始陆续使用这种技术。[7]

《时代周刊》与RYOT合作，为其杂志新增AR阅读效果。 读者可以通过智能手机扫描纸质页面，感受AR技术带来的不一样的阅读体验，还可以利用AR观看幕后视频、信息图表和动画以丰富他们的阅读内容。[8]

《纽约时报》在2017年1月推出了一次性的AR体验——Outthink Hidden。这项体验是受电影《隐藏人物（Hidden Figures）》的启发而推出的，其与《Pokemon GO》有些类似，但不是去抓神奇宝贝，而是让用户在他们的城市里发现与数学和科学有关的故事。尽管在App Store中它的评分相对较低，但是累积了许多经验，在该应用推出的第一周内，《纽约时报》已推出了多项AR体验，例如，“荣誉盒体验（honour box experience）”和“奥运体验（the Olympics experience）”，这些体验内容都获得了很好的反响。2018年年初，《纽约时报》推出了一款AR应用，目前仅适用于iOS设

5. 李雪丽.“两会AR报道”与地方纸媒的新闻转向[J].东南传播，2018（05）：10-11.
6. 梁敏.增强现实技术在新闻报道中的应用及影响[J].传媒论坛，2018，1（06）：40-41.
7. 同6.
8. 同6.

备。该应用主要为了提高杂志的阅读量利用AR技术阅读文章，可“将新闻带回您的家中”。它推出的首个AR体验就是“2018年冬季奥运会的报道”，用户可以从不同角度观看冬奥会，还可以在三维空间中观看运动员的比赛片段。

在VR领域，BBC曾创建了从360度视频到VR内容、VR纪录片等等多个项目，给用户带来了新奇的体验。而现在这家公司又紧跟时代的脚步，开始进军AR领域，并且将推出一款全新的AR应用。BBC的这款AR应用，于2018年春天与在BBC2播出的《文明》系列纪录片同步推出。该纪录片探索了中世纪时期到20世纪初的西欧文明发展史，以艺术品为切入点，回顾西欧文明。在这个AR应用中，用户将能够使用手机探索30多个博物馆的展品，包括来自拓基博物馆的埃及木乃伊、威尔士国家博物馆的罗丹雕像作品《吻》、苏格兰国家博物馆的来自翁布里亚地区的《圣母与圣婴》等等。例如，利用摄像头将识别图像、音频以及每件作品的附加信息和注释；X射线使用户有机会看到物体内部；基于位置的AR导航使用户可以在AR中探索历史遗迹；用户还能够“抚摸”这些作品，让作品恢复原貌，并以此探索在几百年前完成后，首次重新出现的原因。应用在iOS和Android平台上线。[9]

从国内外的AR的发展来看，目前的AR新闻都具有以下三个特点：新闻可视化，表现力强，新闻会动已经是常态；环境立体化，不管是新华社呈现的梁家河的窑洞，还是BBC提供的可以观摩的艺术品都不例外；部分AR新闻作品具有一定的互动性。

外界解读

业内人士认为，在当前新媒体环境下，AR因其强大的现场还原功能，以及独特的传播体验，被国内外媒体相继采用，这也意味着AR为传统的新闻传播业带来微妙的转向。中国AR技术研发与应用示范基地主任史凌波表示：“这一全新的阅读与交互技术可以帮助人们体验更多元的新闻样式。相对传统的文、图、视频内容，AR具有更强的扩展空间表现能力；相对于虚拟现实（VR），AR的硬件要求较低，并以其虚实结合、实时交互的特点，给多样化的信息传播增添了更多可能。”[10]

学界站在新闻生产者和新闻接受者的角度对VR新闻带来的改变进行了讨论。史安斌（2016）认为在VR/AR技术下，传统新闻业发生了转向，内容转向：从浅层叙

9. 是由Nintendo（任天堂）、The Pokemon Company（口袋妖怪公司）和谷歌Niantic Labs公司联合制作开发的现实增强（AR）宠物养成对战类RPG手游。

10. 一颗梅子，BBC推出首个AR应用 让你用手机直接探索古文物[EB/OL].[2018-02-13].太平洋电脑网，https://g.pconline.com.cn/x/1084/10841525.html#ad=6635.

事到深度内容；业态转向：从“各自为战”到“跨界融合”；样式转向：从“原画复现”到“沉浸+参与”。[11] 梁敏（2018）认为在新闻生产和报道方式方面，VR技术引发新闻媒体在工作流程、叙事方式、经营业态上的转变，新闻从业者在采访、编辑、生产、分发新闻内容的流程都可以和AR技术结合起来，从而提高效率、降低成本，还可以新增加很多创意玩法。同时，叙事方式转为沉浸和参与，读者不再是旁观者，围观新闻和故事，而是身临其境到现场，成为新闻故事中的人物，亲自感受到一切，从局外人变成局内人。这也促进了媒体融合发展，增强现实新闻报道将从技术化转化为真正的媒介化。网络媒体在对党的十九大、两会等重大事件的报道中，使用VR、AR等前沿传播技术已常态化，受众由此获得了更直观、更真切的视听感受和交互体验。[12]

杜耀宗（2018）认为AR新闻具有互动阅读、时空“在场”与沉浸共情的特征，但是表达和题材受到限制，增强现实技术与新闻真实性的矛盾，场景“虚拟”与“真实”建构引发了伦理的困惑。[13]

AR创意新闻内容带来开放叙事新体验

数字技术和计算机技术的飞速发展，让新闻报道的呈现方式也取得了较大的突破。以AR、AI为代表的新技术所带来的突破，也改变了读者对新闻内容的认知。相比观看传统媒体新闻内容，AR创意内容的观众体验更加灵活开放且代入感强。

AR透过影像处理技术将虚拟3D和现实影像融合，使真实的环境和虚拟世界实时地叠加到了同一个画面或两个空间同时存在。对于观众来说，AR技术融入新闻报道时，意味着阅读方式从阅读文本转向了观看图像，从单向观看视频，转向与虚拟三维物体互动。并且，AR技术调动的不仅仅是观众的眼睛，更通过用拇指手势在内容上移动，用实体的动作来参与到内容的呈现中去。[14] 这样的形式让读者的能动性和沉浸感提升，营造出让读者来主导整个叙事的场景。

这时，如何使内容空间与观众的空间不脱节，让观众真正沉浸于其中而不是空有技术的噱头？AR创意新闻内容生产成了难题。

11. 史安斌，张耀钟.虚拟/增强现实技术的兴起与传统新闻业的转向[J].新闻记者，2016（01）：34-41.
12. 梁敏.增强现实技术在新闻报道中的应用及影响[J].传媒论坛，2018，1（06）：40-41.
13. 杜耀宗.AR新闻现状与策略分析[J].新闻窗，2018（02）：77-78.
14. 两会引爆黑科技 新华社AR之路[EB/OL].[2018-03-22].经济观察网，http://www.eeo.com.cn/2018/0322/325084.shtml.

发展趋势

（一）适合的内容是VR新闻的关键

国内媒体在AR报道的题材选择方面多集中在政府会议的报道，这种报道让读者有参与到政治会议中去的在场体验。在其他议题上的尝试还不够，如“数说香港”这样的民生议题可以多尝试。随着时间的推进，AR新闻的技术会越来越成熟，同时内容和题材也会更加丰富，使读者能够更加直接地接触到新闻。

（二）用户访问更加容易

新华社把AR新闻的入口放在了新华社客户端上，这样对客户端用户十分方便，可以增加用户的黏性，优秀的AR作品一定程度上满足了老用户，也吸引到了新用户。对于用户来说最方便的入口还是通过社交媒体，如微信和QQ。因此笔者认为，对于没有客户端的媒体来说，和用户基数更大的社会化媒体合作是一种双赢的方式。总的来说，用户进入到AR新闻中去的成本会越来越低。但是AR技术由于其制作周期和制作成本的限制，其使用范围有一定限制，即使有足够时间和人力物力来进行带有增强现实技术的电视新闻节目的制作，最后呈现的效果也是良莠不齐，其中一个非常关键的因素就是新闻从业人员对于增强现实技术的设计，所以AR新闻相比于普通新闻来说，短时间内出现的频率还是会低很多。

五、媒体融合发展

县级融媒体中心的实践与探索

□郭蓉

2018年9月，全国范围内县级融媒体中心建设全面启动，应中宣部要求，在2018年先行启动600个县级融媒体中心，到2020年年底要基本实现全国全面覆盖。这一政策的实行积极响应了习近平总书记在2018年8月全国宣传思想工作会议上的讲话，他在讲话中指出："要扎实抓好县级融媒体中心建设，更好引导群众、服务群众。"党和国家最高领导人对于县级媒体的关注使我们深刻意识到了媒体改革的重要性，乘着政策扶持的列车，各省各地区都积极开展了县级融媒体中心的建设，绝不能"在一出生就落伍"。2018年以来，全国至少有14个省份开始建设融媒体中心，北京成为全国第一个实现融媒体中心全覆盖的省级行政区。除北京外，重庆、河北、浙江、云南、河南、福建、江西、安徽、山东、山西、湖南、江苏、内蒙古自治区都开始了建设融媒体中心的步伐。此外，新疆生产建设兵团也开始建设融媒体中心。[1]

县级融媒体中心的建设是具有中国特色的媒体改革，是我国自行探索出来的一条变革之道。中国人民大学新闻学院教授栾轶玫认为，县级融媒体是传播梯队的重要一环，从央级到省级再到县级，上下齐动、全面整合才能最终实现自上而下的融媒体转型。另外，县级融媒体所报道的内容更接近受众，基层群众也需要有自己的新闻媒体，因此，县级融媒体中心建设有其必要性与独特性。[2]

各国的媒体机制都有其独创的特点，在美国，"一城一报"是他们的特色，当地居民都十分关注自己本地的新闻，由于自由竞争的关系，他们的报纸可以从地方一直渗透到社区。而我国的社区报一直都很难发展起来，其间进行过类似尝试，结果却并

1. 王伟杰.县级融媒体中心建设"破冰"[J].小康，2018（31）：28-29.
2. 栾轶玫.信息传播与公共服务：县级融媒体中心建设的"双融合"[J].视听界，2018（05）：37-40.

不理想，因此，区域环境的差异要求我们重新从实际出发，县级融媒体的建设是我国基层媒体发展和新旧媒体融合的一条新的探索之道。

媒体的融合和转型一直是各界讨论的重点，许多传统媒体面临着思想僵化、观念落后、技术资金缺乏、员工工作主动性不高以及新旧媒体各行其道等行业困境，而县级融媒体中心的建设既要融合大中小传媒业，又要融合新旧媒体，这条改革之路任重而道远，需要在融合发展的过程中不断坚持学习和创新。北京大学教授谢新洲通过调查发现，目前，县级融媒体平台类型多元，60%的县级媒体拥有三种及三种以上的新媒体平台，但存在严重的内容建设问题，21.95%的县存在网站上个别栏目超过一个月未更新的情况，并且原创性和互动性也明显不足。另外，县级融媒体的运营经费来源单一，多为政府拨款与单位拨款，经营方式依赖政府财政拨款；自主运营为主、自筹资金运营以及吸引投融资的区县比较少。除此之外，县级融媒体的发展还存在主管运营部门仍旧相互割裂、各自为政，人才专业程度不够等问题。[3] 微信公众号传媒圈的胡瀚中认为，国家的融媒体政策对于这些县级媒体来说只是一种生存保障和兜底，能否重新获得受众并不是政策导向所能解决的问题。因为人们的关注点不再主要聚焦于地市级以及县级的电视台或者其他媒体，更不关注由这些媒体所开设的新媒体，相应地它们生产的信息产品，无论什么形式，其本身的收视率或阅读量会断崖式地下降。如果没有能够更好地从源头上解决县级媒体的生存问题，而仅仅只是依靠国家政策以及地方财政的支持，县市级媒体的生存状态还是不可能有根本性的改变。那么，如何顺应新渠道、新形势，从源头上解决县级媒体的发展问题呢？在这次融媒体改革的实践中，出现了一批率先实践的成功案例，为全国县级融媒体中心的建设提供了示范性的作用，值得借鉴和学习。

北京昌平的四步融合模式

北京市作为全国的政治文化中心，在此次改革中也发挥着领头羊和示范性的作用。在2018年六七月间，北京市各区纷纷成立融媒体中心，截至2018年7月21日，全市16个区融媒体中心已全部挂牌建成。其中，昌平区积极响应国家政策，在2017年初开始，率先试推区级融媒体建设，成为探索实践的前行者。习近平总书记曾多次强调，融合发展的关键是“融”，要实现从相“加”到相“融”。昌平区在实践中实现了四个方面的融合：第一步是组织机构的融合，昌平传媒中心将广电中心、网信办和新闻中心进行整合，合并重复的行政部门，精简人员，成立采访中心，对记者进行统

3. 谢新洲，黄杨.我国县级融媒体建设的现状与问题[J].中国记者，2018（10）：53-56.

一管理，培养一专多能的全能型人才。突出宣传的核心职能，将报纸、电视、电台的编辑室合而为一，成立总编辑部。最终实现“职能—矩阵式”的组织架构，保证了资源的有效利用，便于沟通管理。第二步是技术融合，在前期通过对多种平台和服务进行评估，充分考虑用户需求和发展前景，与业内专业人士共同打造了自己的App平台，具备多媒体生产和发布功能，拥有大数据分析能力，提供智能化的优质服务。第三步是内容融合，昌平传媒中心实现了广播、电视、报纸、大屏、广电网、两微一端以及各单位网站等渠道统一内容发布。在“北京昌平”的App平台上，建立集新闻、问政、便民服务于一体的创新模式，更加贴合受众使用需求。第四步是运营融合，盈利模式的创新是当前媒体转型面临的一个重要难题，“北京昌平”App推出草莓币积分模式，在平台上通过登陆和互动获得的积分可在线下进行抽奖、打折等活动兑换，另外，平台还与O2O生活服务系统对接，实现了一种“线上—线下—实体”的立体商业模式，将传统的二次营销变为主动营销。在未来实现AI技术后，平台通过特色活动吸引大量用户，可以实现内容、广告等精准投放。[4]

浙江长兴的示范性模式

2018年9月20日至21日，中宣部在长兴县召开县级融媒体中心建设现场推进会，对在全国范围推进县级融媒体中心建设作出部署安排。现场会选择在长兴召开，无疑是对长兴传媒集团这些年所取得成绩的肯定和褒奖。[5] 浙江长兴传媒集团成立于2011年4月，通过7年的融媒体实践，形成了独特的“长兴模式”。浙江长兴传媒集团总编辑总结了长兴模式得以成功的三点原因：一是构建四梁八柱，筑牢融合根基。长兴县首先整合现有传媒资源，组建长兴传媒集团，并实行事业单位企业化运作，解决了新闻资源有限、体制分割、办公场所不统一的问题。同时，把人才放在集团发展的关键位置，坚持一般人才本地化、高端人才引进化，并以培养“一专一尖全能”的融媒体人才为目标，每年投资100万元，实施“万物生长”的融媒体人才培养计划。二是强化平台建设，丰富传播载体。一方面大力发展新媒体技术，抢占传播前沿，紧跟新媒体发展方向打造自己的两微一端、H5产品、短视频、短音频、微直播和VR产品。一方面不断推进传统媒体以“用户思维”为指导实现转型发展。三是创新融媒生产，深化创新广度。其中之一是从节目内容方面不断推陈出新，打造多部优质的本土节目，另外还从媒体+产业链、媒体+服务、媒体+活动、媒体+产业等方面促进媒体与产业融

4. 刘晓梅，张俊，许斌.区县级融媒体模式的探索与实践[J].广播与电视技术，2018，45（11）：25-28.
5. 王晓伟，薛雅敏.“融”出来的长兴模式[J].新闻战线，2018（23）：93-94.

合，充分发挥全媒体优势，实现传媒产业的不断创收。[6]

甘肃玉门的“新闻+政务+应用服务”

2018年3月，甘肃省玉门市成立市融媒体中心。在此之前，玉门市已经提出了“新闻+政务+应用服务”的融媒体建设思路，并成功实施了“一中心四系统+爱玉门App”云技术构架的融合媒体共享平台项目。一中心是指“祁连云”数据融合中心，提供基础资源的云服务；四系统是指融媒体生产系统、融媒体报道指挥系统、融媒体资源管理系统以及全景演播室系统。爱玉门App是基于“资讯+应用服务”为一体的综合信息服务平台。玉门市的融媒体中心，从机构融合到打破各采编环节壁垒，采编人员由电视新闻记者变为全媒体采编记者，将各类信息资源采集到资源池后，由电视、广播、新媒体等各单位媒体平台各取所需进行编辑播发。实现一次采集、多元生成、多渠道播发。不仅新闻传播的方式多样，表现形式也十分丰富，运用了数据抓取、大数据分析、移动直播、无人机采集、全景拍摄、虚拟现实、H5、机器人写作等先进生产技术来生产高质量的传播内容，并打造了一套专业的制作流程。8月18日，中国县级媒体融合发展与加强基层主流舆论阵地建设论坛在玉门召开。会议开始15分钟后，图文报道即成功发布，速度快、质量高。后续又在电视、广播、微信相继刊播，取得了良好的宣传效果，有效提高了各媒体节目生产效率和新闻作品的到达率、阅读率、点赞率和转发率, 实现了快速传播、移动传播、全媒传播、分众传播、互动传播、权威传播。另外，玉门市的市民可以通过在爱玉门App中按需自行设置新闻资讯、直播、政务在线等板块，第一时间获得资讯和服务。并且还可以通过投票功能，及时参与该市的各项评选活动进行线上互动。在便民服务板块，用户还可以享受在线购物、购票、订餐、生活缴费等各种生活便利，实实在在做到了利用融媒体“更好地引导群众、服务群众”。[7]

除了以上列举的三个融媒体建设的优秀实例之外，郑州报业集团、安徽新媒体集团以及河南项城、广东鹤山、江西分宜、四川合江、山东宁津、山西祁县等地区都积极实行融媒体探索实践并取得了一定的成绩。总结以上成功的经验，组织结构和技术融合、内容创新和人才培养是融媒体成功的关键。做好以上基本构建之后，还要利用好发展机遇进行路径创新。复旦大学新闻学院教授朱春阳提到要从三个方面进行建设：其一，从“引导群众”出发，要抵达本地社会变动的第一现场。在技术上要坚

6. 王晓伟.长兴模式：县级融媒体中心的建设探索[J].新闻与写作，2018（12）：92-94.
7. 刘勇，沙垚.县级融媒体中心之玉门经验[J].新闻战线，2018（17）：96-97.

持移动优先传播的可能，但也要抓好事实真相，提升媒体的公信力和专业度，不给流言、传言和谎言滋生危险的空间。其二，从“服务群众”出发，树立创新始于用户而非生产者的理念，因为传统理念的惯性思维过于强大，在进行媒介融合的实践中还总是以传者为中心，但必须认识到的现实是，不论是营销学还是传播学研究，都已经明确无误地表明，要以受众（或者说是用户）为中心。[8] 并且，在新闻实践中要立足本地，而非放眼世界，发挥自身的接近性优势，以关注本地、关注小人物来考察社会民情，体现大价值。其三，县级融媒体的成长方式还应该嵌入大平台，形成广泛联结。从全国范围来看，在县级融媒体中心的建设过程中，县级广播电视台应该是主体。因此，依托广电平台为主体的融合路径应该是县级融媒体中心建设的主要方向。

县级融媒体中心的建设是党的声音传入基层的手段创新。作为党和人民群众信息沟通、社情传递的“最后一公里”，县级媒体承担着联系群众、了解群众、体察民情、传播党和政府声音等重要职能。[9] 我国目前的县级融媒体发展还处于起步阶段，基础还很薄弱，在建设实践过程中还面临着许多问题和考验，因此，如何在县级融媒体建设过程中抓住机遇，迎接挑战，是每一个媒体人需要思考的问题。

8. 朱春阳.县级融媒体中心建设：经验坐标、发展机遇与路径创新[J].新闻界，2018（09）：21-27.
9. 谢新洲.用发展的理论解决发展中的问题[J].青年记者，2018（28）：33.

机构媒体加速整合

□郭蓉

随着网络和数字技术的裂变式发展，新兴媒体平台对传统媒体造成巨大冲击。以今日头条、腾讯新闻等为主的App新闻不断代替报纸新闻平台，以抖音、快手视频为主的短视频平台变成人们热衷浏览胜过于电视的传播形态，以吴晓波频道等微信公众号的KOL也成了朋友圈和微信群里热转的讯息，微博也代替了原有的SNS互联网形态。在短短几年时间，新媒体发展之快、覆盖之广超乎想象。2014年被称为“媒体融合元年”，党中央于当年8月18日通过的《关于推动传统媒体和新兴媒体融合发展的指导意见》[1]，将媒体融合上升为国家战略，正式掀起了全国新闻媒体新一轮的深刻变革。人民网亦自2014年起至2018年，连续五年举办了“媒体整合发展论坛”，不断促进和总结报告机构媒体的整合发展。

人民网牵手腾讯进军短视频领域

2018年3月2日，人民网、腾讯公司、歌华有线签署战略合作协议，成立视频合资公司，共同发力直播和短视频领域。此次战略合作将实现三方的渠道整合和资源聚合，腾讯的媒体融合之路进入新的发展阶段。人民网发挥内容生产和导向把关优势，腾讯提供技术和渠道支持，歌华有线将为视频在首都及周边的广泛终端的覆盖提供保障。三方将协力让导向好、接地气的优质新闻产品在更大范围、更广领域得到传播，实现正能量视频的全网覆盖、全屏覆盖。腾讯网也期待这次合作能够成为媒体融合的

1. 习近平：推动传统媒体和新兴媒体融合发展[EB/OL].[2014-08-18].http://media.people.com.cn/n/2014/0818/c120837-25489622.html.

行业标杆。传媒领域著名专家、中国教育电视台总编辑胡正荣评价称，人民网携手腾讯和歌华有线，充分发挥出三方优势，实现了内容、渠道的全领域覆盖，竞争优势明显，未来发展空间充满想象。[2]

从整体媒体发展格局和趋势来看，传统媒体的受众规模越来越小，越来越多的人通过新兴媒体获取信息，青年一代更是将互联网作为获取信息的主要途径。从舆论影响看，新兴媒体话题设置、形成舆论的能力日渐增强，大量社会热点从网上迅速生成、发酵、扩散。从生存压力看，报纸和电视台创收持续下降，“发不了工资”成了很多机构媒体不得不面临的严峻问题。而2018年9月，今日头条向外透露，2018年的广告创收有望突破290亿，这将超过所有省级电视媒体全年创收之和。可以说，无论是从舆论影响还是发展挑战，传统媒体已经到了一个革新图存的重要关口。而互联网作为舆论斗争的主战场，直接关系着我国意识形态安全和政权安全，习总书记更是多次在不同场合强调要利用新技术新应用创新媒体传播方式，占领信息传播制高点。

美国传媒机构融合实践

2018年4月15—21日，“构建全媒体新闻中心全力推进广电跨界融合”[3] 课题组对美国的三家传媒机构——美国有线电视新闻网（CNN）、洛杉矶时报、鹰龙传媒[4] 进行了考察，总结了三家传媒机构媒体融合的实践经验和成效。CNN的新媒体业务无论在机构设置、内容生产还是产品运营方面都处于领先地位。尤其值得借鉴的是其“全媒体记者”和“全媒体新闻机构”理念的提出与实施。在时代变革的洪流中，CNN旨在通过从机制到流程的再造，通过媒体融合的实践，变“电视新闻机构”为“全媒体新闻机构” 。与CNN的成功不同的是，洛杉矶时报却在改革中面临困境。2018年，洛杉矶时报被生物技术投资人、华裔商人陈颂雄收购。由于收购者没有媒体运营经验，原有团队与收购者需要进一步磨合。深度报道的内容变现、区域性中心媒体的资讯分发、技术驱动型信息融会……这些选择的背后有不同的逻辑和运营模式，哪一条路都不好走。另一家鹰龙传媒的移动端业务开展时间不长，主要内容由传统媒体转制而

2. 人民网、腾讯、歌华有线达成战略合作 共同发力移动视频领域[EB/OL].[2018-03-02].http://media.people.com.cn/n1/2018/0302/c120837-29844241.html.
3. 谈浩渊.美国传媒机构媒体融合实践观察[J].视听，2018（08）：115-116.
4. 鹰龙传媒总部位于加州洛杉矶，已成立近30年，目前在全美有20多套广播频率，有城市电视频道和卫星电视频道（环球东方卫视）、报刊杂志和城市出版社、双语网站、APP等，是北美目前规模较大的华语媒体。根据美国通勤时间较长、汽车保有量大等特点和美国国民信息接收习惯，鹰龙传媒目前重点运营媒体为广播，广播广告为该传媒提供了稳定的现金流，也为其全媒体融合发展提供了资金支持。

来，信息量不足，互动性不够，在吸引年轻人群方面存在短板。但在明星制内容生产方面，鹰龙传媒的融媒体发展却有潜力可挖，可通过重点打造的主播和主持人明星，以工作室的形式推进全媒体发展，变简单的内容播报为人格产品生产，通过“社交+广告+电商”的形式开拓新领域。

对比了美国机构媒体融合的现状，我国媒体也需要在借鉴经验的同时思考，机构媒体应该如何更好地进行整合？让传统广电的优势基因，如何在新媒体的载体中发挥效能；反过来，让新媒体的活跃基因，如何带动传统媒体焕发活力？这是需要我们不断思考的。以“报纸”为例，它由两个部分构成，一个是“报”，一个是“纸”。“报”是传播的内容，依然是核心，“纸”是传播的载体，是物质的、技术的。当前，我们需要用互联网技术、电子技术来换“纸”，融合发展就是为了使“报”适应和运用新的技术、新的方式，更好地加以生产和传播。“媒体融合”战略的首要任务是促进传统媒体在新闻生产方式上进行内容融合、渠道融合与平台融合，这必然要求对新闻生产流程进行重组与创新。随着流程再造，媒体组织的调整与变革在所难免。国内各大媒体集团组织调整的路径有二：一是在原有新闻中心的基础上，融合其他频道或部门的力量，成立新的融媒体新闻中心；二是完全按照新媒体的运行模式全要组建一个新的融合新闻生产部门 。

北京新京报改组

2018年是《新京报》创刊15周年，15年的光阴，《新京报》实现了从一张“风华正茂”的报纸到全媒体原创内容平台的改变。10月31日，在新京报新闻客户端上线发布仪式上，北京市委常委、宣传部部长杜飞进在致辞中说，新京报、千龙网、北京晨报三家媒体整合方案已经通过市委深改组于8月份印发，目前正在推进中。[5] 新京报于2003年11月11日正式创刊，2011年9月1日，由中央媒体单位划归北京市管理。千龙网是由北京日报社、北京人民广播电台、北京电视台、北京青年报社、北京晨报社等京城主要传媒共同发起和创办的国内第一家综合性地方新闻网站。北京晨报于1998年7月20日创刊，现隶属北京日报报业集团。2018年12月31日，北京晨报纸质版停刊。据了解，北京晨报、新京报、千龙网媒体整合是北京媒体融合发展规划中的重要一环，目标是打造“1+2+17+N”的传播矩阵，包括1个融媒体指挥调度系统、2个市级新媒体平台、17家区级融媒体中心和若干“京字号”新媒体平台。新京报App正是两个市

5. 北京市推进媒体融合：新京报、北京晨报、千龙网将整合[EB/OL].[2018-10-31].https://www.thepaper.cn/newsDetail_forward_2585001.

级新媒体平台之一，将充分发挥主流媒体示范引领作用。

天津日报报社成立海河传媒

2018年，天津日报报社（天津日报报业集团）旗下认证微信公众号“天津日报品天津”消息称，天津广播电视传媒集团有限公司副总经理杜卫建带来好消息，中央批复同意了《天津市机构改革实施方案》，方案明确将天津日报社、天津广播电视台、今晚报社所属的频道频率、子报子刊、新媒体等所有资源整合建成天津海河传媒中心。消息还提到，“天津所有有影响的媒体集中在天津海河传媒中心旗下，进行全面升级，更加合理地配置资源，打通各媒体板块的业务边界”。[6]上述官方媒体的公开信息显示，新整合成立的天津海河传媒中心将涵盖天津日报社、天津广播电视台、今晚报社所属的频道频率、子报子刊、新媒体等所有资源。这意味着天津日报集团将注销，作为事业部并入海河传媒。2018年，是融媒整合至关重要的一年。先有中央广播电视总台的组建，后有全国副省级城市大连新闻传媒集团的揭牌成立，天津海河传媒中心的组建是大势下的顺势而为。并且，作为国内主要省级媒体（集团）、报业和广电合并整合成立新的体制机构的经典例证，也将给国内其他省份的融媒整合提供参考。

习近平总书记指出，“要推动融合发展，主动借助新媒体传播优势”。[7]目前，很多媒体都开始了融合发展的探索与实践，在2018年全国两会宣传报道中，中央主要媒体通过网站、微博、微信、客户端等加强互动，立体化、互动式、全天候传播两会信息，发出主流声音，不断适应新兴媒体平等交流、互动传播的特点，树立用户观念，改变过去媒体单向传播、受众被动接受的方式，注重用户体验，满足多样化、个性化的信息需求。值得注意的是，机构媒体整合的步伐奋进有力，合作的形式也不再局限于休停或是再建新媒体，而是不断发挥自身的内容产出优势，与主流化的信息传播平台相结合，以加速整合完成自身的华丽转身。

6. 6. 天津广播电视台等三家单位合一，天津海河传媒中心正式成立[EB/OL].[2018-11-14].http://k.sina.com.cn/article_5617179120_14ecf59f001900cl1i.html.

7. 胡伟达，陈国新，胡燕生，马月红.贯彻习总书记讲话精神 推进新媒体舆论导控建设[J].共产党员（河北），2016（09）：50-51.

知识付费创新商业模式

□郭蓉

2018年的极客公园创新大会上，作为知识付费领域的代表人物、得到App的创始人罗振宇在演讲中表示，他们所做的行业不叫“知识付费”，而是“知识服务”。他认为将知识内容打磨成一件产品，是在为大家提供获取严肃内容的便利，实际上是提高了知识交付的效率，降低了知识交付的成本，这不是一种商业行为。然而，不管罗振宇如何否认，得到App无论是从产品形式还是从其所获的巨大商业效应来看，它都是一种知识付费模式。知识付费的本质，就是把知识变成产品或服务，以实现商业价值。

除“得到”之外，分答、知乎live、值乎、喜马拉雅FM、豆瓣时间等都是目前十分火爆的知识付费平台。以喜马拉雅为例，从2016年开始，在“双十一”期间推出的“123知识狂欢节”，自首次启动以来已经过去三年时间，依旧热潮不减。截至2018年12月1日上午6点，喜马拉雅“123狂欢节”的销售额突破5,088万，突破2016年首次狂欢节的全部销售额，而在12月2日的8点41分，销售额超过1.96亿，也突破了2017年全年的销售额。喜马拉雅App在首页语上写道：每一次突破，都是成长最好的证明。这说明，随着用户消费模式的转变，知识付费市场正在不断成熟和完善。

据《中国分享经济发展报告2018》[1]显示，2017 年知识技能共享的市场交易额达到1,382亿元，比上年增长126.6%，参与用户数大约为7亿人。从各领域的增速来看，知识技能领域市场交易额增速最快，达到了126.6%。

1. 中国分享经济2018[EB/OL].http://www.sic.gov.cn/archiver/SIC/UpFile/Files/Default/20180801173744047877.pdf.

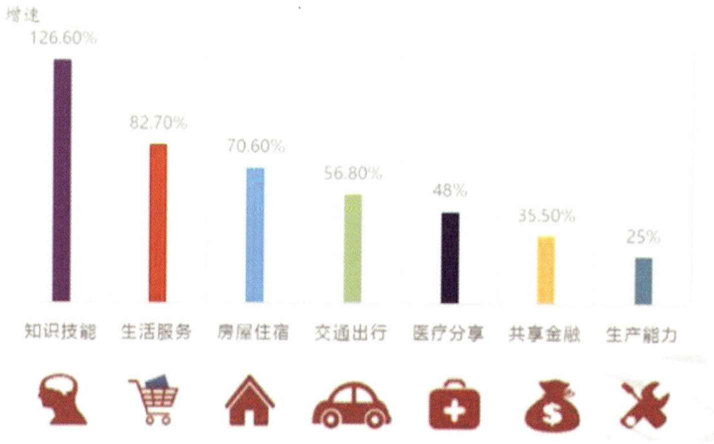

图1　2017年我国共享经济重点领域市场交易增速

这说明，知识付费领域已经为我国的分享经济创造了巨大的收益值，在分享经济行业中占据了举足轻重的地位。在如此可观的发展前景面前，不少平台也开始对知识变现进行了更多新鲜尝试。

以直播平台为例，"有奖直播答题"在2018年年初，成为网络直播的新宠，短时间内人气爆棚，似乎让众多商业平台看到了变现和吸引流量的新风向，上线两天就积累了40多万用户。随后各平台趁热打铁，纷纷推出类似的直播答题节目。如今日头条旗下的"百万英雄"、花椒直播的"百万赢家"、陌陌的"百万选择王"、一直播的"黄金十秒"等。[2] 各企业纷纷加入直播答题市场，奖金高达百万元。不到两个月的时间，直播答题不同"玩家"轮番登场，除了直播应用外，网易、百度等大型互联网平台也上线了同类型玩法，依托于旗下的主流媒体、短视频平台、客户端、小程序等开展直播答题。

然而"好景"不长，一些问题也随之显现。直播答题平台的火爆仅仅维持了不到2个月，在春节前夕便被广电总局叫停。2018年2月14日，广电总局约谈了17家直播答题网站和App负责人，就进一步规范网络直播答题活动提出工作要求，严肃指出当前网络直播答题活动中出现的导向偏差和违规问题，其中就包括了首当其冲的"百万英雄"知识变现类答题平台。直播答题平台在短时间内就纷纷偃旗息鼓、由热转冷，值

2. 李佳倩.直播答题从迅速火爆到偃旗息鼓的现实反思[J].新媒体研究，2018，4（10）：108-109.

得我们对其存在的问题进行反思。

首先，趋功利化的知识生产只能得一时之利。现有的直播答题节目宣传的“以知识赚钱”，其实只是被各平台包装在资本利益驱动下的假象。人们在利益与赌徒心理的驱使下，打开应用，在参与用户答题的共同体验中，形成一种答题正确后的愉悦感和成就感。在不断的分享中，获得答题机会，赢得更大分取奖金的可能。然而处于这种兴奋中的答题者们没有意识到，这只是一场“没有知识的文化狂欢”，其本质只是一场资本游戏。各大直播答题节目大方撒钱的背后必然离不开资本的支持，以低廉的成本获取用户，各大平台还开设了诸多广告专场，时间也多在黄金时段。这种追逐蝇头小利而忽视直播平台的价值导向责任的行为，被钳制只会是时间问题。

其次，内容审核机制不完善，使知识问答变了味。直播答题节目，题是基本，题的好坏与否直接决定了节目的价值大小。但诸多平台的题目的设置都出现了事实错误、内容无聊、政治问题等。最后，直播答题节目还存在参与人数及奖金注水的虚假操作问题。例如，在线人数少于答题人数，复活人数多于答错人数。诸多争议指向了这些平台的信息安全存在漏洞。信息不透明不对称为平台造假提供了便利，这种直播答题模式深挖开来，就是一种利用奖金的幻想刺激，来制造人气效应的手段。最后的奖金为均分，平台最终的信息是不公开的，那么获奖用户就不会知道真实情况，只有平台方知情，可能就会存在单个用户赢得少量奖金制造获奖用户众多的假象。直播答题挂着“知识”的虚名，实行娱乐之事，最后只会使知识变味，行业自身也难以为继。

面对知识付费领域所出现的新问题，相应的监管审查也亟须创新。当前知识技能分享以语音问答、直播、短视频等为主要形式，强调互动性、即时性，与之相适应的审核技术不成熟，带来了监管风险。为了促使行业良性发展，2018年，随着对一些网络直播平台违规行为的查处，以及一系列互联网直播、互联网视听节目、互联网应用程序等方面法律法规的出台，关于知识付费的政策监管也随之不断完善和收紧。

直播答题像是一位不速之客，来去匆匆，理性的用户并不买账，甚至不将其算入知识付费领域。不过，我国网络视频直播还处于发展上升期，用户规模优势、移动通信实力以及潜在目标市场不可忽视。《2018中国在线直播答题市场运行与商业模式变化监测报告》显示，在线直播行业用户规模2019年将超5亿。说明直播平台的发展潜力还是十分巨大的，如果能正确把握发展方向，该平台也能很好地为知识付费领域开拓一个广阔的发展空间。

而在2018年，相对成熟的知识付费平台则包括了得到、分答、在行一类的独立知识付费平台，还包括了喜马拉雅FM、蜻蜓FM等音频类平台，以及豆瓣、知乎等社交

/社区类平台，还有沪江网校、网易云课堂等在线教育类平台，它们逐渐利用各自不同的优势，不断完善内容产品，实现产业分工，形成相对完善的产业模式。据相关预测，知识付费群体到2020年预计可达到2亿人，知识付费行业到2020年将具有320亿元收入规模的潜力。[3] 尽管知识付费已经不再是什么新的风口，但它的发展潜力仍然不容小觑。那么，知识付费领域应该如何实现自身的良性发展呢？腾讯研究院认为优质内容是关键。随着消费的升级，人们对内容付费，尤其是对优质内容付费的热情越来越高。包括付费订阅、付费阅读、内容打赏、歌曲付费收听和下载、付费语音问答、线上讲座等在内的内容付费模式，有望成为与广告一样重要的商业模式。[4] 互联网正在经历从免费到付费的演变，这可能是内容创业者最好的年代。

同时，相关研究者和业内人士表示，知识付费在未来几年，将会有一些新的发展动向。笔者对这些观点进行梳理，概括出以下几点内容：其一，根据长尾理论抓住细分市场。目前知识付费产品层出不穷，良莠不齐，内容同质化严重，导致新的细分优质领域成为该行业争夺的重点，如分答发展初期在明星效应上斩获的巨大流量，以及豆瓣在文艺领域获得的成功都展现了垂直细分市场的巨大优势。其二，知识付费的外延不断扩大，为内容生产者带来新的变现机会。很多内容都可以梳理成有体系的知识，这些成体系的知识还可以整理出版成为书籍，两种内容载体之间可以进行相互转换，创造新的商业价值。其三，社交媒体能够进一步释放知识购买力。以微信为例，其裂变的营销手段正处于红利期，一方面微信基于熟人关系，使得人群之中推荐的产品更为可靠；另一方面微信用户人以群分，则可让产品的分发更具针对性。同时，微信小程序的发展，也为付费内容提供了更方便快捷的平台和接触点。其四，互动服务模式优化学习体验。由于很多知识付费产品不具备退款选项，导致许多用户对内容失望从而复购率低，因此，一些平台开始做互动社群，给用户提供全方位的学习体验，例如有书共读的早读打卡模式、专家分享会等，都在一定程度上加深了用户的参与感，让用户获得物有所值的心理慰藉，强化了用户性。

知识付费行业的初衷也许在于知识付费的商业价值，然而，如何吸引和抓住用户，核心还是优质的产品和服务。因此，回到本文开头处罗振宇自诩的“知识服务”，其实也是该行业的一个发展方向。

3. 董昕瑜.新媒体时代知识共享发展路径——以知识付费和直播答题为例[J].青年记者，2018（23）：101-102.

4. 张孝荣，俞点.共享经济在我国发展的趋势研究[J].新疆师范大学学报（哲学社会科学版），2018，39（02）：132-146.

ISBN 978-7-80709-895-9

定价：68.00元